# 图书馆口述资料收藏研究

尹培丽　著

國家圖書館出版社
National Library of China Publishing House

**图书在版编目(CIP)数据**

图书馆口述资料收藏研究/尹培丽著. --北京:国家图书馆出版社,2017.6

ISBN 978-7-5013-6103-8

Ⅰ.①图… Ⅱ.①尹… Ⅲ.①图书馆史—史料—研究—中国 Ⅳ.①G259.29

中国版本图书馆CIP数据核字(2017)第100565号

| | |
|---|---|
| **书　　名** | 图书馆口述资料收藏研究 |
| **著　　者** | 尹培丽　著 |
| **责任编辑** | 金丽萍 |
| **出　　版** | 国家图书馆出版社(100034　北京市西城区文津街7号)<br>(原书目文献出版社　北京图书馆出版社) |
| **发　　行** | 010-66114536　66126153　66151313　66175620<br>66121706(传真)　66126156(门市部) |
| **E-mail** | nlcpress@ nlc. cn(邮购) |
| **Website** | www. nlcpress. com ——→投稿中心 |
| **经　　销** | 新华书店 |
| **印　　装** | 北京鲁汇荣彩印刷有限公司 |
| **版　　次** | 2017年6月第1版　2017年6月第1次印刷 |
| **开　　本** | 880毫米×1230毫米　1/32 |
| **印　　张** | 9.25 |
| **字　　数** | 260千字 |
| **书　　号** | ISBN 978-7-5013-6103-8 |
| **定　　价** | 48.00元 |

# 自　　序

对口述资料的喜爱与研究既是偶然，也是必然。正是这份偶然中的必然，引领我进入了一个“学术宝藏”，那里有着无限的资源等待开采和挖掘。

2010 年我有幸考入北京大学信息管理系，师从王子舟教授攻读图书馆学博士学位。当时恰逢恩师跟北大图书馆合作开展“北大记忆”口述历史项目。入学不到两个月我便加入到采访队伍中，先后对白化文、关懿娴、周文骏等教授进行了口述访谈，收集了大量鲜活的一手资料，也让我认识到文字资料之外“别有洞天”。在莫可名状的本能（所谓的学术敏感）驱使下，我带着强烈的好奇心开始涉足这一全新的学术领域。

但在口述资料和图书馆二者的关联问题上，还是颇费了一番周折。这可能就是学术道路上的“曲径通幽”之美吧。差不多有一年多时间，我的阅读和思考一直没能跳出口述历史和口头传统本身。这让我对口述历史和口头传统的特征、口述资料的法律问题以及记忆的可信性等有了深入的了解和思考。在此基础上，我尝试将思路和重心转向图书馆学基础理论、传播学原理以及相关国际组织的核心理念等方面，试图找寻图书馆口述资料收藏的理论支撑和研究突破口。

依据图书馆学原理，作为公共文化机构，图书馆是储存人类记忆的“公共大脑”。其最古老、最原始的职能是保存以文字为载体的文化典籍。但随着计算机网络和多媒体技术的发展，人类记忆的“载体”得以拓展，阅读的“对象”也呈现多元，从静态的文字到生动的音频、视频。与之相适应，图书馆的收藏范围也逐渐延伸，形成文字、实物、口述三位一体、相互佐证的资料收藏体系。更为重要的是，图书馆通过独立进行或与其他机构合作的方式实施口述历史等口述资料的挖掘，最终结果是“产生”和“创造”了信息。这不仅突破了图书馆传统的“收藏”局限，将图书馆的功能由“获取—加工—传播”的三维向度拓展为包含“生产”在内的四维向度，更是对图书馆“精神食粮供应者”这一职能的进一步深化。同时，通过对“文献”概念的追根溯源，其“文”和“献”，分别对应于“文字”和“口述”。从这个意义上说，图书馆口述资料的收藏是多媒体时代对传统“文献”概念的理性回归。

而从传播学视角，口头表达和文字书写同属于人类的信息交流技术和传播媒介，都可以作为信息传播和沟通的手段。正如亚里士多德所言，“口语是心灵的经验符号，而文字则是口语的符号”。自文字诞生以来，“口述”和“书写”就不断地“胶合”和“共融”。如果将人类文化区分为口语文化、手稿文化、印刷文化和电子文化四个阶段的话，在多媒体时代的电子文化阶段，“口述”和“书写”实现了最大可能的融通。从媒介学派典型代表的马歇尔·麦克卢汉、埃里克·哈弗洛克、沃尔特·翁和保罗·莱文森的传播学经典论述中不难得出这样的共识：“电子时代和数字时代的来临使口语文化以新的形态得以复活。”图书馆口述资料收藏恰恰是对这种“复活”形态的积极回应。

此外，国际图联（IFLA）和联合国教科文组织（UNESCO）等国际机构也在图书馆口述资料收藏方面起着重要的引领作用。早在1987年英国布莱顿召开的第53届大会上，代表发展中国家图书馆声音的地区事务分组（Devision of Regional Activities）主席 Rapha Ndiaye 即在大会上提交了名为《口头文化与图书馆》的报告，主要阐述了“图书馆作为今天文字记录的记忆中心，同样有能力成为口头表达的记忆中心”。在此后的 IFLA 大会中陆续出现了对该议题的关注，特别是在1999年泰国曼谷举行的第65届 IFLA 大会，其会前会的主题即为“口头传统的收集与保护”并出版了论文集。联合国教科文组织（UNESCO）也在1992年发起了“世界记忆”工程，以唤起对濒危文化遗产的全球保护，其中口述记忆资源是重要抢救对象。中国国家图书馆也于2012年“世界记忆”工程实施20周年之际启动“中国记忆”大型文化项目，通过发掘馆藏文献，采集口述史和影像资料，收集照片、手稿、物品等相关记忆承载体，整合、传播有关中华民族重要事件和重要人物的集体和个体记忆资源，形成全方位的历史记忆专藏。

有了理论上的支撑，国内外图书馆界的实践又如何呢？借助于北大图书馆丰富的数据库资源以及便捷的跨越国界的馆际互借服务，我展开了“地毯式搜索”，凡是跟“图书馆”和“口述”两个核心关键词相关的科研专著、学术论文、会议报道、报纸文章等，都被列入检索和阅读范围。果然，惊喜不断涌现。美国的国会图书馆、总统图书馆、杜克大学图书馆，英国的大英图书馆，新西兰国家图书馆以及澳大利亚、芬兰、新加坡、南非等国家的公共图书馆和大学图书馆等都开展了丰富的口述资料收藏，《新西兰国家图书馆法》第10条还专门规定了“向国家图书馆提交口述历史资源”。国内而言，香港和台湾起步较早，以香港大学图书馆和台湾“中研院”为代表。大陆图书馆界虽介入较晚，但也呈现出蓬勃发展之势。国家图书馆、首都图书馆、湖南图书馆、中国女性图书馆、汕头大学图书馆、清华大学图书馆等都开展了口述资料收藏工作。图书馆通过口述资料收藏实践，不仅保存了人类各种载体的记忆资源，也为图书馆满足不同文化程度和阅读习惯的读者的多层次需求提供了可能，更为多媒体时代图书馆的发展提供了新的支点。

在通过阅读文献基本掌握图书馆口述资料收藏的理论基础和工作实践的同时，我实地走访了国内外的几个颇具代表性的图书馆，如美国的班克罗夫特图书馆、香港中文大学图书馆、汕头大学图书馆以及国家图书馆和中国女性图书馆等，掌握了大量的一手调研资料。全面、直观地了解了图书馆口述资料的收藏和编目以及提供利用等状况。

除实地走访调研之外，我还参加了相关国际会议，在与同行和前辈的交流中开阔了视野。2013年10月，赴美参加美国口述历史协会（OHA）2013年年会并做学术报告“中国大陆图书馆口述历史研究综述”（Review on Mainland China Research of Oral History in Libraries）；2014年10月，在湖南长沙参加“图书馆与口述历史及地方文化”的第六届信息技术与教育国际学术研讨会并担任分会场“口述历史法律与伦理"议题的主持人，同时分享了《口述资料收藏的法律适用》的学术论文；2015年12月，在北京参加崔永元口述历史中心举办的首届"口述历史在中国"国际研讨会，并做学术报告"口述历史作为法律证据的思考"；还多次参加国家图书馆"中国记忆"项目组织和举办的工作坊、研讨会等。通过参与各种途径的学术交流，我结识了全球该领域的权威专家，例如美国口述历史协会前主席、《大家来做口述历史——实务指南》的作者里奇（Donald Rietch），大英图书馆的口述收藏专家Perks，口述历史法律问题专家、《口述历史与法律》一书作者John，美国口述历史编目专家、《口述历史编目》一书的作者Nancy，香港中文大学的王惠玲，国家图书馆的汤更生、田苗，中国女性图书馆的李慧波以及国内口述历史界的领军人物郭于华、定宜庄、杨祥银等，并与他们保持了邮件往来，这对于全面、及时、精准了解口述资料收藏的前沿动态，有着积极的意义。

提到这些专家，特别需要感谢的是我的导师王子舟教授，他每每在我感到惶惑不知归处时，用其渊博深厚的学养为我亮起一盏盏明灯，照亮我前行的路。还要感谢美国青树基金会的赵耀渝主席，感谢她的赏识和信任，让我在2014年"图书馆与口述历史及地方文化"国际会议中担任了征文的组稿和"口述历史法律与伦理"议题的主持，并且还通过各种途径从美国为我带来《记忆与回忆：新加坡国家档案馆口述史工作手册——通过口述史记录国家的历史》、*Curating Oral Histories*等专业书籍。感谢美国圣何塞州立大学的Nancy Mackay女士，不仅赠予我《社区口述历史工具箱》系列图书，而且为我开通了该校的口述历史网络课程；感谢香港中文大学刘丽芝女士，在繁忙工作之余为我下载英文资料，带我调研香港大学图书馆。这些对于完善架构、丰富内容都大有裨益。

还要感谢我的本科老师肖燕教授在学业和生活上给予的指导与关怀。感谢我的忘年交白化文教授，他的谦卑和博学让晚辈汗颜，由衷感动于他对我无私的帮助。同时感谢北京大学信息管理系的每一位导师。非常荣幸能与图书馆学名家近距离接触，让我在潜移默化中体悟北大人的精神，领略学术的魅力和学者的风采。向他们表达由衷的敬意！还要感谢师弟周亚的辛勤付出，感谢同事姚明在资料搜集和文章格式等方面给予的帮助！感谢身边每个人的帮助与勉励，为避免疏漏，恕不一一写下名字。在我心中的某个角落，总有他们的印迹，任凭岁月冲刷，总也抹不掉。这是最真、最美的情意，我们彼此珍惜。

感谢北京大学图书馆台湾阅览室的每一位老师。对那里的一草一木，甚至是桌子、椅子我都充满爱意。四年读博期间，每天几乎在同样的位置，一摞书、一杯茶、一台电脑，望着窗外四季轮回的景色，我阅读、思考、写作。就这样日复一日，在那里，完成了我的博士论文。在书稿出版之际，我将这一切用记忆的包裹封存起来。

关于学术，曾经有人将其比作亘古不灭的火堆。我的研究，只不过是往火堆中投入了一根枯枝或一枚残叶。常常为知识积淀的微薄和自身智慧的有限而深感惭愧，同时也为自己向火堆投献了其不息燃烧所需的一枝一叶而倍感自豪。就图书馆口述资料收藏的相关研究而言，我仅仅是个蹒跚学步者，还有诸多的未知等待我和同仁们一起去发现、探索和研究。比如口述资料编目规则的适用、法律问题及相关国内外案例的总结等。我会带着这些问题，踯躅前行！

尹培丽

2017 年元月于北京

# 目　录

# 1 口述资料的属性及特征

## 1.1 口述资料的定义

口述资料(Oral Material),又称口头资料、口传资料或口碑资料,是与文字资料、实物资料并列的资料来源与表现形式。因其内容通常是当事人的亲身经历或者独到见解,所以具有强烈的事实震撼力和独特的保存价值,能够为我们提供较为立体的、真实的人物和事件资料。因此,20世纪中叶以来,口述资料的学术价值引起了图书馆、档案馆和学术机构乃至影视界的重视,各种类型的口述资料库纷纷建立。

## 1.2 口述资料的特征及类别

### 1.2.1 口述资料的特征

口述资料具有多维度、亲历感等特征,在记录、展现和传达人类历史和情感方面有自身独特的优势,它让这个世界的声音呈现出多元化和多层次。但同时它又因对记忆的依赖和情绪、偏见等因素而在可信度上存疑。这是口述资料使用特征的两个方面,但其区别于其他资料类型的根本特征则体现在下列几个方面:

1. 口传性

口传性,又称口头性,是口述资料的本质特征,也是其区别于文字资料和实物资料的关键所在。但是对于口头性的理解应该追溯到它的源头,而不应看它的传递方式和最终的表现形式。凡是通过口头方式产生的资料均为口述资料,无论它最终是否被转录成文字或者刻录成声像资料加以存储和传播。

2. 细节化与生动性

口述资料由于是讲述者口头叙述的如实记录，因此比较能够完整地再现某些历史与文化场景。尤其是现代多媒体手段的介入，通过录音、录像的方式记录下讲述者的声音、画面，语言之外，其表情、停顿、手势等细节都完整地得以再现，因此特别生动。

3. 记忆高度依赖性

记忆是口述资料诞生的源泉，口述对人类记忆的高度依赖性是对其进行“抢救性”搜集和保存的重要缘由。非洲马里学者阿马杜的名言“每一位老者的仙逝，都代表着一个图书馆的焚毁”（every elderly person who dies, represents a library going up in flames）[①]也成为图书馆界抢救口头文化的警句。

同时口述对记忆的依赖性，也导致了对其真实性和可信性的质疑。因为人的记忆难免出现偏差，而且随着年龄的增长，这种偏差的概率就越大，还不排除故意隐瞒和扭曲的可能。这也正是口述资料不能以孤证自傲，需要跟文字资料和其他资料相互补充和印证的原因。但是也有学者认为，口述中记忆的偏差，甚至是刻意的扭曲和隐瞒具有独特的历史价值，挖掘其背后的心理动因能够揭示历史、文化与人的心理之间的微妙关系。

4. 平民化与大众性

口述资料突破了文字的局限，让有文字和无文字能力的人获得了平等的“发声”机会。口述历史的国际发展趋势也是从精英走向平民，更多地记录和保存底层社会的“真实声音”；口头传统在少数民族和非洲等无文字社会的传承和保护也体现出这一特征。而从资料受众角度，口述资料借助于多媒体技术手段得以传播，为无文字能力者或文

---

① John Mcllwaine, Jean Whiffrin. Collecting and Safeguarding the Oral Traditions: an International Conference[C]. A Satellite Meeting of the 65th IFLA General Conference, Khon Kaen, 1999: Introduction(Viii).

字能力受限者提供了获取信息的崭新途径。这在弥补信息鸿沟、实现信息平等方面具有十分重要的意义。

5. 载体相对依附性

口述资料跟文字资料一样，必须依附于一定的载体（纸张、磁盘、网络等）才能存储和传播。但是文字资料的载体依附性是绝对的，没有载体即没有文字。而口述资料不然，脱离了载体的口述信息，就像没有容器的水一样，只是无法实现存储，但是其内容——口述信息是存在的，可以通过人脑记忆实现隐性传播。也是通过这种方式，文字发明之前人类文明得以延续。

口述资料被固定在物质载体上大致有两种情形：一是口述作品完成之后，通过作者或者作者授权的他人凭记忆将口述内容用文字或其他形式表现出来；二是在口述过程中同步通过记录或摄制方式将其固定下来。古代的许多经典著作如西方的《荷马史诗》和中国的《论语》《诗经》等属于第一种类型，因此它们严格说来都是口述资料，只不过当时的技术手段不能实现录音、录像而最终只能以文字形式固定和传承。而现代口述历史则属于典型的第二种类型。

这其中涉及一个很重要的理论问题，即口述资料一经固定，是否转化为文字资料和影像资料。对此问题目前学界争鸣很大，主要在口述作品的著作权领域展开。持转化观点的认为，“口述作品的最大特点是未经任何物质媒介固定。即兴的演说、授课、法庭辩论等，如果经他人速记，就会变成文字作品；如果经他人录音、录像，就会成为录音录像制品”①。“口头作品一经固定下来就会转化成其他作品，例如：付诸书面就成为文字作品；经过录制就成为录像作品、录像制品或者录音制品。”②而有的学者则持相反的观点，认为“口述作品通过文字方式或录音录像方式固定下来后，口述作品仍然是口述作品，无论在口述作品创作过程中还是在创作完成后。口述作品和文字记录或录

① 李明德，许超. 著作权法[M]. 北京：法律出版社，2003：36.

② 韦之. 著作权原理[M]. 北京：北京大学出版社，1998：25.

个民族的“档案馆”，是民族精神的集中体现，是构成一个民族文化底色的最重要的元素[①]。

在中国的少数民族群体和包括非洲在内的无文字社会，口头传统资源异常丰富。联合国教科文组织和国际图联等国际组织一致认定口头传统资料的收藏是图书馆在保存人类文化遗产方面的应尽职责。目前世界上许多国家都建立了口头传统资料库，如美国国会图书馆的“口头文学资料库”、芬兰文学学会的“口头传统档案库”、哈佛大学威德纳图书馆的“帕里口头文学特藏”以及中国社会科学院民族文学研究所的“中国少数民族口头文学资料库”等[②]。

(3)其他口述资料

指口述史料和口头传统资料之外的口述资料，包括演讲、授课、访谈等。这些资料也是图书馆收藏的范围，如各种类型的讲座、研讨会等形成的录音、录像等。

## 1.3 口述资料的文献属性及其价值

### 1.3.1 口述资料属于“文献”

《中国大百科全书·图书馆学　情报学　档案学》中将文献定义为“记录知识和信息的一切载体”，即用文字、图形、符号、声频、视频等技术手段记录人类知识的一种载体，或理解为固化在一定物质载体上的知识。它由四个要素组成：①所记录的知识和信息，即文献的内容；②记录知识和信息的符号，文献中的知识和信息是借助于文字、图表、声音、图像等记录下来并为人们所感知的；③用来记录知识和信息的

① 邢海燕. 土族口头传统与民俗文化[M]. 兰州：甘肃人民出版社，2008：261.

② 朝戈金. 中国西部的文化多样性与族群认同——沿丝绸之路的少数民族口头传统现状报告[M]. 北京：社会科学文献出版社，2008：3.

物质载体，如竹简、纸张、胶卷、胶片等，它是文献的外在形式；④记录的方式或手段，如铸刻、书写、印刷、复制、录音、录像等，它们是知识、信息与载体的联系方式[①]。

文献是人类劳动和智慧的结晶，是人类文明发展到一定阶段的产物。“文献”这一名词在我国具有悠久的历史，在两千年前的春秋时期甚至更早一些的时候，“文献”一词已见于世。记录孔子言论的《论语·八佾》，被认为是“文献”一词最早的文字记载。“夏礼，吾能言之，杞不足征也。殷礼，吾能言之，宋不足征也。文献不足故也，足，则吾能征之矣”[②]，这里文献指有关典章制度的文字资料和博闻而熟悉掌故的人。

后来学者对“文献”进行了不同的解释，其中最具代表性、影响最大的是郑玄和朱熹。何晏《论语集解》引郑玄云：“献犹贤也，我不以礼成之者，以此二国之君，文章、贤才不足故也。”[③]朱熹在《四书章句集注》中指出：“杞，夏之后；宋，殷之后。征，证也。文，典籍也；献，贤也。言二代之礼，吾能言之，而二国不足取以为证，以其文献不足故也。文献若足，则我能取之，以证君言矣。”[④]按照朱熹的观点，文献的含义是由“文”和“献”两层意思构成的。其中，文是指法典图籍之类的历史资料，“献”是指熟悉典故、学识渊博的贤人。前者是“物”，是“硬件”，是已经固化了的“死资料”；后者是人，是“软件”，是可以存贮并可传播知识信息的“活载体”[⑤]。

从孔子的《论语》，到郑玄、朱熹的解释，文献都具有文字和口述的双重内涵。元代马端临在《文献通考》一书中，最早用“文献”作为书

① 中国大百科全书编委会. 中国大百科全书·图书馆学　情报学　档案学[M]. 北京：中国大百科全书出版社，1993：465.

② 张舜徽. 中国文献学[M]. 上海：上海古籍出版社，2009：21.

③ 张家璠，阎崇东. 中国古代文献学家研究[M]. 桂林：广西师范大学，1996：259.

④ 王锦贵. 中国历史文献目录学[M]. 北京：北京大学出版社，1994：4.

⑤ 王锦贵. 中国历史文献目录学[M]. 北京：北京大学出版社，1994：3.

名。书中凡顶格写的都是“文”，即书本记录；凡低一格写的都是“献”，即名流贤者的议论[①]。马端临在其《文献通考·总序》中写道：“凡叙事，则本之经史，而参之以历代会要及百家传记之书，信而有征者从之，乖异传疑者不录，所谓文也；凡论事，则先取当时臣僚之奏疏，次及近代诸儒之评论，以至名流之燕谈，稗官之记录，凡一话一言可以订典故之得失，证史传之是非者，则采录之，所谓献也。”[②]这里的“文”是经、史历代会要及百家传记之书；“献”是臣僚奏疏、诸儒之评论、名流之燕谈、稗官之记录。

此后的历代中，可以检索到关于“文献”的记载和描述，取“文”而舍“献”，仅局限于文字记载。如元代杨维桢《送僧归日本》诗：“我欲东夷访文献，归来中土校全经。”[③]清代袁一相《睢阳袁氏（袁可立）家谱序》：“虽长老无存，文献莫考，而耳闻目见颠末可述，吾之忠贤子弟，其益绍前烈，共思葛蕾之诗。”[④]清代王士禛《香祖笔记》卷九：“余邑先辈，文献无徵，每以为恨，故于群书中遇邑人逸事逸文，辄掌录之。”[⑤]鲁迅的《书信集·致曹白》：“不过这原是一点文献，并非入门书。”[⑥]而到近现代，“文献”一词则被广泛理解为“具有历史价值的图书文物资料”和“某一学科有关的重要图书资料”。

由于记录知识、信息的载体和记录方式的不同，在世界的不同区域和人类的不同时代，出现了不同形式的文献。如古埃及的纸草文献、古代两河流域的泥板文献、欧洲的羊皮文献、中国古代的甲骨文

---

① 中国大百科全书编委会. 中国大百科全书·图书馆学　情报学　档案学［M］. 北京：中国大百科全书出版社，1993：465.

② 马端临. 文献通考（影印本）［M］. 北京：中华书局. 1986：3.

③ 踪凡. 中国古文献概论［M］. 北京：北京大学出版社，2010：3.

④ 族谱录. 睢阳尚书袁氏［EB/OL］.［2003－07－17］. http://www.zupulu.com/zupu.php? z=10246.

⑤ 王士禛撰；湛之点校. 香祖笔记［M］. 上海：上海古籍出版社，1982：168.

⑥ 鲁迅文集全编委员会. 鲁迅文集全编［M］. 北京：国际文化出版公司，1995：2354.

献、金文文献、简牍文献等。造纸术及印刷术发明以后,纸质文献在全世界广泛使用。纸质文献种类繁多,其中图书、期刊、报纸等对人类保存和传播知识、信息起了巨大的作用。19 世纪后半期以来,出现了多种非纸质的新型文献,包括音像文献(试听资料)、缩微文献、机读文献等。它们的出现使文献的范围进一步扩大,文献的生产和传递更加迅速,知识、信息的存储和利用更加便捷①。尤其是伴随新型录制技术和录制设备而在全世界复兴的口述历史,被认为是研究当代史获取完整史料的一个重要环节,填补了文字资料和实物资料的不足,形成三者相互补充、相互印证的完整"再现"历史的链条。刘玉太在《真实是"口述历史"的生命》一文中即指出,"史料的种类包括实物资料和文献资料,文献史料又可分为:①正史类;②经、子、集类;③甲骨文、石刻碑文类;④地方志类;⑤档案类;⑥外国人著述类;⑦口头类,亦称口碑资料,即现今所谓的'口述史'"②。时代发展为"文献"赋予了新的内涵,同时口述资料的重视和采用,也是对传统"文献"概念的理性回归。

### 1.3.2 口述资料与文字资料的关系

口述资料的运用早于文字资料,二者之间是相互补充与印证的关系。在文字发明以前,人类通过口耳相传的方式从事着记忆的传承,推动着文明的进步。即便是在文字发明和使用之后的很长时间内,地球上的绝大多数人口,还仍然不具备文字读写能力,口耳相传是他们交流信息和传承知识的唯一方式。而随着多媒体技术的发展,人类信息传播方式呈现出多渠道、多形式的特征,录音、录像等存储设备的发明与使用,使"口耳相传"借助一定载体得以固化,形成各种类型的"口述资料"。与此同时,由于人们交流方式的变化,电话、视频等逐渐

① 中国大百科全书编委会.中国大百科全书·图书馆学 情报学 档案学[M].北京:中国大百科全书出版社,1993:465.

② 刘玉太.真实是"口述历史"的生命[J].党史文汇,2006(9):52.

取代了书信,可查的文字记录越来越少。美国口述历史之父内文斯正是出于对此现象的担忧,而发起成立了哥伦比亚大学口述历史研究室,标志着现代口述历史的全面复兴。

1. 文字资料的优势与不足

文字的发明在人类文明进程中具有深远的意义。对此,施拉姆在其《传播学概论》中做出了这样的描述:“沿着历史的小径,登上漫长的斜坡;在语言诞生的几十万年之后,竖立着另一个里程碑:文字。人类在学会把声音和它们所指的对象分离开之后,又学会了把声音同发出声音的人也分离开来,从而使它们更易于携带。”“无论如何,文字的发明,在当时也许可以是理所当然的事情,但回想起来,则似乎是历史上震撼地球的大事之一。这一发明使得有可能携带信息越过地球的曲线,带着比讲话的人的声音能传到的,或烽火信号或旗帜或标石能被看到的,或鼓声能被听到的更远的地方。文字能保存大事或协议的记录供以后使用,这样,人们就可以储存一部分经验而不用费尽脑筋去铭记。因此他们就能有较多的时间处理现有信息和为未来制订计划。这也必定大大加速了人在想要改变生活方式时就予以改变的能力。”①

文字是人类掌握的第一套体外符号系统。文字的出现真正意义上实现了“媒介”和“信息”两个维度的裂变②。而在口语系统里,口语符号既是媒介又是信息。文字发明以后,媒介不断演变,从龟甲、青铜器、竹简、丝绸、陶器一直到纸张、电子传媒,人类利用体外媒介交流的方式和途径在逐渐演进和加速。

相对于口头而言,文字资料有着自身的优势。它通过固化的方式克服了口语的稍纵即逝性。“文字把思想分离出来,固定在一个书面

---

① 威尔伯·施拉姆,威廉·波特. 传播学概论[M]. 陈亮,周立方,李启,译. 北京:新华出版社,1984:10.

② “媒介即信息”理论参见:麦克卢汉. 理解媒介[M]. 何道宽,译. 南京:南京大学出版社,2000.

表层上，在这个意义上使之脱离并独立于说话人"[①]。正是由于脱离人体的这种固化，使得文字突破了口语的时间和空间局限，有利于信息更加广泛而准确流传。这同时也是对加拿大著名媒介学者马歇尔·麦克卢汉（Marshall Mcluhan）的"媒介即人体的延伸"理论的进一步实践和印证。而从整个人类历史发展和文明进程来说，文字资料为历史书写留下了可查阅的宝贵文献。而在此之前，人类的历史和文化传承依赖的是神话和传说。西方许多学者认为书写是通向启蒙与现代性的"皇家大道"，"人类的历史不再是臆测的史前史，社会由野蛮蒙昧时代过渡到文明时代"[②]。

然而，文字资料也有其难以突破的局限。首先，它对阅读和书写能力的要求，使其传播受众局限于所谓的"精英"群体和"权贵"阶层。在印刷时代之前，"书籍"在中国被士绅阶层所专有，在欧洲也是贵族和僧侣阶层的特供。而且他们所真正拥有的不是"书籍"本身，而是通过"专有"和"特供"而实现的知识垄断以及所体现的权力价值。从这个意义上说，拥有文字资料，不仅是文化水平的体现，更是权力与社会地位的象征。体现在历史书写方面，中国历来的史官书写历史的传统，更加加剧了统治阶级对文字资料的垄断，梁启超对这种官方史学持强烈的批判态度，称其"知有朝廷而不知有国家"[③]。在这样的历史传统下，民间维度的鲜活的历史被遮蔽，被遗忘。其次，口语被固定为文字之后，其生动性和细节化不复存在。例如讲述者的语气、表情、手势以及停顿和思考等。著名史学家戴逸就曾指出："过去，人们将耳闻目睹的历史笔录下来，成为书面历史，但是笔录者只能录其梗概。从前史学家奉'文省事增'为概写历史的准则。由于过于简略，难免会疏

---

① 沃尔特·翁．口语文化与书面文化：语词的技术化［M］．何道宽译．北京：北京大学出版社，2008：89.

② 李俊．信息方式与人格倾向［M］．广州：华南理工大学出版社，2012：101.

③ 梁启超．新史学［G］//梁启超．饮冰室合集（第九集）．北京：中华书局，1989：3－6.

值。他们开始把“扭曲的记忆”作为口述历史的长处而不是弱点来研究。“在对记忆的研究中我们还需思索,是什么让我们遗忘? 又是什么让我们的记忆发生扭曲? 对苦难和罪恶的集体记忆是保持良知和社会正义的必要前提,而这也是收集和保存底层社会口述历史的意义所在”①。

还须提及的是,口述史料真实性不仅取决于被访者(讲述者)的回忆和表达,而且取决于口述文本制作者对相关史料的考证。这也是口述历史与新闻采访的重要区别。刘冰在其硕士论文《口述历史的现状与未来》中,讲述了其参与“口述历史:汶川大地震”项目的文本编辑过程中,按照某些部门的要求把涉及官员消极救灾的负面信息删除这一事实②。因此,口述资料的真实性是个值得探讨和反思的问题,而不纯粹是记忆、回忆和表达的问题。

而且,特别需要注意的是,我们在对口述资料真实性展开讨论的同时,也不能对文字资料的真实性持想当然的态度。任何文本的建构都难以摆脱主观的干预。王铭铭曾说:“‘真实史’的危险性自身表明,没有不受‘主观性’约束的历史。”③“口述历史如同文字历史,当然也是一种建构,但应该是符合历史逻辑的建构,也是符合生活逻辑的建构,是不违背常识常理的建构。而且不能因为文字历史也同样是一种建构而不顾其真实性——本质的真实。”④因此,任何历史都只是尽可能地“接近”历史的真相,而不可能完全“还原”历史的本来面目和真实状态。

从史学角度对口述历史真实性的质疑甚至蔓延到口头传统领域。因为作为口头传统重要组成部分的史诗,在一定程度上承载着书写历

---

① 郭于华. 口述历史:有关记忆与忘却[J]. 读书,2013(10):62-68.

② 刘冰. 口述历史的现状与未来[D]. 成都:四川省社会科学院,2009:55.

③ 王铭铭. 口述史、口承传统、人生史[J]. 西南民族大学学报(人文版),2008(2):23-30.

④ 郭于华. 倾听无声者的声音[J]. 读书,2008(6):37-43.

史的功能。“史诗”顾名思义就是经过诗歌加工修饰过的真实历史的再现。它是集史学、美学、语言学和演唱艺术于一身的一门科学。任何一个民族的史诗都是其真实历史以文学的形式做出的反映,它必定要在很大程度上反映该地区或该民族的真实历史。许多国外的学者(例如美国普林斯顿大学东亚系系主任浦安迪等人)认为,“文学的发展过程是从史诗到小说,史学的发展过程是从史诗到编年史”[①]。但是口头传统的研究不能局限和沉溺于其“真实性”之中。我们研究口头传统,不是研究口承史诗、神话、传说、歌谣等“故事”的历史真实性问题,而是研究这些“故事”作为一种“文类”流传的时空图式[②]。更应该关注它所承载的文化信息以及特定的语意表达。

3. 口述资料与文字资料的融通

(1)书写是根植于口述的人类信息交流技术

口头表达和文字书写同属于人类信息交流技术,都可以作为信息传播和沟通手段,对其各自的规则和特性进行研究。只是相对于其悠久的历史和广泛的运用而言,对口述资料的研究稍显年轻与不足。而从另一个层面,正是对口述资料的研究,激发了对其“对立物”——文字资料的更为密切的关注。

如亚里士多德所言,“口语是心灵的经验的符号,而文字是口语的符号”[③]。文字对口语的这种根植和依赖关系在早期书写人那里明晰地体现出来。他们认为书写是一种特殊方式的“说话”。沃尔特·翁(Walter J. Ong)在论证“书面文化的滥觞”时,也深刻地阐明了这一观点:“圣奥尔班斯的教士伊德默写文章时,觉得是在对自己‘口授’。圣托马斯·阿奎那(Thomas Aquinas)写《神学大全》(*Summa Theologiae*)的

---

① 石泰安. 西藏史诗和说唱艺人[M]. 耿昇,译. 北京:中国藏学出版社,2005:1 –2.

② 王铭铭. 口述史、口承传统、人生史[J]. 西南民族大学学报(人文社科版),2008(2):23 –30.

③ 亚里士多德. 范畴篇　解释篇[M]. 方书春,译. 北京:生活·读书·新知三联书店,1957:55.

手稿用的是准口语范式:每一节或每一个问题都用一连串反对的意见开场,然后表明他自己的立场,最后才依次回答反对者的问题。”①

口语对书写影响的深重在少数民族文化中也有着极为明显的体现。如在毕摩口传文化浓重的彝族,在口头传唱和表演的基础上产生了文本,但文本的流传和演绎又通过口头的方式进行。彝族文化在流动的语言之中进入了文字,文字又通过流动的语言维持着传承。

(2)口述与文字的“胶合”

从上面的论述也可以看出,尽管口述在前,文字在后,但它们之间却不是简单的线性发展关系。自文字诞生以来,“口述”和“书写”就不断地“胶合”和“共融”。如果将人类文化区分为口语文化、手稿文化、印刷文化和电子文化四个阶段的话,在多媒体时代的电子文化阶段,“口述”和“书写”实现了最大可能的融通。这也正是口述历史和口头传统逐渐复苏和被重视的重要原因。在人类学、神话学、史诗学、古典学、媒介理论等领域,人们对口语文化和书面文化的研究兴趣异常浓厚。在媒介学派更是得到了淋漓尽致的体现,如马歇尔·麦克卢汉、埃里克·哈弗洛克、沃尔特·翁和保罗·莱文森等都在这方面进行了深入的研究,他们的研究重心各有不同,但是却在论述中渗透出这样的共识:“电子时代和数字时代的来临使口语文化以新的形态得以复活。”

沃尔特·翁(Walter J. Ong)在其著作《口语文化与书面文化:语词的技术化》中,将口语文化区分为“原生口语文化”和“次生口语文化”。“所谓原生口语文化,就是不知文字为何物的文化,是尚未触及文字的文化,是毫无文字或印刷术浸染的文化”,“次生口语文化则是

① 沃尔特·翁.口语文化与书面文化:语词的技术化[M].北京:北京大学出版社,2008:72.

电话、广播、电视的产物，其中包含了遗存性口语和文字性口语”[①]。正是次生口语文化所实现的虚拟仿真“对话”，构建了一种“言语—视觉—声觉”的公共会话，其交互群体可以跨越任何距离的界限。正是基于新型电子媒介的神奇作用，麦克卢汉所预言的“地球村”，正在逐步变为现实。

“口述”与“文字”的这种胶合关系，也得到了国内学者的认同。中国社会科学院民族文学研究所的巴莫曲布嫫就曾做过生动的描述：

时代在不断演进，从结绳、甲骨、兽皮、竹简、丝帛、金石、木刻、纸张、电视、电脑，直至网络，语言的载体形式和表达方式在历史的变迁中不断发展，“文本”的呈现形态因此具有了多样性和多相性，但其基本功能是相通的，即记载知识、传播信息。当前，人类已经步入“超文本阅读”“多媒体阅读”的“读图时代”或者称作“后文字时代”。人类信息沟通方式实现了从口头到书写又到二者的融合。“任何一种书写传统都与口承传统有着千丝万缕的联系。就中国的本土传统而言，也同样不能将口承与书写绝对地对立起来。不论一个社会的书写系统怎样发达，人类与生俱来的口头天赋与口承传统都不会彻底隐逝在传播媒介的改换之下，语言的听觉空间也不会被印刷机飞速转动的齿轮碾碎”[②]。

而从历史的发展轨迹来看，作为记录史实的口述与文字，也经历着由“此消彼长”到“相互共融”的发展路向。就中国而言，历史记录从最初的口传神话到文字记载，又到实物和文字的“二重证据”，再到实物、文字和口述的“三重佐证”，实现多维度、多视角来尽可能“还原”历史的真实。进入 20 世纪，西方史学思想传入中国，科学分析方法导致史学研究不断扩充史料范围，王国维读康德《纯粹理性批判》，

---

①　沃尔特·翁. 口语文化与书面文化：语词的技术化[M]. 何道宽，译. 北京：北京大学出版社，2008：7.

②　巴莫曲布嫫. 口头传统·书写文化·电子传媒：兼谈文化多样性讨论中的民俗学视界[J]. 广西民族研究，2004(2)：29－36.

认识到“经验论与纯理论，皆不足以解知识及其对象之根本问题”，后来借考古发现甲骨文的成就，发明了“二重证据法”[①]，尝试用实物与文字两方面的资料相互对校，突破了传统史学研究仅依赖文字资料的局限。

同时，西方史学的社会生活转向也启发历史研究不能仅以帝王将相为中心，应关注普通民众和社会生活。这方面的代表人物是梁启超和胡适。梁启超批判中国旧史学的局限，认为有“四弊”，即“知有朝廷而不知有国家”“知有个人而不知有群体”“知有陈迹而不知有今务”“知有事实而不知有理想”[②]。其中“知朝廷而不知有国家”“知有陈迹而不知有今务”是其社会史思想和口述史思想的体现。此外，他还在《中国历史研究法》一书中提出，从“五四运动”往前，“张勋复辟”“洪宪盗国”“辛亥革命”“戊戌变法”等史事，“亲躬其役或目睹其事之人，犹有存者，采访而得其口说，此即口碑性质之史料也”[③]。

① 王国维. 王国维文集(第四卷)[M]. 北京：中国文史出版社，1997：2.

② 梁启超. 新史学[G]//梁启超. 饮冰室合集(第九集). 北京：中华书局，1989：3－6.

③ 梁启超. 中国历史研究法[M]. 南京：江苏文艺出版社，2008：42.

# 2　口述资料收藏研究现状

## 2.1　研究背景概略

### 2.1.1　全球范围内口述历史的复兴及对口头传统的重视

人类对口述资料的运用历史悠久，在文字发明以前，口述是传承知识、推动文明的主要方式。无论是西方的《荷马史诗》还是中国的《论语》《诗经》等都是先经过口述、后又利用文字记录的结果。科学界推测，人类最迟到大约旧石器时代中期时，发音器官已经进化得比较完整，相对复杂的口头交流大约也就产生了，这是距今大约十万年前的时候。如果把从那时以来的人类进程当作是一年的话，我们神圣的文字的发明和使用，都是发生在第十二个月份里[①]。

在历史学方面，口述资料一直是很重要的史料来源。通过访谈、口述的方式搜集历史资料，在中西方均有很长的历史，许多杰出的历史学家都十分推崇口述资料的价值。就我们熟知的中国而言，司马迁在撰写《史记》的过程中不仅依赖已有的文字资料，对口述资料也甚为推崇，并在这两种资料的可信度上不存任何偏见，做到了既尊经传、重文字又不轻口传，从而使得历史更加贴近于其本来面貌。“太史公著书，广稽博采，不仅对六艺之语，诸子之言都进行钩稽爬梳，就是对一向不被人们所看重的口传史料也多有采录”[②]。梁启超在其《中国历

① 朝戈金. 民俗学视角下的口头传统[J]. 广西民族学院学报(哲学社会科学版)，2003，25(3)：10 - 11，18.

② 金久红. 从《史记》采撰特点看司马迁的史学思想[J]. 北方论丛，2006(4)：93 - 96.

史研究法》一书中也曾提出,“亲躬其役或目睹其事之人,犹有存者,采访而得其口说,此即口碑性质之史料也”[①]。

口述资料遭受冷落在西方发生于19世纪德国兰克学派的兴起,档案库的资料被看作最可信的记录;在中国则始于清朝的乾嘉学派,他们因为政治压力而被迫转向于考据学,长年累月钻故纸堆,讲究“无一字无来历”[②]。然而随着人类文明的进步和多媒体时代的到来,文字一统天下的局面逐渐被打破。尤其是伴随着公民意识的觉醒,弱势群体从社会边缘逐渐融入主流,他们也在寻求发声的机会。而这一群体不仅包含肢体残缺者,更包含欠缺文字能力的“知识贫困者”。口述历史的复兴使得来自“底层”的声音在社会历史文化变迁中留下印迹,使历史变得更加立体和丰厚;而对于民俗传统中绝大部分无法用文字表达的内容通过口述的方式传承和保护,也使得人类的文化遗产更加生动和完整。

20世纪中期,录音设备的产生和使用,推动了口述历史的复兴。1948年美国内战史专家内文斯(Allan Nevins)创建了历史上第一个研究口述历史的专门机构——哥伦比亚大学口述历史研究室,标志着现代口述史学的产生[③]。而这一复兴的浪潮很快席卷美英并在世界范围内蔓延。1967年,美国成立了口述历史协会(Oral History Association,简称OHA),1973年英国的口述历史协会成立。此后,澳大利亚、新加坡等国家也纷纷跟进,成立了全国性的口述历史协会。在这种形势下,国际口述历史协会也于1979年在英国成立。进入新世纪以后,欧洲和亚洲的许多国家也成立了口述历史协会,如芬兰、印度等。在中国,全国性的中华口述历史研究会成立于2004年,澳门也于2008年成立了澳门口述历史协会。

---

① 梁启超. 中国历史研究法[M]. 南京:江苏文艺出版社,2008:42.

② 钟少华. 口述历史是活的史料[N]. 中国图书商报,2004-02-06.

③ 曹幸穗. 口述史的应用价值、工作规范及采访程序之讨论[J]. 中国科技史料,2002,23(4):335-342.

总之,口述历史和口头传统已经从边缘研究发展成为学术主流,并且作为研究工具被历史学家、人类学家、社会学家以及图书档案学家等广泛运用。

### 2.1.2 多媒体时代图书馆职能的重新定位

图书馆作为服务机构,不仅有能力保存印刷文献,对口述资料也应当采用类似的组织与处理流程来加以保管。王子舟教授在《图书馆与非物质文化遗产》一书的序言中指出:"图书馆是保持社会记忆的一种机构,如果说文献的产生实现了人类的'脑外记忆',图书馆的产生则生成了保存这种脑外记忆的'社会大脑'。但以往的图书馆学研究更多地把注意力投注到了'文献'这个已经物化、固化了的客观知识的研究上,很少将活化的'非物质文化遗产'也视为一种社会记忆的方式予以关照,并把它看作现代图书馆理应收藏、展示和传播的重要内容。"[①]因此,我们必须重新认识和界定我们所熟知的图书馆,不能仅仅将其视为资料的保存者,更应该看到它是参与各种类型信息和数据挖掘的信息"生产者"和"创造者"。传统的图书馆功能的三维向度即"获取—加工—传播"应该发展为包含"生产"在内的四维向度,这是图书馆事业的本质要求和必然选择。

就口述历史而言,图书馆和图书馆员一直以来都是口述历史项目的支持者和推动者,口述历史在诞生之初即与图书馆有着密切的关联,美国早期的口述历史机构大都设立在图书馆中。除了总统图书馆的口述历史计划外,在美国成立最早、影响力最大的两个口述历史研究室——哥伦比亚大学口述历史研究室(1948 年成立)和加州大学伯克利分校地区口述历史办公室(ROHO,1954 年成立)即分别设在巴特

① 方允璋.图书馆与非物质文化遗产[M].北京:北京图书馆出版社(今国家图书馆出版社),2006:2.

勒图书馆(Butler Library)和班克罗夫特图书馆(Bancroft Library)①。

而作为人类文化重要组成部分的口头传统,其保护既依赖于代代相传的动态传承,也依赖于图书馆等收藏机构的静态保管。前者通过人际间口头和肢体等信息的流动而保持其在一定范围内流传,后者则通过载体的固化使其突破了时间和空间的局限。二者相互补充,不可偏废。在目前的文化潮流和技术背景下,图书馆保存口头文化不仅必要而且可行。对口头文化与图书馆关系的探讨与解答,不仅会影响我们的生活方式,而且会影响到图书馆的类型和发展变迁②。

从图书馆利用者的角度,随着科技的发展,口述资料实现了网络等手段的存取和检索,口述资料的收藏成为满足用户需求的必然。研究者在面临繁多的文献资料而找不到突破的窘境下,便将希望转向口述资料,从中找到一手的原始资料。这是口述资料价值的复苏,也是图书馆职能的回归。图书馆作为人类记忆的"公共大脑",让有文字的文化、无文字的文化在这里相互融合,让过去的文化、现代的文化在这里双重交流,让静态的文化、活态的文化在这里互通共存③。

### 2.1.3 国内外图书馆界口述资料收藏实践

1. 国外

以美国为例,口述资料的收藏已经在各种类型的图书馆中得到开展,包括总统图书馆、国会图书馆、公共图书馆和学校图书馆等。总统图书馆的口述历史收藏是目前唯一由联邦政府倡办和资助的口述历史项目,从1960年杜鲁门总统图书馆(the Harry S. Truman)第一个宣布总统口述历史计划开始,目前已经有十几个总统图书馆开展了此项

① 杨祥银.当代美国口述史学的主流趋势[J].社会科学战线,2011(2):68-80.

② Raphaël Ndiaye. Oral Culture and Libraries[J]. IFLA Journal,1988,14:40-46.

③ 游明元.留住渐渐远去的歌——非物质文化遗产保护与图书馆的地域性[M].北京:中国科学技术出版社,2009:扉页.

工作，有的甚至在图书馆尚未破土兴建时就已经开始了口述访谈；国会图书馆也有丰富的口述资料收藏，如 200 年馆庆之际开展的馆员口述历史以及著名的“老兵记忆”工程（Veterans History Project）等；公共图书馆因其与社区的紧密联系，在口述历史由“精英”到“大众”的转向下，对口述资料的收藏尤为重视，并开展了大量的实践，如新泽西州公共图书馆、阿拉斯加图书馆等；学校图书馆中比较知名的有费城林肯中学（Lincoln High School，Philadelphia）组织聋哑学生对校外聋哑人进行的“创造一个声像图书馆”的口述收藏以及 1968 年由耶鲁大学图书馆发起的全美音乐口述历史项目（Oral History of American Music，简称 OHAM）。此外，美国还出版了反映口述资料收藏总体状况的各种指南和工具书，如《美国和加拿大有关图书馆员的口述历史磁带目录》《口述历史收藏指南》《学院和大学图书馆的特殊收藏》等，甚至还出版了专门评估图书馆口述收藏状况的报告，如《公共图书馆作为口述历史中心：一份评估报告》等，足见口述资料收藏在美国图书馆的普遍程度。

除美国之外，英国、澳大利亚、新西兰以及非洲等国家的图书馆都开展了口述历史项目及相关资料收藏。英国的国家声音档案馆是全世界最大的声音档案馆之一，于 1983 年开始口述收藏，1999 年又与英国著名的 BBC 电台、英国口述历史学会联合开展了大型口述历史访谈——“世纪之谈，BBC 千年口述历史项目”。

澳大利亚国家图书馆于 20 世纪 50 年代开始口述资料的搜集工作，是全国口述历史的收藏和领导中心，其组织的华人口述历史项目凸显了图书馆与社区联合的力量。图书馆还组织各种研讨会，如“声音和记忆——澳大利亚口述史学”等。此外，澳大利亚战争纪念馆（the Australian War Memorial）、国家美术馆（the National Gallery of Australia）以及老国会大楼（Old Parliament House）等都开展了口述资料的收藏工作。

新西兰国家图书馆内设口述历史档案馆，专门收藏口述资料，亚历山大·特恩布尔图书馆的口述历史中心是新西兰最大的口述历史资料收藏中心,它根据新西兰历史特点开展相应的口述历史项目①。

在非洲,比较著名的是赞比亚大学图书馆,其特藏部从1979年开始口述历史项目,取得了丰硕的成果。非洲学者甚至呼吁在图书馆界成立一个类似"口述历史协会"的全国性组织,以促进彼此的沟通,推动图书馆口述资料收藏工作的全国性普及。

2. 国内

与国外相比,国内参与口述资料收藏的图书馆较少。汕头大学图书馆在香港李嘉诚基金会的资助下,较早地开展了口述资料的收藏工作,设有潮汕文化口述历史资料库。扬州大学图书馆、清华大学图书馆、首都图书馆、湖南图书馆等也陆续开展了一些口述历史项目,扩大特藏资源。国家图书馆也于2012年联合国教科文组织"世界记忆"实施20周年之际启动"中国记忆"大型文化工程,通过发掘馆藏文献,采集口述史和影像资料,收集照片、手稿、物品等相关记忆承载体,整合、传播有关中华民族重要事件和重要人物的集体和个体记忆资源,形成全方位的历史记忆专藏②。

2011年12月27日,中国女性图书馆在中华女子学院挂牌成立,该图书馆致力于收集、保留、传承和展示中国妇女研究成果,为国内外研究者提供丰富的研究资料与高质量的信息服务。而其主打的妇女口述历史资料的收集和整理,将成为中国女性图书馆最具特色的馆藏之一③。2012年6月9—10日,中国女性图书馆妇女口述历史项目经验分享会在北京召开,自北京、上海、南京、山东、广西等地的"妇女口述历史项目"组成员齐聚北京会议中心,分享各自采编女性口述史的

① 新西兰国家图书馆[EB/OL].[2009-09-25]. http://www.hudong.com/wiki/%E6%9…%E4%B9%A6%E9%A6%86.

② 国家图书馆启动"中国记忆"文化工程[EB/OL].[2012-02-25]. http://roll.sohu.com/20120225/n335832950.shtml.

③ 中国女性图书馆. 中国女性图书馆妇女口述历史项目介绍[J]. 中华女子学院学报,2012(3):39.

经验与困惑[①]。2013 年 7 月 14 日,中华女子学院中国女性图书馆在北京召开“倾听、记录与呈现——妇女口述历史国际研讨会”。会议议题集中在三个方面:口述历史访谈的方法与技巧探究,妇女口述历史资料的收集模式探究,妇女口述历史研究及理论探索。来自中华女子学院、天津师范大学、南京师范大学、云南社科院、台湾“中央研究院”、英国苏赛克斯大学、美国密歇根大学、美国费尔菲尔德大学以及联合国妇女署的二十多位海内外专家到会参加研讨[②]。

由此可见,国内图书馆界正逐渐投身于口述资料收藏工作,并积极研讨相关理论。但是,与国外相比,不仅起步较晚、参与者相对较少,而且存在业务规范欠成熟、重收集轻利用、对编目和法律伦理重视不足等问题,且这方面的理论研究也比较分散。因此有必要从社会学、传播学、图书馆学等角度深入探讨图书馆口述资料收藏的理论基础,并系统梳理国外图书馆的参与实践,总结其成功经验,以期为国内相关研究和世纪工作提供借鉴。

## 2.2 国内外相关研究综述

### 2.2.1 国外研究综述

尽管口耳相传对人类历史的发展和文明的进步起到了重要作用,在古代,口传知识不仅占据重要地位,而且其形成的资料也是图书馆的主要收藏对象之一。但是随着文字的发明,图书馆收藏的文献逐渐形成了以文字资料为主的局面,口述资料的收藏因此经历了

---

① 听“她”的故事抢救“她”历史:中国女性图书馆妇女口述历史项目经验分享会侧记[EB/OL].[2012 - 08 - 15].http://www.china-woman.com/rp/main?fid = open&fun = show_news&from = view&nid = 83494.

② “妇女口述历史国际研讨会”在京举行[EB/OL].[2013 - 07 - 15].http://acwf.people.com.cn/n/2013/0715/c99013-22198698.html.

由盛而衰到再繁荣的发展路径。反映在学术研究方面,也呈现出从口述资料价值的重新认识到口述资料采集工作流程的规范以及口述资料的保管与利用等由宏观到微观、由价值确定到方法规范的研究路向。

文献研究发现,对口述历史和口头传统的研究在历史学界和社会学界已经非常成熟,产生了大量的文献。其中口述历史的论著较多,以数据库 JSTOR 为例,以"oral"AND"history"为检索式,仅以文章题名(item title)为检索项,即可得到 1835 个结果。但是将口述与图书馆结合的论著相对较少。为了从一定意义上反映该研究随年代变化状况,以图书馆学情报学文摘数据库 LISA 为例,以"oral"AND"library"为检索词进行全面检索,仅得到 47 个结果,其十年格分布如下:

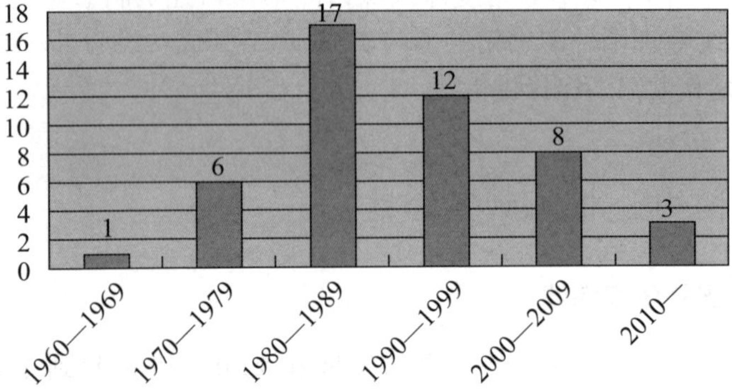


图 2－1　LISA 数据库"图书馆口述"论文检索结果

由于目前没有任何一个数据库能够全面呈现已有的研究成果,笔者获取文献的方式也表现出多渠道混杂的局面。除了多个数据库合并检索、谷歌学术搜索外,还通过文献传递、外国友人帮助查找等方式获取。即便如此,有的文献也因为没有数字化等原因,没有能够获得全文,只能通过题名和摘要、文献来源等窥其概貌。以获得全文的 42 篇期刊论文为例,其发文量随时间分布如下:

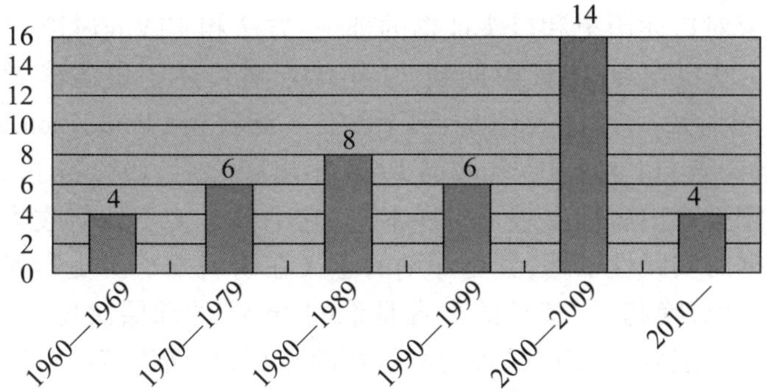


图 2－2 国外论文的时间分布

内容方面，通过对专著、期刊论文、学位论文和会议论文等进行深入解读与研究，可以将其归纳为以下几个方面：

1. 口述资料的性质和价值研究

这方面的研究是图书馆口述资料收藏研究的铺垫。主要体现在口述历史和口头传统的理论和实践研究中，依据时间脉络对这些研究进行梳理可以看出在过去 60 多年中口述历史研究的发展进程，大致经历了下列四个阶段：

(1)20 世纪 60—70 年代对口述历史价值和发展状况的研究。例如《口述历史为行为科学史提供素材》[①]和《Prytanean 口述历史》[②](Prytanean 是 1900 年在加州大学伯克利校区成立的美国最古老的大学妇女荣誉组织)和《英国的口述历史进展》[③]以及专著《声音的表象：

① Berman Leo H. Oral History as Source Material for the History of Behavioral Scicences[J]. Journal of the History of Behavioral Scicences, 1967, 3(1): 58－59.

② Elizabeth Bauer. Prytanean Oral History[J]. The Journal of Library History, 1971, 6(2): 163－168.

③ Alice M. Hoffman. Oral History in Great Britain[J]. The Journal of Library History, 1972, 7(3): 275－285.

实践专家对口述历史和口头证据的理论、方法和实践的讨论》[①]。

(2)20 世纪 60 年代中期到 70 年代末对口述历史访谈对象的突破与反思阶段。其代表作是英国保尔·汤普逊(Paul Thompson)的《过去的声音:口述历史》[②],该书 1978 年出版之后,1988 年再版,2000 年由辽宁教育出版社出版了中译本[③]。它不仅是关于如何收集与使用口头证据的实践性书籍,其更深刻的意义在于引发了历史学家对自身工作的反思,唤起了"昔日的声音是谁的声音"的深层次思考,号召人们揭开文字记载的"历史"背后所隐藏的真相,从而为英国口述历史关注底层社会起到了理论铺垫和实践指引作用。

(3)20 世纪 70—80 年代以来对访谈方法和技巧的关注和对口述资料利用方面的探讨。这一时期的研究以口述访谈指导手册和参考指南为主。比较有代表性的有对访谈流程系统介绍的《录音访谈——民俗与口述历史田野工作者手册》[④]和对访谈中可能遇到的敏感问题比如性别歧视、非法移民、个人隐私等通过案例详细阐述的《故事情节:口述历史中的访谈技巧》[⑤]以及针对抄本的转录和在口述历史素材基础上撰写各种文字材料的方法(如抄本的编辑、撰写短文、编写人物传记以及如何从群体访谈中获取有价值信息等)的《保持原貌——口

① Grele, Ronald J et al. Envelopes of Sound: Six Practitioners Discuss the Method, Theory and Practice of Oral History and Oral Testimony[M]. Chicago: Precedent Publishers, 1975.

② Paul Thompson. The Voice of the Past[M]. London: Oxford University Press, 1978.

③ 保尔·汤普逊. 过去的声音——口述史[M]. 覃方明,渠东,张旅平,译. 沈阳:辽宁教育出版社,2000.

④ Edward D. Ives. The Tape-Recorded Interview: A Manual for Field Workers in Folklore and Oral History[M]. Knoxville: The University of Tennessee Press, 1974.

⑤ Priscilla Karant. Storylines: Conversational Skills Through Oral Histories[M]. Boston: Heinle & Heinle Publishers, 1988.

述历史撰写指南》[①]等。《记录口述历史——人类学与社会学指南》(第二版)[②],除了介绍访谈项目规划、访谈技巧以及法律和伦理等口述历史工作的基本问题之外,对各种类型的口述历史项目(社区的、家庭的、人物专访等)中被访者的选定、访谈资料的不同处理方式、不同类型访谈的总体指南等进行了详尽的介绍。

(4)20 世纪 90 年代以来对记忆可信性的研究以及信息技术对口述历史的影响分析。由于口述对记忆的依赖和记忆本身的不确定性等特点,口述历史在经历了 40—50 年代的复兴和 60—80 年代世界范围内的追捧之后,部分学者对记忆的可信性产生了怀疑。比较有代表性的有:《记忆:口述历史性能》[③]和《口述历史与公共记忆》[④]。前者对记忆的本质、时间与记忆的关系、记忆的主观性对口述历史性能的影响以及引发的争论等进行了总结,后者则汇集了来自加拿大、新加坡、美国等学者关于口述历史与公共记忆的论述,二者是口述历史关注记忆的集中体现。论文《趋势,趋势,趋势:口述历史与网络联姻》[⑤]则分析了数字和网络技术对口述历史访谈过程和口述资料保存和利用等产生的深刻影响,指出当前口述历史所面临的机遇和挑战,从而掀起了数字环境下口述历史研究的热潮。

除了上述对口述历史研究的明显阶段性特征外,许多统揽口述历

---

① Cynthia Stokes Brown. Like It Was:A Complete Guide to Writing Oral History [M]. New York:Teachers & Writers Collaborative,1988.

② Valerie Raleigh Yow. Recording Oral History:A Guide for the Humanities and Social Sciences(2nd)[M]. Walnut Creek:Altamira Press,2005.

③ Della Pollock. Remembering:Oral History Performance[M]. New York:Palgrave Macmillan,2005.

④ Paula Hamilton,Linda Shopes. Oral History and Public Memories[M]. Philadelphia:Temple University Press,2008.

⑤ Larson Mary A. Potential,Potential,Potential:The Marriage or Oral History and the World Wide Web[J]. The Journal of American History,2001,88(2):596 - 603.

史各个工作环节的手册和指南等也推动了口述历史理论研究和工作实践的开展,有些甚至成为全球性普及读物。例如曾经担任美国口述历史协会会长的唐纳德·里奇(Donald A. Ritchie)所著的《大家来做口述历史——实务指南》(*Doing Oral History:A Practical Guide*)是口述历史理论、方法与实践的综合性指南和百科全书式手册,是口述历史工作者的必备参考书。该书采用一问一答的方式,通过大量实际案例,轻松、简洁、准确地回答了口述历史实践中的一系列问题,包括口述历史项目规划、开辟经费来源、访谈的具体实施、访谈技巧的运用、受访者的版权保护、访谈资料的保存和提供利用等[①]。无论对口述历史工作者还是对口述资料的保管者都有很强的指导意义。该书2006年出版了中译本[②]。

此外,托马斯·查尔顿(Thomas L. Charlton)等所著的《口述历史手册》对口述历史的基础理论、方法、工作原理和实际应用等都做了介绍,还对比较引人关注的记忆问题、口述资料的保存与整理利用问题等进行了详尽的阐述[③]。1998年出版的《口述历史读者》更是风靡全球的口述历史理论和实践读本。该书由世界各地著名的口述历史学家撰写,不仅介绍了口述历史的发展背景、脉络和最新进展,而且对访谈技巧、策略、口述历史的社会职能、作为证据的口述历史、作为历史来源的口头和印刷资源的不同特质等进行了深入剖析[④]。同样由唐纳德·里奇主编的《口述历史牛津手册》,则汇集了全球范围内口述历史学家的最新研究成果。对访谈的本质、记忆与历史的关系、口述历史

---

① Donald A. Ritchie. Doing Oral History: A Practical Guide (2nd) [M]. New York: Oxford University Press, 2003.

② 唐纳德·里奇. 大家来做口述历史——实务指南(第二版)[M]. 王芝芝, 姚力, 译. 北京:当代中国出版社, 2006.

③ Thomas L. Charlton, Lois E. Myers, Rebecca Sharpless. Handbook of Oral History [M]. Lanham: Altamira Press, 2006.

④ Robert Perks, Alistair Thomson. The Oral History reader [M]. London: Routledge, 1998.

实践、新技术对口述历史的影响、相关法律与伦理问题等分专题汇总，并在每个专题下设置相关案例介绍。由于文章的来源是期刊、书籍以及国际口述历史协会（International Oral History Association，简称IOHA）的会议论文等，所以代表了口述历史研究和实践的最新进展，呈现了口述历史的全球动态和发展路向①。

在口述历史研究如火如荼的同时，口头传统因其在保护人类文化遗产方面的独特功能而引起学界的重视。但这方面的研究不是非常集中，较具代表性的著作是《作为历史的口头传统》一书。该书运用社会学、历史学和信息传播学的理论，从社会文化的传承、历史的书写以及信息的来源与获取、信息流中语料库的作用、信息的文化表达等角度，对"口头传统"进行了详尽的论述，指出了"口头传统"与"口述历史"的界限，为口述资料概念的构建以及与相关概念的关系的确立等奠定了理论基础②。

2. 图书馆口述资料收藏意义研究

这方面的研究体现在口述历史在构建图书馆史方面的功能与实践研究、图书馆开展口述历史工作的价值与意义分析以及图书馆对口头传统等口头文化遗产的保护等。

(1)口述历史与图书馆史

目前以艾伦·斯温（Ellen D. Swain）为代表的西方学者认为③，1968年玛莎·简·查谢特（Martha Jane K. Zachert）发表的论文——《图书馆员对口述历史的运用》④是将口述历史与图书馆结合的开篇

---

① Donald A Ritchie. The Oxford Handbook of Oral History[M]. New York：Oxford University Press，2011.

② Jan Vansina. Oral Tradition as History[M]. Wisconsin：The University of Wisconsin Press，1985.

③ Ellen D. Swain. Oral History in the Archives：Its Documentary Role in the Twenty-first Century[J]. The American Archivist，2003(66)：139－158.

④ Martha Jane K. Zachert. The Implications of Oral History for Librarians[J]. College and Research Libraries1968，29：101.

之作。但是,在对多个西文数据库包括ProQuest、LISA、Emerald、Wiley等以"oral" AND "library"为检索式进行合并检索,结合"谷歌学术搜索"等辅助检索的结果来看,最早的一篇论文应该是伊丽莎白·迪克森(Elizabeth I. Dixon)1966年发表的《口述历史在图书馆史中的运用》①一文。文中指出,哪怕是作为知识传递者的图书馆员,对其自身发展和所取得成就的记录都是远远不足的,图书馆应该成为任何知识载体的集散地,无论是口头的还是书面的。而口述历史可以在图书馆技术方法的运用演变、图书馆有关人员(包括馆员、发起者、资助者、读者等)的状况以及图书馆收藏史方面记录图书馆的历史,可以有效弥补文字资料的不足。

之后,美国图书馆界尤其是医学图书馆,陆续开展了一系列关于图书馆自身的口述历史项目。影响较大的是医学图书馆协会(Medical Library Association,简称MLA)于20世纪70年代开始的针对图书馆员的口述历史项目。《早期医学图书馆员的职业认同及受教育状况——基于医学图书馆协会口述历史项目的讨论》就是从对三个八十多岁女性图书馆员的口述历史访谈中,总结她们的受教育状况以及图书馆职业态度等②。

此外,MLA对其成员发起的"个人视角下的医学图书馆事业和医学图书馆协会"大型口述历史工程,在美国也有很大的影响力。1998年,为庆祝MLA成立100周年,协会对该工程进行了总结,并对1977

① Elizabeth I. Dixon. The Implications of Oral History in Library History[J]. The Journal of Library History,1966,1(1):59 - 62.

② Estelle Brodman. Education and Attidudes of Early Medical Librarians to Their Work: A Discussion Based on the Oral History Project of the Medical Library Association[J]. The Journal of Library History,1980,15(2):167 - 182.

年工程开展以来的访谈进行了简要的总结，分三期出版[①]。

国家医学图书馆（National Library of Medicine）则针对图书馆员（特别是医学图书馆馆员）在危机事件（如恐怖活动、地震、流行病、火灾、洪水、飓风等）中的应急反应和处理情况，从2007年开始通过电话访谈和邮件访谈的方式开展口述资料的挖掘工作，并在论文《救灾反应中的图书馆角色定位》中总结出了馆员的八项应急作用：团队协作、资料管理、信息发布、内部协调、社区支持、政府助手、教育培训和历史书写[②]。

美国国会图书馆（Library of Congress）在利用口述历史方法书写图书馆史方面的立场和动态，在美国图书馆界有着引领和示范作用。2003年，在国会图书馆的"信息公告"中，刊登了《图书馆之音：口述历史讲述图书馆自己的故事》的消息文章，介绍了2000年在国会图书馆200周年庆典活动期间，对图书馆的27位前工作人员进行口述访谈的情形[③]。由于国会图书馆在收藏口述资料方面的领导和核心地位，该消息无疑对其他图书馆起到了很好的带动作用。

《北卡罗来纳州图书馆百年纪念口述历史工程》一文交代了在北

---

① Diane McKenzie. The Oral History Program：Ⅰ. Personal View of Health Science Librarianship and the Medical Library Association［J］. Bull Med Libr Assoc, 1998,86(2)：166－182.

Diane McKenzie. The Oral History Program：Ⅱ. Personal View of Health Science Librarianship and the Medical Library Association［J］. Bull Med Libr Assoc, 1998,86(3)：366－376.

Diane McKenzie. The Oral History Program：Ⅲ. Personal View of Health Science Librarianship and the Medical Library Association［J］. Bull Med Libr Assoc, 1998,86(4)：464－474.

② Robin M. Featherstone. Library Roles in Disaster Response：An Oral History Project by the National Library of Medicine［J］. J Med Libr Assoc, 2008,96(4)：343－350.

③ Helen Dalrymple. Library Voice：Oral History Project Tells Tales of the Institution［N］. Information Bulletin, Libr Cong Inf Bull, 2003,62(6).

卡罗来纳州图书馆协会(North Carolina Library Association)成立100周年之际发起的包括各地图书馆参与的大型口述历史工程。其采访对象是各个图书馆的馆员,既包括离任的年长者也包括各个层次和年龄段的在职工作人员。尤为重要的是,它提供了图书馆对馆员开展口述历史访谈的"工作指南"(guide),详细介绍了访谈前的准备、访谈内容涵盖的范围(包括问题铺垫、对图书馆的总体性描述、成为馆员的学习历程、作为图书馆员的一些经历、图书馆员与种族歧视、图书馆员与信息技术、相关专业协会、图书馆的重大事件亲历、其他重大问题、补充性开放问题等)以及访谈后的工作(包括抄本的转录、编辑,访谈资料的分类、编目以及法律授权书等重要环节)[①]。该指南不仅适用于对图书馆员的访谈,而且可以变通运用到其他各个领域,为指导口述历史访谈提供了指导性工作规范。

《天文图书馆口述历史的首创者:天文图书馆员为保存望远镜的历史所做的工作》一文主要介绍了夏威夷某天文图书馆对馆员开展的口述历史项目,介绍了它的发起过程、耗资状况、经验教训等,特别强调口述历史对图书馆管理学的重要意义[②]。

2010年,《讲述我们自己的故事——赖斯大学图书馆口述历史工程》一文则介绍了位于美国休斯敦的赖斯大学图书馆在2009年建馆60周年之际,为了迎接2012年百年校庆,在图书馆数字媒体中心的支持下开展的员工口述历史工作。采访对象包括23名在职人员和6名退休员工,认为通过"讲述自己"可以激发图书馆员的工作自豪感、提高职业满意度、对年轻馆员起到激发和带动作用等。同时指出该项工作最大的挑战是口述历史的事后编辑工作和提供网上获取所必备的

---

① Thomas Kevin B. Cherry. The North Carolina Libraries Centennial Oral History Project[J]. North Carolina Libraries,2004(Fall):130－139.

② Joseph H. Murphy. An Astronomy Library's Oral History Initiative: What an Observatory Librarian is Doing to Preserve a Telescope's History[J]. Issues in Science & Technology Librarianship,2007,51:3－14.

法律事项和编目事宜[1]。

(2)口述历史对图书馆功能的拓展

这方面的文章集中在20世纪60—70年代,即美国口述历史协会成立前后。其代表人物是美国班克罗夫特图书馆(Bancroft Library)地方口述历史办公室(Regional Oral History Office,简称ROHO)负责人维拉·鲍姆(Willa Klug Baum)女士,她是美国口述历史协会的发起人之一,因倡导口述历史与图书馆的融合而闻名世界。她的著作《口述历史的转录与编辑》,对口述历史访谈完成后的抄本转录以及编辑加工和保存进行了详尽的介绍,是口述历史领域的重要参考资料[2]。而她参与主编的图书《口述历史:跨学科文集》收录了包括艾伦·内文斯在内的世界著名口述历史学家的论文,在介绍口述历史基本知识的同时,对如何将其运用到科学研究中进行阐述,并对口述历史在国际范围内的普及和运用进行分析,是经典文章的凝练与集中,是口述历史从业者和研究者不可或缺的文献资源。之所以称作"跨学科文集",是因为该书融合了民俗学家、历史学家、人类学家和图书馆员对口述历史理论上的不同见解和方法上的不同运用[3]。该书1984年出版第一版,1996年再版。

1966年,鲍姆女士又在美国西部历史协会(the Western History Association)的第6届年会上提交了《口述历史:班克罗夫特图书馆的传统复兴》一文,将图书馆参与与口述历史、开展口述资料收藏工作上推至19世纪70年代的班克罗夫特图书馆。该文的意义在于,不仅肯定了图书馆在收藏口述历史资料方面的参与时间之早(比现代口述历史诞生标志的哥伦比亚大学口述历史研究中心早了70余年),而且用

① David M. Bynog, Jane Zhao. Telling Our Own Story: Fondren Library's Oral History Project[J]. C&RL News,2010(5):240-247.

② Willa K. Baum. Transcribing and Editing Oral History [M]. Tennessee: American Association for State and Local History,1977.

③ David K. Dunaway, Willa K. Baum. Oral History: An Interdisciplinary Anthology[M]. Altamira Press,1996.

事实证明图书馆在口述资料收藏方面不是处于被动的资料接收和保管地位，而是在启蒙阶段即促进了美国口述历史的发展①。

1970 年她在《图书馆史杂志》发表《口述历史、图书馆与族谱研究者》，认为口述历史不仅让族谱研究者获得更生动的“古人”资料，而且通过“访谈”获取信息的方式也可以为族谱研究者提供方法上的借鉴。而服务于各种类型研究者的图书馆，理应将口述资料纳入自身的馆藏体系。她还从口述资料提供利用的角度，倡导建立全国性的口述资料中心，并认为可以通过馆际互借的方式提高口述资料的利用率②。这些观念是非常具备前瞻性和引领性的。

1975 年她又发表《磁带上的历史：班克罗夫特图书馆地方口述历史办公室》一文，不仅回顾了地方口述历史办公室（ROHO）成立之前的班克罗夫特图书馆的口述历史工作，介绍了图书馆开展口述历史收藏的经验，而且从学者对口述资料利用的角度，肯定了口述资料与文字资料的相互补充与印证关系③。

除鲍姆女士活跃在学术界发表图书馆收藏口述资料的价值方面的论文外，其他的学者也分别从不同的角度召唤图书馆员行动起来，不仅收藏口述资料，而且亲身参与口述历史访谈项目。比较有代表性的是图书馆学家玛莎·简·查谢特（Martha Jane K. Zachert）发表的《图书馆员对口述历史的运用》一文，指出口述历史为图书馆员带来的新的机遇与挑战④。这是最早的系统论证口述历史对图书馆界带来影响和革命的重要论著之一，对图书馆员的知识和技能提出了新的要

---

① Willa Klug Baum. Oral History: A Revived Tradition at the Bancroft Library [J]. The Pacific Northwest Quarterly, 1967, 58(2): 57 – 64.

② Willa K. Baum. Oral History, the Library, and the Genealogical Researcher [J]. The Journal of Library History, 1970, 5(4): 359 – 371.

③ Willa K. Baum. History on Tape: The Regional Oral History Office at The Bancroft Library [J]. California History Quarterly, 1975, 54(1): 77 – 84.

④ Martha Jane K. Zachert. The Implications of Oral History for Librarians [J]. College and Research Libraries, 1968, (29): 101 – 103.

求，主要体现在著作权与法律事宜。

此外，1969年《图书馆史杂志》刊登的两篇文章也助推了图书馆参与口述历史的热潮。一是理查德·巴莱特（Richard A. Barlett）的《口述历史第三次全国研讨会之后的思考》，不仅明确了图书馆员参与口述历史的职责，而且还大胆地指出“口述历史是属于图书馆员的。它对教育程度和人际沟通等能力的要求是针对图书馆员而非历史学家，现在是要求图书馆员走出办公室的时候”①。尽管他的理论因过于偏激而遭到后来研究者的批判，但是也从一个侧面反映出当时美国图书馆界对口述历史的关注程度。二是查尔斯·莫里（Charles T. Morrissey）撰写的《口述历史与地方史：图书馆员的机遇》。该文相对于巴莱特的观点要平和许多，认为口述历史不仅有助于重构精英人物和领袖团队的历史，而且有利于培育社区文化和增厚地方历史，而由此产生的大量的磁带是需要保存的，这是图书馆员的机遇。文中甚至指出，“口述历史究竟属于谁”的争论是没有意义的，相反，正是由于各个学科领域的不同类型的学者对口述历史的关注与热情，推动了口述历史的发展。而摆在图书馆员面前的不仅是如何保管好访谈资料，而是应加入访谈队伍，成为合格的访谈员，进入所服务的社区。这也正呼应了20世纪70年代美国口述历史访谈对象从“精英”到“大众”的主流趋势②。

论文《图书馆中的口述历史——不同的层次》则从实践的角度，依据图书馆参与口述历史项目的层次深浅，将其区分为四种类型，即搜集与口述历史相关的素材；收藏已经出版或转录完备但尚未出版的口述历史抄本；作为图书馆外部口述历史资料的固定保管场所；建立自

---

① Richard A. Bartlett. Some Thoughts After the Third National Colloquium on Oral History[J]. The Journal of Library History, 1969, 4(2): 170.

② Charles T. Morrissey. Oral History and Local History: Opportunities for librarians[J]. The Journal of Library History, 1969, 4(4): 341-346.

己的口述历史项目和团队,“生产”口述历史资料[①]。

1989 年弗兰克·李(Frank Lee)发表《口述历史与图书馆》,从图书馆事业的本质以及口述历史的信息功能出发,采用信息传播理论论述二者的关系。指出图书馆事业必须适应信息产生和传播的不同方式而不断发生变化,口述历史这一新的信息形式是图书馆不可忽视的资源。图书馆参与口述历史的过程除了依据其传统职能对访谈影音资料和抄本进行甄别和获取,然后进行一定的组织和加工,再通过各种形式的服务使其为用户所用之外,还可以通过独立或与其他机构合作的方式参与历史数据的挖掘,即“产生”和“创造”信息,这是对图书馆“精神食粮供应者”这一职能的进一步深化。其意义在于通过口述历史与图书馆的关系阐释,把图书馆的功能由获取—加工—传播的三维向度拓展为包含“生产”在内的四维向度,即图书馆不仅仅是口述资料的收藏者,而且更应该担负起生产者的职责[②]。

(3)图书馆对口头传统等口头文化遗产的保护研究

与口述历史引起图书馆的重视一样,口头传统作为人类记忆的自然延续,也随着多媒体技术的发展得以固化和保存而逐渐跃入图书馆的视界。1987 年在英国布莱顿召开的 IFLA 第 53 届大会上,代表发展中国家图书馆声音的地区事务分组(Division of Regional Activities)主席拉斐尔(Raphaël Ndiaye)提交了一篇名为“口头文化与图书馆”的报告,在对文字记录与图书馆的天然关系进行梳理之后,对口头文化的内涵进行了概括。他指出,口头文化为了传承而采用的节奏、韵律、曲调以及句法等,是无法反映到书面文字上的,而口头文化表达所必需的手势、态度、举止以及个体之间的互动关系,能够激发人的听觉系统,这比单纯的文字带来的视觉更令大脑活跃。“无论在白天还是黑

① Mary Jo Pugh. Oral History in the Library:Levels of Commitment[J]. Drexel Library Quarterly,1979,15(4):12 -28.

② Frank Lee. Oral History and Libraries[J]. Public Library Quarterly,1989,9(3):23 -29.

夜，这些信息都仿佛从远古向我们讲述。这是人与世界的一种天然的关系，从某种意义上也是人类对所生存世界的一种装点”[①]。图书馆作为今天文字记录的记忆中心，同样有能力成为口头表达的记忆中心，在目前的文化潮流和技术背景下，图书馆保存口头文化不仅必要而且可行。对口头文化与图书馆关系的探讨与解答，不仅会影响我们的生活方式，而且会影响到图书馆的类型和发展变迁。

在此后的IFLA大会中，陆续出现了对图书馆在保存包括“口头文化”在内的人类文化遗产的关注，尤其体现在“家谱与地方志”分组和“声像与多媒体”分组的年度征文中。世界各个地区的文化遗产保护问题已经成为IFLA 1998—2001中期规划的主要关注点之一，在2010—2015战略规划中，也明确IFLA的使命之一是促进“图书馆对文献型文化遗产的获取、保存和保护”，IFLA的专业委员会已经将全球图书馆界的智力遗产保护和保存确认为未来IFLA的专业重心之一。

正是在这样的背景下，1999年在泰国曼谷举行的第65届IFLA大会将会前会的主题确定为“口头传统的收集和保护”（Collecting and Safeguarding the Oral Traditions），并出版了论文集[②]，收录了包括IFLA专业委员会主席拉尔夫. W. 曼宁（Ralph W. Manning）所做的主旨报告、联合国教科文组织代表阿拉马. S. 莫雷西亚（Malama S. Meleisea）对“世界记忆工程”和口头传统保护的介绍以及来自世界七大洲十几位研究者的论文，主题集中在图书馆与口头文化的关系以及图书馆新的职责定位等方面。该论文集全面展示了IFLA在图书馆收藏口述资料方面的坚定立场：在许多没有书写传统的国家和社会，口头遗产成

---

① Raphaël Ndiaye. Oral Culture and Libraries[J]. IFLA Journal, 1988, 14: 40 – 46.

② John Mcllwaine, Jean Whiffrin. Collecting and Safeguarding the Oral Traditions: An International Conference[C]. A Satellite Meeting of the 65th IFLA General Conference, Khon Kaen, 1999.

了联系过去、现在乃至未来的重要纽带;即便是在文字传统已经得到牢固确立的社会,口头遗产因其丰富的内涵以及与历史的直接关联而使文字记录不断加以完善。图书馆应从保护人类文化遗产的角度,不对“文字”和“口头”进行人为取舍。文集中马里学者阿马杜的名言“每一位老者的仙逝,都代表着一个图书馆的焚毁”(every elderly person who dies,represents a library going up in flames)[①],也成为图书馆界抢救口头文化的警句。

从世界范围来看,越是落后与偏远的地区,口头资源越丰富,保护和抢救的愿望也越迫切,图书馆参与的呼声也越高。《将口头传统视为非洲图书馆的新型信息资源》一文即恰当地反映了这一特点。对大多数生活在贫困中的非洲人民而言,口头形式是交流信息的最主要的方式。口头传统是非洲文化遗产不可分割的组成部分,如若任其消失,就是对历史的亵渎与犯罪。图书馆员应该把口头传统作为新型的信息资源加以开发与利用,并与文字记录相互补充。文章回顾了1972年“非洲大学图书馆员常设会议——西部地区会议”(Standing Conference of African University Librarians,Western Area)中对图书馆员在口头传统的采集、加工和保存等方面的职责定位,认为虽然过去了二十多年,但是图书馆界对口述资料的收藏工作仍然重视不够。强调西方文化的入侵和全球化的大发展大融合有将非洲传统文化吞没的危险,图书馆员应当走出办公室,走向田野,做个阿马杜(Elechi Amadi)所称的“赤脚图书馆员”(barefoot librarian),为抢救人类遗产做出贡献[②]。(阿马杜出生于1934年,是尼日利亚著名的作家,主要书写非洲的民风民俗以及宗教信仰等。他所倡导的“赤脚图书馆员”指那些根据特定的文化形式和特定群体的信息需求(尤其是文盲)而从事收集、整理、储存、检索和传播信

① John Mcllwaine, Jean Whiffrin. Collecting and Safeguarding the Oral Traditions:An International Conference[C]. A Satellite Meeting of the 65th IFLA General Conference, Khon Kaen, 1999:Introduction(Viii).

② A. A. Alemna. Towards a New Emphasis on Oral Tradition as an Information Source in African Libraries[J]. Journal of Documentation, 1992, 48(4):322-429.

息的信息专业人员或专家，是更高层次的图书馆员，是信息技术专家和信息导航员。）

2008 年约翰·阿卜杜勒·卡格博（John Abdul Kargbo）的论文《口头传统与图书馆》主要介绍了非洲塞拉利昂口头传统的收集和保护状况①。该文将口头传统的内涵扩大为包括口述历史、诗歌、神话、谚语甚至歌曲在内的所有经过口头传承的信息，不仅肯定了其历史价值，更深刻阐明了其文化意义。图书馆作为服务机构，有能力保存任何书面和口头信息。假如忽略了对口头传统的保存和提供利用，那么图书馆的服务将是残缺的和滑稽可笑的。图书馆应当采取类似文字资料同样的组织与处理流程来对待口述资料，这是图书馆义不容辞的文化职责与历史担当。

3. 图书馆口述资料收藏工作开展状况研究

（1）反映图书馆口述资料收藏状况的检索工具

在世界各地图书馆纷纷开展口述资料采集和收藏工作的同时，从宏观上把握哪些机构在从事口述资料工作、图书馆在其中所占比重如何等的综合性研究也逐渐增多，各种类型的目录和指南得以出版，对于全面了解图书馆在收藏口述资料方面的地位、作用以及未来发展方向等都具有非常重要的意义。比较典型的有《美国和加拿大有关图书馆员的口述历史磁带目录》《口述历史收藏指南》《学院和大学图书馆的特殊收藏》等。

1987 年，《图书馆史杂志》刊登了《美国和加拿大有关图书馆员的口述历史磁带目录》一文。该目录是美国图书馆协会于 1981 年倡议编写的，旨在了解全球范围内有关图书馆员和图书馆事业的口述历史项目。目录的编写体例是按照存储机构的名称排列，同一机构下则按被访者姓名排序的方式展开。同时还提供了包括人名和主题的索引。它不仅是瞭望图书馆开展馆员口述历史工作的窗口，而且为图书馆学

① John Abdul Kargbo. Oral Traditions and Libraries[J]. Library Review，2008，57(6)：442－448.

专业的学生提供了了解图书馆工作的绝佳素材,也是进行图书馆事业研究的重要参考①。

时任波士顿西蒙斯大学(Simons College)图书馆学与信息学研究生院的副教授、主要讲授口述历史(oral history)以及口述历史收藏管理(management of oral history collections)课程的艾伦·史密斯所编撰的《口述历史收藏指南》②收录了美国470多家口述历史收藏机构,按照美国各个州的字母顺序排列,州以下是城市,城市以下是收藏机构名称。主要通过给口述历史协会(OHA)成员以及“图书馆和口述历史名录”中包含的机构发送问卷的方式获取信息。此外,也在口述历史新闻、各地口述历史出版物、民俗出版物中进行宣传,并向地区、州及当地图书馆和口述历史协会发信询问,还在口述历史和民俗学年会上发放问卷等。因此,该指南的收录范围相对较全面和广泛,权威性较高。内容编排方面,每个收藏机构是一个条目。每个条目中包括口述历史收藏机构的通信地址、电话号码、主要员工信息、收藏规模、开放时间、检索路径状况、目录种类以及检索辅助、收藏目的、主要藏品、著名藏品以及对未来潜在研究者有用的相关信息。而在主题索引部分,则提供了收藏机构名称、相关机构名称、口述历史项目名称、城市名、郡县名及其他有关地名以及在反馈回来的问卷中提到的相关主题词。另外,还设有被访者索引,列出了条目中所关涉的所有被访者的姓名,这为快速准确检索口述历史收藏提供了便利。

除了专门的口述历史收藏目录和指南外,通过对图书馆指南中特藏部分的研究也可看出口述资料收藏工作在图书馆的开展状况。2005年美国图书馆协会出版的《学院和大学图书馆的特殊收藏》③,除

---

① Vann,Sarah K. Directory of Oral History Tapes of Librarians in the United States and Canada[J]. Journal of Library History,1987,22(3):361-362.

② Allen Smith. Directory of Oral History Collections[M]. Phoenix. New York: Oryx Press,1988.

③ Elizabeth A. Sudduth. Special Collections in College and University Libraries [M]. American Library Association,2005.

了介绍其中的口述资料收集工作之外，着重对各个学院或大学图书馆比较成功的法律授权协议进行了汇总，从口述资料的获取与利用、出版与引用以及复制与传播等方面为我们拟定法律授权协议提供范本。

此外，定期更新出版的《专业图书馆和信息中心指南》[①]不仅是了解全球专业图书馆和信息中心的重要工具书，而且通过对图书馆特藏的介绍，也可洞悉口述资料在世界各地图书馆的收藏状况。这部检索工具我国许多图书馆都有收藏。据 2011 年最新版本即第 39 版的记录，该指南收录了包括美国、加拿大乃至全球的超过 37500 家专业图书馆、研究图书馆、信息中心、档案馆和数据中心，专门报道开展口述历史收藏的图书馆和专业机构超过五十余家。

(2)美国图书馆的口述资料收藏状况

A. 总统图书馆、国会图书馆

美国现代口述历史发展历程经历了由“精英”到“大众”的发展轨迹。20 世纪 60 年代美国图书馆界开展的口述历史项目主要集中在总统、政治家等精英人物。总统图书馆和国会图书馆的口述历史项目即充分证明了这一点。其中总统图书馆口述历史是唯一由联邦政府倡办的口述历史研究计划。论文《美国总统图书馆的口述历史收藏》介绍了在口述历史工作普遍开展的背景下，总统图书馆馆藏结构发生的深刻变化，最显著的特点即口述资料不断增加。文章例数了包括胡佛、罗斯福、杜鲁门、肯尼迪、约翰逊、福特、里根和布什总统图书馆在内的十多个总统图书馆的口述资料收藏、管理和利用状况，还归纳了总统图书馆口述历史项目所面临的困境和今后的发展趋势，为我们全面了解总统图书馆的口述资料收藏提供了素材[②]。

---

① Matthew Miskelly. Directory of Special Libraries and Information Centers(39 edition)[M]. Gale Cengage Learning,2011.

② Regina Greenwell. Oral History Collections of the Presidential Libraries[J]. The Journal of American History,1997,84(2):596 – 603.

国会图书馆不仅开展图书馆史方面的口述历史,而且它所发起的战争题材的口述历史收藏也颇为引人关注,其中最具影响力的是"老兵记忆"(Veterans History Project)口述历史项目。该项目对一战、二战、朝鲜战争、越南战争、海湾战争以及阿富汗和伊拉克冲突的参与者进行口述访谈,获取一手资料,并纳入国会图书馆的收藏,目前已经实现了网上获取,供世界各地的研究者使用①。

图书馆史研究方面,2000 年在国会图书馆举办成立 200 周年纪念活动时,约瑟夫·尼尔森(Josephus Nelson)——著名的手稿专家,作为国会图书馆口述历史项目中心的负责人,在比林顿/卡罗斯诺夫(Billington/Krasnoff)的拨款资助下发起了国会图书馆员工口述历史项目,并负责访谈的指挥与协调工作。尼尔森共采访了 27 名曾经在国会图书馆工作的员工,访谈资料补充了文字资料的不足,为国会图书馆馆史的书写增添了生动素材②。

B. 公共图书馆

公共图书馆因其自身的职责特点以及与所服务社区的关系,在挖掘口述历史和地方历史资源方面具有独特的优势。因此无论是理论界还是在实践方面,公共图书馆的口述历史工作都开展得如火如荼。

1980 年发表的《口述历史:公共图书馆的新挑战》一文不仅指出图书馆是口述历史产生的大量资料的最佳保管场所,而且从公共图书馆与所服务社区的关系角度,认为图书馆可以对当地居民开展一些口述历史项目,挖掘信息资源,填补文字记录的空白,丰富图书馆的特色馆藏③。

---

① Veterans History Project[EB/OL].[2012-08-22]. http://www.loc.gov/vets/.

② Library of Congress. Library Voices: Oral History Project Tells Tales of the Institution[EB/OL].[2003-06-10]. http://www.loc.gov/loc/lcib/0306/voices.html.

③ Eugene Pfaff. Oral History: A New Challenge for Public Libraries[J]. Wilson Library Bulletin, 1980(5):568-571.

公共图书馆口述历史工作研究的集大成者是美国纽约州立大学信息与图书馆研究学院教授约瑟夫. W. 帕尔默(Joseph W. Palmer)。他主要从实证角度研究公共图书馆口述历史工作,并将口述历史与地方历史、社区信息等相关联,从而纳入公共图书馆的职责与研究范畴。1983 年他发表论文《公共图书馆的多媒体口述历史项目——成功范例》,从理论上肯定了图书馆开展口述历史项目的价值,指出其在鲜有历史记录的小型社区的独特意义,即不仅增强了社区自豪感、增进保护社区文化遗产的意识,而且还起到了对图书馆的宣传作用,扩大了图书馆的社会影响力,并着重介绍了美国十几个图书馆开展口述历史项目的成功典范。这些图书馆不仅注重口述资料的采集,而且在提供利用方面采取了种种举措,主要通过运用现代多媒体技术将口述历史产生的原始资料(raw material),转化成大众广为接受的多媒体资料,包括宣传手册、图书、磁带、光盘、照片展等,甚至还通过广播等大众传媒提供主动服务,有的图书馆还依据口述历史素材改编戏剧等。这些方式使得图书馆的职能得到了进一步提升,即从资料收藏的角度由被动的收集资料变为主动的产生资料,又从资料的利用角度由被动服务变为主动服务[①]。

紧接着,在 1984 年他出版了图书《公共图书馆的口述历史》,该书是在 1982 年夏季实施的一项问卷调查的基础上形成的。调查对象为《美国图书馆名录》(*American Library Directory*)中所涵盖的将口述历史列入馆藏资源的美国 11 个州的图书馆。帕尔默开展此项工作的用意在于,在图书馆开展口述历史工作已经得到足够重视和普及的情况下,对公共图书馆口述历史工作的系统研究明显不足。公共图书馆的口述历史项目的价值如何?它们是怎样开展的?其成果是否得以利用?公共图书馆的馆员在其中的角色定位为何?他们是否认同图书馆的口述历史工作,是否认为是人力、物力和时间的浪费?哪些因素

① Joseph W. Palmer. Multimedia Oral History Projects in Public Libraries: A Sampling of Successful Ventures[J]. Public Library Quarterly,1983,4(3):47-62.

促成了一个成功的口述历史项目，而哪些又阻碍了工作的开展……这些问题都通过问卷调查和系统分析得到了解答①。

1985 年他又出版了《公共图书馆地方史、口述历史、音像地方历史资源指南》②和《纽约州公共图书馆的口述历史和音像地方史资源目录》③，全面呈现了公共图书馆的口述资料收藏，为图书馆开展口述历史和地方史工作提供了可借鉴的资料。1993 年，帕尔默又发表《公共图书馆作为口述历史中心：一份评估报告》一文，从免费开放以及拥有更多的时间和更好的设施为社区居民提供信息服务的角度，认为公共图书馆是联通历史资料、历史学家与社区居民的桥梁，图书馆员应该在保存社区特定风俗遗产方面发挥领导作用。文章依据公共图书馆参与口述历史工作的程度，将其区分为“被动存储”“主动存储”“协调者”（志愿者实施访谈）、“参与者”（志愿者和馆员共同实施访谈）、“图书馆工程”（馆员实施访谈）和“特殊基金赞助”（主要是政府基金）六种类型，通过对 180 多家将口述历史列入馆藏资源的公共图书馆发放问卷的形式，分别厘清了六种参与类型的图书馆分别所占的份额等状况④。

其他关于公共图书馆开展口述历史项目的文章也散见于各种报纸、杂志中。《民主党报道》（*Appeal-Democrat*）2009 年即刊登了《图书馆口述历史项目》的文章，介绍了口述历史在美国基层公共图书馆的

---

① Joseph W. Palmer. Oral History in Public Libraries[M]. University of Illinois, Graduate School of Library and Information Science, 1984.

②③ Joseph W. Palmer. A Guide to Local History, Oral History, and Audiovisual Local History Resources in Public Libraries and Historical Societies of Cattaraugus and Chautauqua Counties[M]. New York: School of Information and Library Studies, 1985.

④ Joseph W. Palmer. Public Libraries as Oral History Centers: An Evaluation [J]. Collection Building, 1993, 5(3): 29 – 38.

开展——“尤巴县图书馆口述历史项目”[①]。

特别值得注意的是，通过美国公共图书馆的口述历史实践研究，可以从访谈对象和访谈主题等方面反映出美国口述历史的主流趋势。即由60年代的“精英”到70年代的“大众”转型。1978年《图书馆杂志》上的一篇消息名为《新泽西州口述历史：图书馆招募妓女》。大西洋城公共图书馆（Atlantic City Public Library）开展的一项口述历史项目，主要访谈对象为“日常生活中的小人物”（little everyday people），囊括了200多个职业。他们甚至还公开招募“妓女”（lady of the evening），这在美国引起了不小的轰动，也是口述历史草根化和平民倾向的绝佳体现[②]。

从主题角度，美国口述历史对战争题材的关注由来已久，1983年，美国《图书馆杂志》刊登了一则《公共图书馆记录越南战争——亚霍加口述历史》的消息，报道了在亚霍加某中学开展的关于越南战争老兵的口述历史项目，主要记录战争中不同阶段的经历以及战争对其日后生活的影响等。消息最后声明：“无论如何，人们终于可以让越南战争公之于众了。”[③]

尤为重要的是，图书馆开展口述历史项目和口述资料的收集对广大馆员产生了深刻的影响，甚至出现了馆员自发开展口述历史项目的情形。论文《从家族网到图书馆——阿拉斯加人口述历史发端》即介绍了其中一个典型。该文作者罗宾·拉塞尔（Robyn Russell）既是图书馆员又是口述历史学家，她出生和成长在阿拉斯加的费尔班克斯（Fairbanks），出于对家乡的热爱和对图书馆口述历史工作的肯定，她自发地开展了阿拉斯加人口述历史项目，并在六年中录制了8845盘

① Pasternack Nancy. Oral History Project at library [N]. Appeal-Democrat, 2009-07-12.

② Oral History in New Jersey: Library Needs a Hooker [N]. Library Journal, 1978-05-15.

③ Vietnam in the Public Library: Cuyahoga Tapes Oral History [N]. Library Journal, 1983-12-01.

录音带。她从这项工作中获得了极大的满足感,她说:“我们的口述历史项目尽管很小,但是却赋予了某些普通小人物以历史的永恒。”[①]由此可见,口述历史不仅赋予被访者发声的权利,让历史更加立体和丰盈,而且提高了图书馆员的职业自豪感和历史使命感,为传统的职业赋予了新的生机。

C. 学校图书馆

在美国,口述历史不仅与图书馆联合,而且深入到学校,与学生对接,实现合作各方的共赢共享。一方面可以利用学生志愿者的免费资源,实施访谈、转录以及编辑等工作,解决了口述历史访谈的人力和时间问题;另一方面,学生们通过参与口述历史项目,不仅可以训练口才、提高人际沟通能力,而且还有利于增进对社区、对历史的了解,增强其社区认同感和历史使命感。论文《创作一个声像图书馆——一个口述历史项目》[②]即介绍了一项由聋哑学生实施的特殊的口述历史项目。论文的作者艾米·科恩(Amy L. Cohen)和尤纳·戴蒙·丹斯(Yona Diamond Dansky)是美国费城林肯中学(Lincoln High School, Philadelphia)的聋哑学生们的特教老师。林肯中学有在校生 2000 人,其中 70 人为聋哑人或有听力障碍。1991 年学校动员这些特殊学生走向社区,对校外的聋哑人进行访谈,了解他们的工作和生活状况。他们使用美国哑语实施访谈,然后又将其转录为书面英语。这项活动不仅为孩子们提供了极好的锻炼语言的机会,而且还增强了他们的自尊心和自信心。他们还将访谈音像资料进行了一定的组织与加工,形成了一个小型的音像图书馆,供学生和研究者使用。

《惠氏学院开展的图书馆口述历史项目》以简洁明了的方式为我们呈现了学院开展的一项针对日裔美国人的口述历史项目,主要采访

① Robyn Russell. From the Trapline to the Library: Alaskan Oral History Origins [J]. The Oral History Review, 2002, 29(2): 117-118.

② Amy L. Cohen, Yona Diamond Dansky. Creating a Vedio Library: An Oral History Project[J]. Perspectives, 1992, 10(1): 2-5.

当年遭到囚禁的日裔美国人，通过他们的故事告诉今天的孩子们该怎样尊重人权和避免歧视。这对于了解惠氏学院的历史、美国历史乃至全人类的历史都有着填补空白的意义。文章同时强调，图书馆员和档案管理员应该关注这样的资源[①]。

2004年《旧金山通讯》刊登了一篇名为《伯克利：加州大学母鹿图书馆关注口述历史》的文章，介绍了紧临加州大学伯克利校园中多伊图书馆（Doe Library）的班克罗夫特图书馆（Bancroft Library）地区口述历史办公室（Regional Oral History Office，简称ROHO）庆祝50周年的盛况。ROHO在美国口述历史界拥有很高的地位，几乎与哥伦比亚大学口述历史中心齐名。2004年，ROHO已经拥有超过2000份的口述访谈。文章回顾了维拉·鲍姆（Willa Baum）女士等为图书馆口述历史工作做出的突出贡献，并重申了口述资料的重大价值，即为我们呈现文字资料所难以表达的信息，是图书馆的无价资源[②]。

口述历史工作是一项费时、费力又费钱的工作。因此，获得足够的资金支持是许多口述历史项目能否顺利开展的关键。在美国，包括国会图书馆在内，都需要专门基金会的支持或者接受各种渠道的捐助。2008年，在耶鲁大学图书馆的网站上，郑重宣布了其全美音乐口述历史项目（OHAM）获得梅隆基金会（Mellon Foundation）支持的消息[③]。OHAM是1968年由耶鲁大学图书馆发起的大型口述历史项目，访谈对象主要是作曲家等音乐界的知名人物。截至2008年已经收录了涵盖了900多个主题的2000余份访谈。这些访谈资料不仅丰富了图书馆的馆藏，而且还产生了许多基于访谈的副产品，比如音

---

① Janet Hauck. A Library Oral History Project at Whitworth College[J]. ALKI：The Washington Library Association Journal，2002，12：8－9.

② Harriet Chiang. Berkeley：Interviewers in University's Doe Library Have an Ear for Oral History[N]. San Francisco Chronicle，2004－12－17.

③ Yale University Library Announces Grant from Andrew W. Mellon Foundation to Support Oral History American Music Project[EB/OL]. [2012－07－25]. http://www.library.yale.edu/librarynews/2008/06/library_announces_grant_from_m.html.

乐专著和 CD 等，为学者、学生提供了研究资源，也为艺术表演提供了素材，广播和电视界利用率非常高。它还有专门的网站 www. yale. edu/oham/。

论文《小投入高回报：图书馆怎样扩大口述历史馆藏》介绍了在图书馆普遍面临资金短缺和资源缩减的前提下，如何利用网络技术开展口述历史项目。其中基于网络的维基百科（Web-based WIKI）就是一项被成功运用的技术，它不仅使得访谈者与被访者实现了跨文化、跨学科的交流与互动，而且可以充分调动社会各方资源的力量，为图书馆口述资源的多种形式的提供利用创造了可能①。

（3）其他国家的图书馆口述资料收藏

非洲具有丰富的口头文化资源，对口头传统和口述历史都比较重视，图书馆界的参与程度也较高。1973 年，迪格比·哈特里奇（Digby Hartridge）发表论文《图书馆口述历史业务》，认为口述历史赋予图书馆事业以新的领地，可以主动地"找寻"和"生产"信息，而不是被动地管理信息或者通过一系列媒介来处理信息②。这一观点对于引领非洲图书馆口述历史工作意义非凡。据《赞比亚大学图书馆卢萨卡校区建立口述历史项目的尝试》一文介绍，赞比亚大学图书馆的特藏部从 1979 年开始一项口述历史项目，介绍了项目取得的进展、遇到的问题以及未来的发展方向，指出资金、人力等是图书馆开展口述历史项目所共同面对的困境，但是总体前景是乐观的。呼吁在图书馆界成立一个类似口述历史协会（OHA）的组织，这样不仅可以分享经验、交换意

① Willie L. Mckether, Melissa Jeter. Doing More With Less: How a Library Expand Its Oral History Collection[J]. Behavioral & Social Sciences Librarian, 2011(30):142 – 153.

② Digby Hartridge. Oral History Librarianship[J]. Rhodesian Librarianship, 1973, 5(1):12 – 16.

见,而且可以齐心协力应对面临的困难等[①]。这是个不错的建议,但是目前仍然没有相应的组织成立。

在澳大利亚,口述历史已经成为许多公共收藏机构的新宠。《澳洲华人口述历史:澳大利亚国家图书馆的口述历史项目》一文在重申世界范围内成为主流的图书馆口述资料保存重要性的同时,重点介绍了澳大利亚国家图书馆针对战后华人开展的大型口述历史项目,对采访对象、工作流程以及目前取得的成果等进行了梳理,并突出强调了调动社区力量口述历史项目的重要性[②]。

除国家图书馆外,澳大利亚战争纪念馆(the Australian War Memorial)、国家美术馆(the National Gallery of Australia)以及老国会大楼(Old Parliament House)等都开展了口述资料的收藏工作。论文《有声的艺术与绘画的语言:澳大利亚美术研究图书馆有关画家的口述历史及相关作品收藏》,充分肯定了口述资料与文字资料在图书馆并驾齐驱的地位,这不仅在理论上如此,而且在实践中也得到了较好地贯彻。文章介绍澳大利亚国家美术研究图书馆对著名画家进行的口述历史访谈,突出其在国家美术馆收藏历史研究方面的突出意义,为研究者提供了新的历史素材[③]。《"我有记忆了!"运用口述历史和数字讲述方式对智力缺陷人群的研究》,则把口述历史对底层人群和弱势群体的关注推进到了极致。该项目在澳大利亚最古老最大的专门收留智力缺陷人群的机构丘小屋(Kew Cottage)开展,同时也是口述历史与数

① Augustine W. C. Msiska. An Attempt to Establish an Oral History Project in the University of Zambia Library, Lusaka Campus[J]. The American Archivist, 1987, 50(1): 142-146.

② Giese Diana. Chinese Australian Oral History: A Project of the National Library of Australia[J]. Asian Libraries, 1999, 8(3): 92-94.

③ Jennifer Coombes. Talking Art and Drawing Words: Paper and Oral History Collections in the National Gallery of Australia's Research Library[J]. Australian Academic & Research Libraries, 2009, 40(4): 305-317.

字多媒体技术结合的典范[①]。

《极速出击:简易口述历史》介绍了澳大利亚中部城市艾丽斯斯普林斯(Alice Springs)图书馆的口述历史项目,其特点是公共图书馆与当地广播电台(ABC Radio)联合开展小型口述历史项目,一方面为图书馆提供了顺应时代需求的资源,另一方面又扩大了电台的收听率,并且通过对普通小人物的关注实现了图书馆和电台等公共服务机构的社区认同感,可谓双赢。同时,它还为图书馆口述历史项目提供了一个很好的借鉴:一是要走出去,融合社会资源,充分调动包括媒体和社区在内的各方积极性;二是从自身实际出发,做一些小型的口述历史项目,以弥补资金和人力等的不足[②]。

4. 图书馆口述资料收藏相关业务研究

(1)口述资料的采集与保管

1998 年,美国法律图书馆员约翰·佩蒂(John Pedini)发表论文《保留原貌:录制口述历史》,除了强调图书馆开展口述历史项目的前期预备、访谈中的注意事项外,还对访谈结束后的编目、存储以及各种存储媒介的保存事项等进行了比较说明。重点强调在为口述资料进行编目时,有必要对访谈时的噪音以及被访者的手势和语气变化等进行必要的说明,以尽可能地保留访谈原貌。此外,文章对访谈利用相关的法律授权也有所涉猎[③]。而《规划与管理口述历史收藏》一文则从图书馆开展口述历史收藏的各个环节展开论述,在强调访谈方法和技巧的同时,对

① Corinne Manning. ‘My Memory's Back!’ Inclusive learning disability Research Using Ethics, Oral History and Digital Storytelling[J]. British Journal of Learning Disabilities, 2009, 38: 160 – 167.

② Fiona Blackburn. Geeking Out: Quick and Easy Oral History[J]. Aplis, 2011, 24(1): 4 – 8.

③ John Pedini. In Their Own Words: Videotaping Oral History[J]. Trends in Law Library Management and Technology, 1998, 9(3): 1 – 5.

如何正确归档以及储存和保管口述资料进行了详细论述[①]。

这两篇文章的意义在于向我们彰显了世纪交替之际图书馆口述历史理论研究重心的转移,由对采集的关注,逐步过渡到了对资料的保存与保管以及提供利用的研究,使得图书馆的职能在口述历史领域得以凸显。

南希·麦凯(Nancy Mackay)的《口述历史管理:从访谈到归档》是综合论述口述资料管理与利用的具有里程碑意义的著作。作者南希既是图书馆员又是口述历史学家,她已经在这个交叉领域工作了二十多年。作为图书馆员,她从事过特藏、编目以及为学术讲座配乐等工作。作为口述历史学家,她实施过许多口述历史项目,教授口述历史实务课程,督导学生实施口述历史项目并且接受社区项目的咨询[②]。

书中针对当前研究多集中于口述历史理论以及采访方法和访谈技巧等方面,对于访谈结束后的工作,如加工处理(包括抄本转录等)、编目、法律问题、保存及获取等却研究甚少,缺乏系统性和理论深度导致实践中这些工作处于"摸着石头过河"的现状,通过问卷(63 份)与案例调研(7 家)相结合的方式,对美国口述历史的发展现状和面临的问题进行了系统的梳理。从制定项目计划到访谈的实施、抄本的转录、分类编目,到法律和伦理考量、网络传播以及数字时代的挑战等,一一进行了分析说明。同时对业务规范以及各方的合作(图书馆、档案馆、博物馆)等问题也提出了自己的设想。

此外,南希还建立了自己的网站 http://www. nancymackay. net/,对口述历史和图书馆交叉点的研究进行及时追踪与更新。网站中有关口述历史资源、口述历史编目介绍、图书馆口述资料编目的问卷调查过程及结果以及她的新书《社区口述历史工具箱》(*Community Oral*

① Juliet Ludbrook. Planning and Managing an Oral History Collection[C]. The 2nd National Alia Local Studies Conference, Guildford WA, 1999 - 11 - 12.

② Nancy Mackay. Curating Oral Histories: From Interview to Archive, Walnut Creek[M]. California: Left Coast Press, 2007.

*History Toolkit*)的发布等,对于口述历史编目的研究者和实践者都十分有益。

(2)口述资料编目

口述资料的编目是20世纪90年代才引起图书馆和档案馆等收藏机构的重视的,这方面美国档案界走在了前列。1991年,《美国档案工作者》杂志《口述历史的获取:国家议程》一文郑重指出:口述历史收藏的存取问题一直没有引起口述历史学家和图书馆员以及档案工作者的重视,因此作者为口述历史访谈的书目控制和存取设计了国家议程,并尝试性地引入了MARC著录和馆际互借思想①。该论文最初是在1991年美国档案协会的年会上提交的。同时,在口述资料编目方面最权威的指导书也是1995年由美国档案协会(Society of American Archivists,简称SAA)出版的《口述历史编目手册》。该手册的主编马里恩·麦特斯(Marion Matters)曾参与SAA主持的档案编目工具书——《档案、私人信件和手稿编目》的编撰工作。在参考其他已经出版的各种类型资料编目书籍的基础上,综合口述历史实践,通过广泛征求各界(包括ALA和SAA等专业机构)意见的方式,对口述资料编目存在的问题进行了系统的总结,指出口述资料的特殊性——既非"鱼"亦非"鸟",是独特的智力成果形式,因此应当遵循特定的编目规则②。

论文《大型数字口述历史档案的存取》以包含5.2万名受访者、总录制时长达11.6万小时、使用语种超过32种的大型口述历史项目"犹太人大屠杀"(Nazi Holocaust)为例,对运用多媒体技术进行口述资料的采集和元数据的编目处理以及通过网络对用户提供利用等进行了全面详细的介绍。文章全面分析了编目中不同层次著录等级的

① Bruce H. Bruemmer. Access to Oral History: A National Agenda[J]. The American Archivist,1991,54(4):494-501.

② Marion Matters. Oral History Cataloging Manual[M]. Chicago:The Society of American Archivists,1995.

关系,并强调应针对潜在客户的需求制定编目策略,同时对自动语音识别(Automatic Speech Recognition,简称 ASR)在编目中的运用情况及其与人工编目的配合与衔接等进行了详尽阐释。正如作者在前言中所指出的那样,该文章不仅仅是对"犹太人大屠杀"口述资料编目方法的介绍,而且通过对他们工作的展示,为图书馆员提供了思考和研究的平台,以便更好地完善口述资料的编目,成为行业中可以借鉴的范本①。

《多语种口述历史档案存取的自然语言自动识别》则对 ASR 在语音识别方面的准确率进行了统计分析,鉴于其错误率在 40% 左右的现状,作者指出应该结合各种技术手段以及人工等方式实现大型的多语种口述资料的存取②。

《未出版的口述历史访谈及相关收藏编目》是华盛顿大学图书馆在综合美国档案协会的《口述历史编目手册》(OHCM)、美国图书馆协会的《英美编目条例》(AACR2)以及 MARC21 等诸多编目规则的基础上,结合自身的收藏状况和用户特点而设计出的编目手册。它以简洁的图表形式对整个编目流程进行了描述,在著录层级方面则采取了通用的访谈级和项目级两个级别,然后对常用的检索点所对应的 MARC 字段进行了罗列和说明,最后又以实例演示了访谈级和项目级的不同 MARC 记录形式③。

2009 年,《编目与分类季刊》刊登了《口述历史编目:口述历史访谈 MARC 著录》一文,通过问卷调查的方式,对口述历史编目存在的问题进行了总结,比如存取方式不统一、使用规则混乱等。指出将传统

---

① Samuel Gustman. Supporting Access to Large Digital Oral History Archives [J]. JCDL,2002,2:18 -27.

② William Byrne. Automatic Recognition of Spontaneous Speech for Access to Multilingual Oral History Archives[J]. IEEE Transactions on Speech and Audio Processing,2004,12(4):420 -435.

③ Marsha Maguire. Cataloging Unpublished Oral History Interviews and Collections[C]. OLAC Conference,Montreal,Canada,2004 -10 -(1 -3).

的编目规则直接套用到口述资料编目实践，无异于试图将方形螺钉拧入圆形螺母。因为口述资料融合了印刷出版物和档案的特征，是独特的。同时指出，口述资料编目可以采用 MARC 格式著录，这样不仅实现了抄本和多媒体资料的存取，而且能够将口述资料与图书馆其他馆藏资源融合，可以统一存取①。

2010 年，苏珊·韦恩（Susan C. Wynne）又在佐治亚州的梅肯（Macon）召开的 OLAC 会议上演示了《个人口述历史访谈编目》。同样是以哥伦布大学（Columbus State University，简称 CSU）的项目为例，对编目标准和程序、编目流程设计进行了简要说明，并对 OHCM 的编目要素进行了深入分析，对 MARC 各个字段和子字段的著录事项也以案例的方式进行了演示②。

（3）数字技术和网络应用

进入 21 世纪，网络和数字多媒体技术对图书馆口述资料的收藏产生了深刻的影响，口述资料的数字化和网络获取成了研究热点。《利用 SMIL 技术为流音频自动生成抄本》③主要介绍了同步多媒体集成语言 SMIL（Synchronized Multimedia Integration Language）在自动生成抄本以及为音频资料自动添加字幕方面的运用情况。文章以华盛顿州立大学口述历史项目为例，用流程演示的方式呈现了该技术在处理模拟音频、数字音频的同步抄本形成方面的不同特征。由于口述资料转换成抄本是图书馆整个口述资料收藏流程中耗时最多的一个环节，平均每一个小时的音频资料，需要 6—8 小时的时间来转录以及 1—2 小时的文本编辑。因此，SMIL 技术将极大地促进口述资料的整

① Susan C. Wynne. Cataloging Oral Histories: Creating MARC Records for Individual Oral History Interviews[J]. Cataloging & Classification Quarterly, 2009, 47(6):561-582.

② Susan C. Wynne. Cataloging Individual Oral History Interviews[C]. OLAC Conference, Macon, Georgia, 2010-10-16.

③ Trevor James Bond, Michael Walpole. Streaming Audio with Synchronized Transcripts Utilizing SMIL[J]. Library High Technology, 2006, 24(3):452-462.

理和利用。

《让过去发声:数字化口述历史》是介绍运用数字图书馆的理论和方法解决口述资料存取的案例解析文章。以杰克逊维尔州立大学休斯敦科尔图书馆(Jacksonville State University's Houston Cole Library)为例,对口述资料的数字化、通过图书馆统一编目实现存取以及网上提供利用等进行分析,对遇到的困难和问题进行了描述。同时指出,图书馆界迫切需要网络环境下口述资料数字化存取和网络获取的流程规范,需要在理论上进行研究和实践中加以探索①。

《口述历史网上存取:案例介绍》则为口述资料存储机构实现网上存取提供了现实例证。文章强调在遵从法律和职业道德,充分考虑著作权、隐私权和名誉等法律问题的前提下,即使面临资金和人力困难的图书馆和档案馆,也可以运用现有的技术实现口述资料的网上存取②。

2008 年,"美联储新闻服务"(US Fed News Service)则刊登了《内华达大学拉斯维加斯图书馆建立口述历史网络图书馆测试网站》的消息,该口述历史项目的访谈对象主要是冷战期间大气和地下核试验的亲历者(包括实验室的科学家、工程师、军人、和平倡议者甚至有关内阁成员以及参与实验的普通劳工和社区居民等)。其全部口述资料包括音频、视频、抄本、扫描的照片和图片等全部实现了网上公开获取。③《从概念到实践:运用数字图书馆保存口头传统》指出数字图书馆为保存口头传统提供了更大的可能,但是面对数字化保存的迫切需求与网上无限制获取的风险之间的矛盾,文章以实际案例的方式介绍了如何

---

① Kimberly Weatherford Stevens, Bethany Latham. Giving Voice to the Past: Digitizing Oral History[J]. OCLC Systems & Services,2009,25(3):212-220.

② Caroline Daniels. Providing Online Access to Oral Histories: A Case Study [J]. OCLC Systems & Services,2009,25(3):175-185.

③ University of Nevada at Las Vegas Libraries Launches Nevada Test Site Oral History Through Online Digital Library[N]. US Fed News Service, Including US State News[Washington, D. C],2008-04-27.

依据自身的口述资料特点和用户需求制定存取策略。并且从 DC (Dublin Core)元数据处理模型的采用等角度,详细介绍了数字图书馆的构建等内容①。

同样,论文《实际行动:学生创造了基于网络的数字化口述历史》也是用案例方式呈现了口述历史资源网络获取的实践。旧金山某高中的学生们加入了"口述历史档案项目"(Oral History Archives Project,简称 OHAP),对 20 世纪重大历史事件如纳粹大屠杀、种族歧视等的亲历者进行访谈,并把访谈的抄本和所有音频视频资料存放到 OHAP 的网站 www. tellingstories. org。这无疑是学生参与口述历史项目和口述资料网上存取的经典案例②。

(4)相关法律与伦理问题

在重视口述资料采集的初期阶段,相关法律和伦理问题并没有引起口述历史学家和图书馆员等的重视。但是随着口述资料的利用,著作权、隐私权、名誉损害等问题逐渐浮出水面,这方面的研究也开始涌现。然而法律不是万能的,更高层次的职业道德和伦理规范也是实现口述资料采集、传播和利用的必要环节。

目前检索到的最早关注图书馆口述资料收藏法律问题的文章发表在 1979 年,名为《口述历史、法律和图书馆》,主要把图书馆口述资料收藏所可能涉及的法律问题进行了简要介绍,并附加了授权协议和赠予等合同范本③。

1989 年的美国《信息分析》杂志刊登了题名为《口述历史收藏的法律层面:一份提交给医学图书馆协会口述历史委员会的报告》的文

---

① Karim Tharani. From Abstraction to Action:Safeguarding Oral Tradition Using Digital Libraries[J]. The International Journal of Religion and Spirituality in Society, 2011,1(2):33 – 46.

② Howard Levin. Authentic Doing:Student-Produced Web-Based Digital Video Oral Histories[J]. The Oral History Review,2011,38(1):6 – 33.

③ Romeny Joseph B. Oral History,Law,and Libraries[J]. Drexel Library Quarterly,1979,15(4):39 – 49.

章。其内容相对简单，主要列举了应该考虑到的四个方面的法律问题，即著作权、限制获取、名誉侵权和法律合同。文章首先肯定了口述历史访谈的合作作品的属性，即访谈者和受访者共同享有著作权，因此存储机构应该获得双方的法律授权；而出于对个人隐私和商业秘密的保护，口述资料提供利用时需要采取一定的限制措施；名誉权问题也是口述作品在涉及个人问题时必须审慎考虑的；而相关合同的签署是使得口述资料利用合法化的必要途径。不足的是，文章对于各个法律问题之下的应对策略以及法律关系的深入分析略显欠缺①。

论文《趋势，趋势，趋势——口述历史与互联网联姻》则在介绍网络时代口述历史工作的特点以及利用网络进行口述资料传播方面的成功案例的基础上，重点阐述了网络传播所带来的法律和伦理问题，指出由于网络的传播速度之快和覆盖面之广，给口述历史工作敲响了法律和伦理方面的警钟。应当从授权协议的签署和限制获取等方面，有效防范法律风险、规避法律冲突②。

而在口述资料法律问题方面的集大成者当属美国的约翰. A. 纽安斯曲旺德（John A. Neuenschwander），他是迦太基学院（Carthage College）历史系教授兼法官。他的著作《口述历史和法律指南》是口述历史所有从业者的必备书目之一。由于作者是历史系教授兼法官，所以该书的写作突出了通过典型案例来分析法律问题的思想。没有对法律术语的严苛界定、理论观点的深度阐释等，而是透过一个个业已发生的案例，凸显了美国现有的法律框架下，口述历史工作从采集、整理到提供利用以及网络传播等所可能涉及的问题，读起来浅显易懂。

该书不仅详细介绍了包括与被访者签订授权协议、著作权、隐私

---

① Wright A. J. Legal Aspects of Oral History Collections: A Report to the Oral History Committee of the Medical Library Association[J]. Information Analyses, 1989, 70: 1 -7.

② Mary A. Larson. Potential, Potential, Potential: The Marriage of Oral History and the World Wide Web[J]. The Journal of American History, 2001(9): 596 -603.

权、网络传播权等法律问题,而且对口述历史工作中可能遇到的其他法律问题进行了细致说明,比如作为法庭证据时是否公开、在口述历史采集过程中发现重大刑事案件的线索时是否有举报的义务等。同时还介绍了美国机构审查委员会(IRBS)对口述历史项目的影响、口述历史应用到教学方面的考虑等。书的附录部分提供了各种形式的法律授权协议样本,包括赠予、转让和许可使用等,可供口述历史项目依据具体实际选择使用。同时还抄录了美国口述历史协会的《口述历史评估指南》,为口述历史访谈的整个流程提供权威的规范。

约翰在书的前言和结语中一再强调"预防胜于诉讼"。即使再成功的诉讼也需要当事人时间、金钱和精力上的巨大投入。因此,口述历史工作应在实施伊始即注重法律问题,防患于未然①。

《音乐讲述及其与著作权的对应:口述历史利用的法律问题研究》以耶鲁大学全美口述历史项目(Oral History of American Music,简称OHAM)为例,指出访谈也是智力成果,它应该受到著作权的保护,并在肯定其合作作品属性的基础上,对于权利归属的不同情形进行了说明。在数字时代,著作权等法律问题为口述资料管理员提出了更大的挑战。目前最需要关注两方面的工作:一是对缺少授权协议的口述资料补充签署协议,明确其著作权归属;二是从未来利用的角度,对正在收集的资料,根据实际情况拟定授权协议。这两项工作都具有相当难度,但是为了合法、有效地利用口述资料,保护当事人的合法权益,口述资料管理者必须完善这项工作。此外,文章还对口述作品中的"孤儿作品"(orphan works)的处理做了简要介绍②。

研究者对伦理问题的重视和研究起步较晚。1993 年发表的《证

---

① John A. Neuenschwander. A guide to Oral History and the Law[M]. NewYork:Oxford University Press,2009.

② Jeremy J. Beck,Libby Van Cleve. Speaking of Music and the Counterpoint of Copyright:Addressing Legal Concerns in Making Oral History Available to the Public[J]. Duke Law & Technology Review,2011,5.

据、情感与伦理：三K党口述历史项目的教训》是凯萨琳·布利（Kathleen M. Blee）在1992年美国口述历史协会上提交论文的修改版，由于作者本人对种族歧视、女权运动等政治问题的长期关注，因此她着重研究三K党中的女性成员，在论述涉及敏感政治问题的访谈时，她深入分析了证据、情感和伦理三者的关系，为口述历史工作者提供了思考空间和借鉴案例①。

1995年发表的《口述历史研究应注意的伦理与人际关系问题》较好地阐释了美国口述历史协会的伦理规范与道德精神。文章指出，作为口述资料的采集者和保管者，不仅需要较高的自我意识，而且需要对他人的处境和反应保持高度敏感，二者缺一不可。无论是在访谈阶段对提问方式和棘手问题的处理，还是在访谈材料编辑阶段对敏感话题的对待，以及采取必要的省略或者封存措施等，都是建立在维护与被访者的信任关系的基础上进行的。而这也恰恰是伦理问题的核心与精髓②。

而将口述资料伦理问题体现得最为淋漓尽致的当属论文《"一旦让我看到我说的话付诸文字，我就杀了你"——口述历史学家如何应对让人头痛的讲述者、敏感话题和伦理冲突》。文章指出，口述历史学家和资料保管者应该学会平衡与讲述者之间的敏感关系，在资料收集阶段，要掌控话题和信息，坚守职业责任，不轻易放弃"历史传达者"的神圣职责。但是在资料的整理和提供利用阶段，包括抄本的利用、出版等，则需要对敏感话题的材料做出有效取舍，力争实现采访者、受访者和未来研究者的三方共赢③。《叙述伦理综述》则从更加宏观的角

① Kathleen, M. Blee. Evidence, Empathy, and Ethics: Lessons from Oral Histories of the Klan[J]. The Journal of American History, 1993, 80(2): 596 – 606.

② Valerie Yow. Ethics and Interpersonal Relationships in Oral History Research [J]. Oral History Review, 1995, 22(1): 51 – 66.

③ Tracy E. K'Meyer, A. Glenn Crothers. "If I See Some of This in Writing, I'm Going to Shoot You": Reluctant Narrators, Taboo Topics, and the Ethical Dilemmas of the Oral Historian[J]. Oral History Review, 2007, 34(1): 71 – 93.

度，把所有涉及讲述的伦理规范进行了系统总结。其中对口述历史的伦理与美国机构审查委员会（Institutional Review Boards，简称 IRB）的要求进行了对比，指出前者过分关注信任关系的确立，有可能会导致对讲述优先权（narrative privilege）的滥用而导致许多有价值的声音不能在历史中保留①。

口述历史伦理问题同样在国际会议中体现出来。2008 年 12 月由芬兰口述历史网络（Finnish Oral History Network，简称 FOHN）发起的口述历史国际座谈会在赫尔辛基召开，会议的主题即为“口述历史与伦理”（Oral History and Ethics）。会议综述《论坛：聚焦口述历史与伦理》对座谈会主要发言内容进行了概括。其中包括来自大英图书馆（British Library）等在口述历史伦理研究和实践领域的权威，为我们呈现了全球范围内的口述伦理的发展与面临的问题等，是口述资料收藏保管者和理论研究者的重要参考②。来自加拿大卡尔顿大学非洲研究所的博士后艾琳·杰西（Erin Jessee）在经历了 14 个月的调查访问后写成的《口述历史的局限性：高度政治化的研究中伦理与方法论的设置》一文，在对超过百位的种族灭绝经历者采访的基础上，结合口述历史的发展实践，指出口述历史的确在历史的民主化等方面发挥着重要的作用，但是在面对高度政治化的问题时，则面临着伦理和方法论上的局限，而这一问题是理论研究者和实践工作者都必须要正视和面对的③。

### 2.2.2 国内研究综述

与国外图书馆界对口述历史复兴的发起与推动不同的是，就现代

① Tony E. Adams. A Review of Narrative Ethics[J]. Qualitative Inquiry, 2008, 14:175 - 194.

② Ulla Savolainen. Forum: Focusing on Oral History and Ethics[J]. Journal of the Finnish Anthropological Society, 2009, 34(2):84 - 88.

③ Erin Jessee. The Limits of Oral History: Ethics and Methodology Amid Highly Politicized Research Settings[J]. The Oral History Review, 2011, 38(2):287 - 307.

意义上的口述而言,国内图书馆作为资料的保存与整理单位,参与相对较晚,理论研究也比较薄弱,目前还没有相关专著出版。而在历史学和社会学等领域对口述历史和口头传统的研究则相对起步较早,成果较多,这与国际口述资料的研究轨迹存在耦合。

1. 口述历史和口头传统研究

虽然口述历史与历史一样悠久,可以称得上是历史的第一种形式,但是中国的口述历史研究与国际口述历史学界接轨是20世纪80年代以后的事,涌现出了定宜庄、杨祥银、邓启耀、左玉河等一大批学者,在历史学、社会学、人类学等领域推动着口述历史的发展与繁荣。

中国社会科学院历史所的定宜庄教授是中国口述史领域的早期实践者和领军人物,发表了诸多的研究成果,尤其在知青和妇女口述史方面。比较有影响力的著作有《口述史读本》[①]《老北京人口述历史》[②]《最后的记忆:十六名旗人妇女的口述历史》[③]。《口述史读本》是口述史学研究的论文集,收录了包括英国的约翰·托什、美国的潘妮·萨默菲尔德、中国大陆的杨祥银、钟少华以及台湾的许雪姬、游鉴明等国际、国内知名口述历史学家和妇女史专家的论文,对口述历史的学术史与基本理论、研究方法以及经典案例进行了研究与介绍。

定宜庄的论文《口述传统与口述历史》总结了目前口述历史和口述传统的学术研究状况,认为口述史学研究对象不是传统的"故纸堆",是活生生的人,但不能因此抛弃和看轻文献。口述史研究需要深厚的文献功底和辨析史料的能力,而史料的介入使得口述历史从其他类型的口述传统中分离出来别具一格[④]。这一论述无论对于我们理解口述历史的概念、厘清口述历史与口述传统的关系还是对于深入口述

---

① 定宜庄,汪润. 口述史读本[M]. 北京:北京大学出版社,2011.

② 定宜庄. 老北京人口述历史[M]. 北京:中国社会科学出版社,2009.

③ 定宜庄. 最后的记忆:十六名旗人妇女的口述历史[M]. 北京:中国广播电视出版社,1999.

④ 定宜庄. 口述传统与口述历史[J]. 广西民族学院学报(哲学社会科学版),2003(3):2-5.

史研究都有重要的指导意义。论文《口述与文献的融通:满族史研究新体验》和《倾听无声的群落发出的声音》则结合口述历史实践,进一步明晰了口述与文献的关系以及口述对于少数民族和无文字记录部落的独特价值[①②]。

温州大学的杨祥银则是活跃在中国口述历史界的年轻新秀,他还是美国口述历史教育家协会会员,并在所工作的单位——温州大学成立了口述历史研究所,及时追踪和报道国内外口述历史进程。其著作《与历史对话——口述史学的理论与实践》既系统地介绍了口述史学的基本理论和研究方法,也比较全面地介绍了中国及世界各个国家口述史学的发展概况,还着重讨论了口述史学中的道德和法律问题。其中外国口述史学及有关专题,系与国外著名口述史专家共同完成,具有很高的权威性[③]。该书还出版了台湾版,名为《口述史学》,是台湾口述历史教学的重要参考书[④]。

另外,杨祥银所撰写的口述历史方面的论文无论在历史学还是社会学甚至是图书馆学的论著中都有很高的引用率。主要有:《当代美国口述史学的主流趋势》[⑤]《传播声音:口述历史学家和叙述形式——美国口述历史协会第 33 届年会在阿拉斯加召开》[⑥]《"档案学家与口

---

① 胡鸿保,定宜庄. 口述与文献的融通:满族史研究新体验[J]. 黑龙江民族丛刊,1999(3):47-51.

② 定宜庄. 倾听无声的群落发出的声音[N]. 中华读书报,2006-05-24(009).

③ 杨祥银. 与历史对话——口述史学的理论与实践[M]. 北京:中国社会科学出版社,2004.

④ 杨祥银. 口述史学[M]. 台北:杨智文化事业公司,2004.

⑤ 杨祥银. 当代美国口述史学的主流趋势[J]. 社会科学战线,2011(2):68-80.

⑥ 杨祥银. 传播声音:口述历史学家和叙述形式——美国口述历史协会第 33 届年会在阿拉斯加召开[J]. 国外社会科学,2000(2):78.

述历史”刍议》[①]《妇女史、口述历史与女性主义视角》[②]《关于口述史学基本特征的思考》[③]《口述史学：理论与方法——介绍几本英文口述史学读本》[④]《口述史学的兴起：从“档案实践”到“新社会史转向”》[⑤]《记忆是可信的吗——口述史学研究的记忆转向》[⑥]《当代中国口述史学透视》[⑦]《口述史学研究之新进展》[⑧]《美国总统图书馆的口述历史收藏》[⑨]《试论口述史学的功用和困难》[⑩]等。

另一位重要的研究者是中国社会科学院近代所的左玉河教授，系中华口述历史研究会的秘书长。他对口述历史的研究多集中在宏观角度，向我们集中展现了中国口述历史的发展状况。论文《方兴未艾的中国口述史研究》在分析中外口述历史学家对口述历史概念的不同界定基础上，着重阐述了口述历史与口述史料的区别，与回忆录、访谈录和人物传记之间的关系以及口述访谈与新闻采访和田野调查的边

① 杨祥银.“档案学家与口述历史”刍议[J].档案与建设,2000(10):4-6.

② 杨祥银.妇女史、口述历史与女性主义视角[J].浙江学刊,2004(3):210-214.

③ 杨祥银.关于口述史学基本特征的思考[J].郑州大学学报(哲学社会科学版),2010,43(4):5-7.

④ 杨祥银.口述史学:理论与方法——介绍几本英文口述史学读本[J].史学理论研究,2002(4):146-153.

⑤ 杨祥银.口述史学的兴起:从“档案实践”到“新社会史转向”[N].中国社会科学报,2011-02-17(008).

⑥ 杨祥银.记忆是可信的吗——口述史学研究的记忆转向[N].人民日报,2011-03-3(023).

⑦ 杨祥银.当代中国口述史学透视[J].当代中国史研究,2000(3):47-58.

⑧ 杨祥银.口述史学研究之新进展[N].北京日报,2002-01-21(016).

⑨ 杨祥银.美国总统图书馆的口述历史收藏[J].图书馆杂志,2000(8):60-62,64.

⑩ 杨祥银.试论口述史学的功用和困难[J].史学理论研究,2000(3):37-46.

界等问题,有针对性地指出了中国口述历史发展所面临的困境与出路等[①];论文《近年来的中国口述历史研究》则是在总结日益火爆的中国口述历史研究现状的基础上,对口述历史的真实性以及中国口述历史研究的发展方向进行了深入分析,指出中国的口述史研究虽然已经呈现出方兴未艾的势头,并取得了不少的成果,但从整体上看,仍然处于相对落后的状态,中国想要构建有中国特色的口述历史和口述史学,需要多方面的努力与协作[②]。

除此之外,由《光明日报》书评周刊编写的《口述中国:口述与文献,谁能还原历史》,则汇集了定宜庄、刘小萌[③]、邓启耀等口述历史和口头传统方面的专家的著作和访谈,将口述与文献放在了历史长河中对等的位置,旗帜鲜明地指出文字记录在还原历史方面的局限性,而口述的采纳则使得同一段历史有了两种声音,有了两个文本,二者可以相互补充和印证[④]。

周新国主编的《中国口述史的理论与实践》是 2004 年 12 月 10—12 日在扬州大学举办的"首届中华口述史高级论坛暨学科建设会议"论文集,主要从口述历史的"回顾与展望""理论研究""实践探索"以及"学科建设"等方面全面论述口述历史及口述史学,针对中国的实践进行了有益的探索,是中华口述历史研究会成立之后中国口述史学的饕餮盛宴[⑤]。此外,一些口述历史方面的研究项目在各地开展,如天津师范大学葛伦鸿主持的《知青生活史的口述实录研究》等。

---

① 左玉河. 方兴未艾的中国口述史研究[J]. 中国图书评论,2006(5):6 - 10.

② 左玉河. 近年来的中国口述历史研究[J]. 中国科技史杂志,2009,30(3):277 - 281.

③ 其代表作是《中国知青口述史》(中国社会科学出版,2004)。

④ 《光明日报》书评周刊. 口述中国:口述与文献,谁能还原历史[M]. 中国社会科学出版社,2004.

⑤ 周新国. 中国口述史的理论与实践[M]. 北京:中国社会科学出版社,2005.

口头传统的研究方面,中国社会科学院民族文学研究所的尹虎彬和朝戈金成果较多。尹虎彬的《多学科视野下的口头传统研究》和《互联网时代的口头传统》等论文,不仅以国际视野审视口头传统的保护和口述资料库的建设,而且从信息技术的角度,贴合时代的发展脉动,对口述资料库的数字化与可持续发展进行研究与探讨[1][2]。

朝戈金作为中国社会科学院口头传统研究中心主任,则从民俗学的角度,以口传史诗的研究为例,阐述了口头传统的内涵、口头传统保护与非物质文化遗产等重要内容。其代表性的论文有《民俗学视角下的口头传统》[3]《口头传统:人类表达文化的根》[4]《创立口头传统研究的"中国学派"》[5]《口头传统:人文学术新领地》[6]等。此外,中山大学人类学教授邓启耀撰写的论文《信息时代的口述叙录——口传文化与口述史研究概述》,在回顾中国口传文化的历史以及从文字化印刷到网络化传播概况的基础上,探讨了口传文化在信息时代如何寻找一种用现代媒介叙录和传播的方式[7]。

中国的少数民族传统资源中有许多是无法通过文字呈现的,口述

---

① 尹虎彬. 多学科视野下的口头传统研究[N]. 中国社会科学报,2009-11-15(008).

② 尹虎彬. 互联网时代的口头传统[N]. 社会科学报,2011-07-21(005).

③ 朝戈金. 民俗学视角下的口头传统[J]. 广西民族学院学报(哲学社会科学版),2003,25(3):10-11,18.

④ 朝戈金. 口头传统:人类表达文化的根[N]. 中国民族报,2005-11-18(010).

⑤ 朝戈金. 创立口头传统研究的"中国学派"[N]. 人民政协报,2011-01-24(C03).

⑥ 朝戈金. 口头传统:人文学术新领地[N]. 光明日报,2006-05-29(012).

⑦ 邓启耀. 信息时代的口述叙录——口传文化与口述史研究概述[J]. 民间文化论坛,2004(6):26-31.

在其中的价值尤为明显。蒙古族学者纳日碧力戈是中国人类学、民族学领域首位长江学者,他发表的论文《作为操演的民间口述和作为行动的社会记忆》从人类记忆的分层角度,认为口述不仅仅是语言表达,还是具体的社会操演。相对于文字而言,口述有自身独特的优势,如姿势、表情、语调、场景等,更能生动地传情达意。口述以特殊的记忆形式进入说唱者的操演而不断地重现和重构社会记忆,这是一种"立体的"社会记忆。其意义不仅于此,更在于突破了文字的垄断与强势,让平民和权贵取得了平等的发声机会①。

与此同时,各种类型口述历史方面的会议也陆续召开,从中可以看出口述历史在中国的发展进程及面临的问题。《妇女口述史国际学术研讨会综述》是1998年9月6—8日在西安召开的"妇女口述史国际学术研讨会"的会议总结。会议由陕西师范大学女性研究中心和德国歌德学院北京分院联合举办,是1992年启动的"20世纪妇女口述史"项目的第三次专题会议。会议对口述史概念的界定、口述资料的价值以及口述史工作规范进行了探讨,并对"20世纪妇女口述史"项目开展以来取得的成果进行了总结②。曹幸穗的论文《口述史的应用价值、工作规范及采访程序之讨论》是中国科学院知识创新工程资助项目(KJCX2-W6)的成果之一。曹幸穗时任中国农业博物馆研究所所长、教授。这篇文章是作者应邀在"口述科技史学术研讨会"上所做的专题报告,是对口述史工作和学术活动的一些思考,为口述科技史工作者提供了重要参考③。

当代上海研究所编写的《口述历史的理论与实务——来自海峡两岸的探讨》是2006年8月28—29日在上海举行的首届"海峡两岸口

---

① 纳日碧力戈.作为操演的民间口述和作为行动的社会记忆[J].广西民族学院学报(哲学社会科学版),2003,25(3):6-9.

② 杨洁.妇女口述史国际学术研讨会综述[J].历史研究,1999(2):183-188.

③ 曹幸穗.口述史的应用价值、工作规范及采访程序之讨论[J].中国科技史料,2002,23(4):335-342.

述历史理论与实务研讨会”的成果总结。大陆的周新国、陈伍国等论述了口述历史在大陆的历史与展望、发展实践以及面临的问题等，台湾的沈怀玉、游鉴明、许雪姬等则介绍了口述历史在台湾的发展状况[①]。

首届两岸三地口述历史学术研讨会也于 2011 年 10 月 20—24 日在厦门召开，四十多位来自大陆、台湾和香港的学者及从事口述历史工作的专家参加了会议。会议主题为“口述历史的基本问题”，会议论文集也紧扣主题，选登了包括口述历史缘起、存在问题和局限、地方口述史、口述历史访谈技巧以及著作权问题等的 11 篇论文。

2. 图书馆口述历史研究总体状况

为全面了解大陆图书馆口述历史研究的现状，笔者于 2016 年 6 月登录清华同方、重庆维普、万方数据库以及“谷歌学术搜索”（Google Scholar），选取“题名”或“关键词”为检索入口，分别以“图书馆”和“口述历史”、“地方文献”和“口述历史”以及“口述历史”和“图书馆史”、“口述历史”和“法律”或“伦理”等为检索词，进行了检索。经过对检索结果的查重并剔除不相关论著，共得到专著 0 篇，期刊论文 64 篇，学位论文 0 篇，会议论文 0 篇。

总的说来，目前中国大陆的图书馆口述历史研究尚处于起步阶段，不仅没有著作出版，而且论文数量也相对对较少，从 2000 年《图书馆杂志》登载第一篇论文至今十余年的时间内，只有 60 余篇相关论文。

从时间上看，最早一篇论文是 2000 年杨祥银所撰《美国总统图书馆的口述历史收藏》[②]，比美国此领域的第一篇论文——伊丽莎白·迪克森（Elizabeth I. Dixon）1966 年发表的《口述历史在图书馆史中的运

---

① 当代上海研究所. 口述历史的理论与实务——来自海峡两岸的探讨［M］. 上海：上海人民出版社，2007.

② 杨祥银. 美国总统图书馆的口述历史收藏［J］. 图书馆杂志，2000（8）：60－62，64.

用》[①]整整晚了三十余年。

从作者单位和来源期刊来看,研究论文多出自大学图书馆馆员,尤其是汕头大学图书馆的陈俊华、郑松辉、刘晓莉等。其他的来自公共图书馆馆员和大学科研人员,但是相对比较零散。而刊登这些论文的刊物则多为图书馆学、情报学刊物,其中有超过60%的文章来源于核心期刊。

(1)时间分布

发文数量随时间的分布状况见图2-3。可以看出,在整体发文量较低的情况下,进入2010年以来,呈现出平稳的上升趋势。2010年发表6篇,2011和2012则分别发表了7篇,达到了最高值。

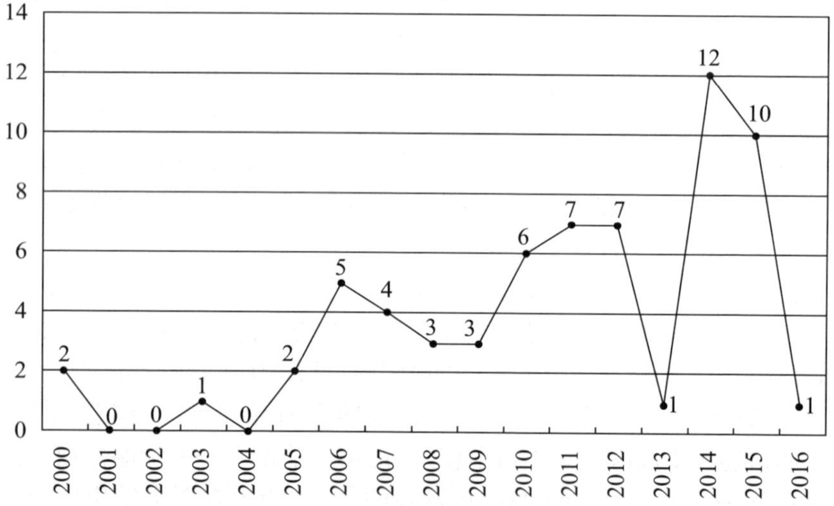


图2-3　国内论文发文量时间分布

大陆图书馆口述历史研究起步晚、成果少的原因可以归结为两个方面。一是由于现代口述历史引入中国较晚,西方口述历史的复兴始

① Elizabeth I. Dixon. The Implications of Oral History in Library History[J]. The Journal of Library History,1966,1(1):59-62.

于20世纪40年代，以1948年哥伦比亚大学口述历史研究室成立为标志，而大陆史学界等对口述历史的认识和研究始于20世纪80年代。二是大陆的图书馆介入口述历史的研究和实践是在口述历史在历史学、人类学、民俗学、社会学等领域得到重视和普遍发展之后，而美国的图书馆在口述历史的复兴阶段即起到了促进和助推的作用。鲍姆(Baum)1966年在美国西部历史协会(The Western History Association)的第6届年会上提交的论文《口述历史:班克罗夫特图书馆的传统复兴》，将图书馆参与口述历史、开展口述资料收藏工作上推至19世纪70年代的班克罗夫特图书馆，不仅肯定了图书馆在收藏口述历史资料方面的参与时间之早(比现代口述历史诞生标志的哥伦比亚大学口述历史研究中心早了七十余年)，而且用史实证明图书馆在口述资料收藏方面不是处于被动的资料接收和保管地位，而是在启蒙阶段即促进了美国口述历史的发展①。

(2)作者单位和来源期刊分布

论文作者单位分布状况见表2-1。通过分析可以看出，大学图书馆工作人员发文量较多，其次是大学等研究机构的研究人员和公共图书馆的馆员。特别需要指出的是，汕头大学图书馆由于在香港李嘉诚基金会的支持下较早投入口述资料收藏工作，因此该馆工作人员的研究在国内占据了较高的份额。比较有代表性的有刘晓莉、陈俊华、郑松辉、金文坚、马晓辉、李若云等，其中郑松辉的部分研究成果还在台湾和域外发表。他们还申请了多项基金项目，如CALIS“十五”专题特色库子项目潮汕文献数据库，以及教育部人文社会科学研究规划基金项目“口述历史资源建设与应用研究”等。

---

① Willa Klug Baum. Oral History: A Revived Tradition at the Bancroft Library [J]. The Pacific Northwest Quarterly, 1967, 58(2): 57-64.

**表2-1 国内论文作者单位分布**

| 作者单位 | 单位名称 | 发文数量 | 总计 | 所占比例 |
| --- | --- | --- | --- | --- |
| 大学图书馆 | 汕头大学图书馆 | 18 | 41 | 64.06%（其中汕头大学占据了总数的28.13%） |
| | 复旦大学图书馆 | 2 | | |
| | 西北农林科技大学图书馆 | 2 | | |
| | 吉首大学张家界校区图书馆 | 2 | | |
| | 广东中医药大学图书馆 | 2 | | |
| | 湖南大学图书馆 | 1 | | |
| | 中国药科大学图书馆 | 1 | | |
| | 华东师范大学图书馆 | 1 | | |
| | 华东政法大学图书馆 | 1 | | |
| | 贵州民族学院图书馆 | 1 | | |
| | 青海大学图书馆 | 1 | | |
| | 天津农学院图书馆 | 1 | | |
| | 江南大学图书馆 | 1 | | |
| | 西藏民族学院图书馆 | 1 | | |
| | 文山学院图书馆 | 1 | | |
| | 广州航海学院图书馆 | 1 | | |
| | 攀枝花学院图书馆 | 1 | | |
| | 河南师范大学文学院资料室 | 1 | | |
| | 湖北工程职业学院图书馆 | 1 | | |
| | 新疆兵团党委党校图书馆 | 1 | | |

续表

| 作者单位 | 单位名称 | 发文数量 | 总计 | 所占比例 |
| --- | --- | --- | --- | --- |
| 大学等研究机构 | 北京大学信息管理系 | 3 | 8 | 12.51% |
| | 吉林大学 | 1 | | |
| | 云南大学公共管理学院 | 1 | | |
| | 香港大学人文社会研究所 | 1 | | |
| | 中山大学资讯管理学院 | 1 | | |
| | 河南师范大学 | 1 | | |
| 公共图书馆 | 湖南图书馆 | 3 | 13 | 20.31% |
| | 国家图书馆 | 2 | | |
| | 首都图书馆 | 1 | | |
| | 深圳图书馆 | 1 | | |
| | 吉林图书馆 | 1 | | |
| | 顺德图书馆 | 1 | | |
| | 郑州图书馆 | 1 | | |
| | 浙江图书馆 | 1 | | |
| | 许昌市少年儿童图书馆 | 1 | | |
| | 双辽市图书馆 | 1 | | |
| 档案部门 | 江苏省档案局 | 1 | 1 | 1.56% |
| 其他部门 | 成都市非物质文化遗产保护中心 | 1 | 1 | 1.56% |

而从刊登这些论文的期刊来看，超过85%的论文来自于图书馆学、情报学刊物。依据2012年北京大学版图书馆学、情报学核心期刊目录，超过60%的文章来源于核心期刊，近25%的文章来源于普通刊物。尤为重要的是，《中国图书馆学报》《大学图书馆学报》和《图书情报工作》等也分别刊登了该领域的文章，而《图书馆杂志》则是刊登国内第一篇相关论文的期刊。

**表 2－2　国内作者论文来源期刊分布**

| 刊物类型 | 刊物名称 | 发文数量 | 总计 | 所占比例 |
|---|---|---|---|---|
| 图书、情报类核心期刊 | 图书馆 | 6 | 33 | 51.56% |
| | 图书馆建设 | 5 | | |
| | 图书馆学研究 | 4 | | |
| | 图书与情报 | 3 | | |
| | 图书馆工作与研究 | 3 | | |
| | 图书馆论坛 | 3 | | |
| | 中国图书馆学报 | 2 | | |
| | 大学图书馆学报 | 2 | | |
| | 图书情报工作 | 2 | | |
| | 图书馆理论与实践 | 2 | | |
| | 图书馆杂志 | 1 | | |
| 图书情报类普通刊物 | 四川图书馆学报 | 4 | 20 | 31.26% |
| | 大学图书情报学刊 | 3 | | |
| | 图书馆学刊 | 3 | | |
| | 科技情报开发与经济 | 2 | | |
| | 高校图书馆工作 | 2 | | |
| | 中华医学图书情报杂志 | 1 | | |
| | 晋图学刊 | 1 | | |
| | 图书馆界 | 1 | | |
| | 山东图书馆季刊 | 1 | | |
| | 河南图书馆学刊 | 1 | | |
| | 现代情报 | 1 | | |

续表

| 刊物类型 | 刊物名称 | 发文数量 | 总计 | 所占比例 |
| --- | --- | --- | --- | --- |
| 其他刊物 | 广东技术师范学院学报 | 1 | 9 | 14.06% |
| | 湖北理工学院学报(人文社会科学版) | 1 | | |
| | 科技创新导报 | 1 | | |
| | 新乡学院学报 | 1 | | |
| | 文山学院学报 | 1 | | |
| | 中国科教创新导刊 | 1 | | |
| | 科技信息 | 1 | | |
| | 管理观察 | 1 | | |
| | 陕西农业科学 | 1 | | |
| 台湾 | 教育资料与图书馆学 | 1 | 1 | 1.56% |
| 美国 | The Journal of Academic Librarianship | 1 | 1 | 1.56% |

(3)研究主题分析

从论文的研究主题看,呈现出典型的金字塔结构(见图2－4)。位于塔底的“图书馆开展口述历史工作的意义及可行性研究”发文量有二十多篇,占据了总发文量的近50%;塔体中央的“口述历史与地方及专题文献”以及“口述历史在图书馆史中的应用研究”发文量分别为15篇和13篇,占了总发文量的21.95%和14.63%;而对于口述历史资料的整理和提供利用等所涉及的核心问题——“编目和新技术的利用”以及“法律与伦理问题”则处于塔顶位置,发文量各有5篇,分别占总发文量的7.32%。

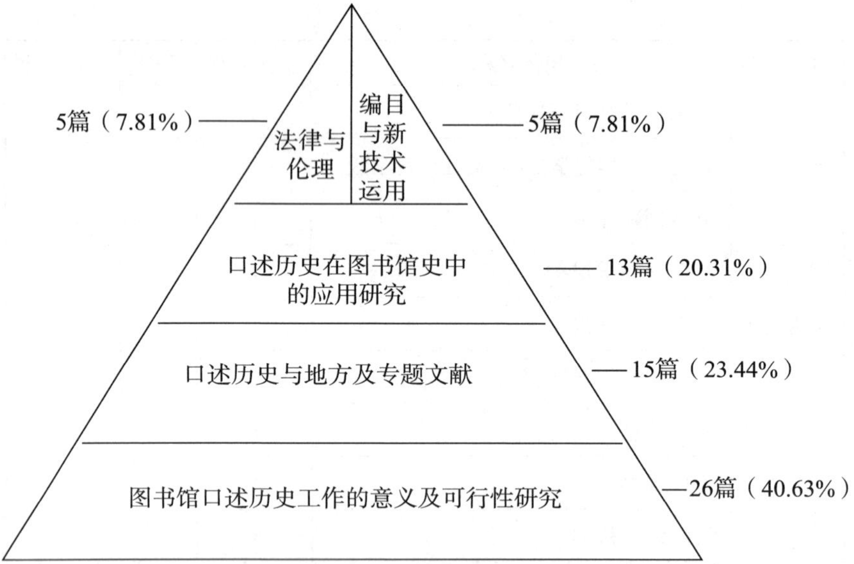


图 2－4　国内作者论文主题分布

3. 国内主要研究方向

(1)图书馆口述历史工作意义研究

2000 年《图书馆杂志》刊登杨祥银的文章《美国总统图书馆的口述历史收藏》①,成为大陆图书馆口述历史研究的开篇之作。该文章与 1997 年《美国历史杂志》发表的《美国总统图书馆的口述历史收藏》②一样,都是在论述十多个总统图书馆的口述资料收藏、管理和利用状况的基础上,归纳了总统图书馆口述历史项目所面临的困境和今后的发展趋势等。2002 年《山东图书馆季刊》登载的刘维荣所撰《美国总统图书馆

① 杨祥银. 美国总统图书馆的口述历史收藏[J]. 图书馆杂志,2000(8):60－62,64.

② Regina Greenwell. Oral History Collections of the Presidential Libraries[J]. The Journal of American History,1997,84(2):596－603.

收藏的口述档案》，也同样论述了总统图书馆的口述历史收藏[1]。

无论杨祥银还是刘维荣，都不是图书馆界的代表。前者是历史系研究口述历史的权威，后者是江苏省档案局的工作人员。图书馆界对口述历史工作的研究始于 2005 年，即汕头大学图书馆的刘晓莉发表的《图书馆开展口述历史工作的意义及其方法》[2]。这与 2004 年中华口述历史研究会的成立不无关联。从国际来看，图书馆界对口述资料馆藏建设的研究与该国全国性的口述历史协会的成立密切相关。美国口述历史协会成立于 1967 年，鲍姆[3]、查谢[4]等图书馆学家也正是在此前后发表了具有国际影响力的论文。

紧接着在 2006 年，刘晓莉又发表了《我国图书馆建设口述历史数据库之探讨》，主要分析了图书馆口述历史工作的重要性及国内外数据库建设的现状，指出国内图书馆口述历史数据库建设应该从本馆实际出发，结合本地区的文化资源特色进行重点开发，并以作者所在单位——汕头大学图书馆为例，简单介绍了图书馆特藏组的潮汕文化口述历史资料库的筹建状况[5]。

而同为汕头大学图书馆员工的陈俊华，在其《图书馆开发口述历史资源探索》一文中，从口述历史的概念和起源说起，在介绍口述历史在美国复苏的同时，对全球范围内口述历史工作进行了交代，并梳理了口述历史在中国大陆的发展状况。文章指出，口述历史是

---

① 刘维荣. 美国总统图书馆的口述历史收藏[J]. 山东图书馆季刊，2002(4)：106－108.

② 刘晓莉. 图书馆开展口述历史工作的意义及其方法[J]. 图书馆论坛，2005(8)：59－61.

③ Willa Klug Baum. Oral History：A Revived Tradition at the Bancroft Library[J]. The Pacific Northwest Quarterly，1967，58(2)：57－64.

④ Martha Jane K. Zachert. The Implications of Oral History for Librarians[J]. College and Research Libraries，1968，29：101.

⑤ 刘晓莉. 我国图书馆　建设口述历史数据库之探讨[J]. 大学图书情报学刊，2006，24(1)：6－7.

图书馆亟待拓展的新领域，然而国内图书馆界理论和实践处于相对空白状态[①]。

如前所述，汕头大学图书馆不仅是已知的大陆开展口述历史工作的首家图书馆，而且理论研究也非常活跃，发文量占据了很高的份额（见表2-1）。其中郑松辉的成果还在域外发表。2005年，他在台湾的《教育资料与图书馆学》杂志上发表《海外口述历史进程及其对大陆图书馆的启示》，对口述历史在海外的发展历程进行了梳理，并分析了口述历史资料对图书馆的功用，结合汕头大学图书馆的实践，对图书馆如何开展口述历史工作提出了一些建议与设想[②]。

2008年，郑松辉在美国《学术图书馆杂志》（*The Journal of Academic Librarianship*）上发表《口述历史工作在中国图书馆的开展》（*Developing Oral History in Chinese Libraries*），指出中国大陆图书馆界在口述历史工作理论和实践上的不足，并以汕头大学图书馆为例，介绍了口述历史项目的开展状况、资源收藏规模和特征、口述资料的利用情况等，在此基础上为整个大陆图书馆开展口述历史工作提出了建议[③]。

同年，他又在《四川图书馆学报》发表《口述历史及其在现代图书馆资源建设中的作用》一文，指出目前国内的口述历史研究多集中在史学领域，图书馆学界对其重视不足。文章重点阐述了口述历史访谈的特点、口述历史资源的特色等，并对图书馆开展口述资料收藏各个阶段的工作包括采集、整理和提供利用等进行了简要交代[④]。

① 陈俊华.图书馆开发口述历史资源探索[J].图书情报工作，2006，50(6)：126-129.

② 郑松辉.海外口述历史进程及其对大陆图书馆的启示[J].教育资料与图书馆学，2005，43(2)：215-226.

③ Zheng Songhui. Developing Oral History in Chinese Libraries[J]. The Journal of Academic Librarianship，2008，34(1)：74-78.

④ 郑松辉.口述历史及其在现代图书馆资源建设中的作用[J].四川图书馆学报，2006，(1)：20-23.

汕头大学图书馆馆员马晓辉在《口述历史与图书馆特色馆藏建设》一文中也以汕头大学图书馆特藏部开展口述历史工作挖掘潮汕文化资源为例,强调了口述资料在丰富图书馆特色馆藏中的作用①。复旦大学图书馆的左皓劼、张涛也在论文《值得填补的空白——谈图书馆的口述史料资源》中从口述历史的意义和价值以及国外图书馆的参与状况等出发,呼吁图书馆界参与这一特殊资源的开发与利用②。还有来自双辽市图书馆的李乃冰发表的论文《口述历史——图书馆资源建设的新探索》③。和来自新疆兵团党委党校图书馆的赵维景的《口述历史:图书馆特色馆藏建设的新领域——以兵团屯垦资料中心为例》④等。文山学院冯光敏认为地域性的口述文献资料具有丰富性和原始性的特点,在有文字记载的地方,文献资料相对有限的情况下,是地方高校图书馆特色馆藏建设中亟待开发的新资源,并对此问题进行分析和讨论,以期对地方高校图书馆特色馆藏资源建设提供视野上的借鉴⑤。顺德图书馆王丹在《区级图书馆开展口述历史工作的意义及实践》一文中介绍了顺德图书馆开展口述资料建设中的团队建设、设备器材、采访工作、后期制作等诸多方面的经验,为基层图书馆开展口述资料收集工作提供了借鉴⑥。

---

①　马晓辉.口述历史与图书馆特色馆藏建设[J].大学图书情报学刊,2007,25(4):26－29.

②　左皓劼,张涛也.值得填补的空白——谈图书馆的口述史料资源[J].图书馆理论与实践,2007(6):20－21.

③　李乃冰.口述历史——图书馆资源建设的新探索[J].图书馆学研究,2008(9):76－83.

④　赵维景.口述历史:图书馆特色馆藏建设的新领域——以兵团屯垦资料中心为例[J].科技创新导报,2012(12):216.

⑤　冯光敏.口述文献在地方高校图书馆特色资源建设中的作用初探——以滇东南区域为例[J].文山学院学报,2015(4):114－116.

⑥　杨丹.区级公共图书馆开展口述历史工作的意义及实践——以顺德图书馆为例[J].科技情报开发与经济,2014(15):82－84.

华东政法大学图书馆的蔡屏发表的文章《国外口述历史资源采集流程的共性对我国图书馆的启示——以 James Gleeson 和唐德刚的采访实践为例》比较了澳大利亚国家美术馆和美国哥伦比亚大学中国口述历史工程在口述历史资源采集方面的异同，提出了值得我国图书馆借鉴的共性特征，包括访谈的准备、专业人员的配置、受访人的确定方式、采访过程的掌控以及文字稿的撰写与修改等①。其另一篇文章《我国图书馆在现有条件下开展口述历史工作的局限》则认为当前我国图书馆开展口述历史工作的理论条件和现实条件都不具备，例如概念不明确、业务规范缺失、资金支持薄弱、人员素养较低、法律和伦理规范欠缺等，并且指出，对于我国大多数图书馆而言，在相当长时间内不适宜开展口述历史工作②。

特别值得一提的是，口述历史还引起了国家图书馆的关注。2006年，王天红发表了《口述历史：国家图书馆关注的新领域》，不仅梳理了口述历史的起源和在国外许多国家的发展状况，而且对中国口述历史的发展历程做了简要交代。更为重要的是，她将国外图书馆的口述历史收藏做了归纳，包括美国的巴特勒图书馆、班克罗夫特图书馆、英国的国家声音档案馆、澳大利亚和新西兰的国家图书馆口述历史工程等，然后在分析口述资料重要性及国家图书馆在保存和传播中华文化方面的职责基础上，阐述开展口述资料收藏的必要性以及具体开展此项工作的必要准备等③。

而首都图书馆无论在口述历史工作实践还是理论研究方面，都走在了公共图书馆的前列。馆员李梦楠和孟云剑所撰写的文章《图书馆的口述历史工作研究》，不仅对图书馆口述历史工作的意义和特性进

① 蔡屏. 国外口述历史资源采集流程的共性对我国图书馆的启示——以 James Gleeson 和唐德刚的采访实践为例[J]. 图书馆,2011(2):91-93.

② 蔡屏. 我国图书馆在现有条件下开展口述历史工作的局限[J]. 图书馆建设,2012(1):39-42.

③ 王天红. 口述历史：国家图书馆关注的新领域[J]. 图书与情报,2006(5):20-23.

行了详尽论述,而且以“寻找天桥”项目为例,突出了公共图书馆的口述历史工作在社区参与等方面的独特功用①。

在大学等研究机构中,北京大学信息管理系的王子舟教授和其博士生尹培丽也关注到图书馆口述历史工作的意义。论文《口述资料与文献的关系》介绍了包括口述历史在内的口述资料的概念、特点及应用,探究了“文献”二字的源头,将其分解为“文”和“献”,分别对应于文字资料和口述资料,在实现“文献”概念回归的同时,为图书馆口述历史工作提供了理论支撑②。而文章《口述资料采集与开发的先行者——美国班克罗夫特图书馆》则放眼口述历史发源地的美国,考证了最早开展口述历史工作的图书馆——美国班克罗夫特图书馆,不仅肯定了班克罗夫特图书馆对美国现代口述史复兴的触发点作用,而且用事实证明口述历史工作是对图书馆公共记忆功能的修复③。香港大学王惠玲在《香港经验分享——口述历史档案库的创建兼论图书馆的角色》回顾了香港口述历史档案几个项目的组成、构造和开放使用的模式(香港口述历史档案几个项目的性质各异,有大学图书馆管理的档案库、机构内部档案库和网上档案库,口述历史研究机构与图书馆或档案馆,各有相应的合作方式),就图书馆在参与口述历史的角色表达意见,认为图书馆在参与口述历史这个课题上,应从口述历史的意义和质素保证这两个方向去思考,口述历史的意义是“让市民生活走进大众的视野”,图书馆比任何机构都有优势,从质素保证而言,研究机构可就选题、访谈内容、信息管理等方面发挥优势,故此最理想的方式是图书馆与研究机构合作,互相配合④。河南师范大学任文香记录

---

① 李梦楠,孟云剑. 图书馆的口述历史工作研究[J]. 图书馆建设,2012(10):32-34.

② 尹培丽. 口述资料与文献的关系[J]. 图书馆学刊,2012(10):115-117.

③ 王子舟,尹培丽. 口述资料采集与开发的先行者——美国班克罗夫特图书馆[J]. 中国图书馆学报,2013(1):13-21.

④ 王惠玲. 香港经验分享——口述历史档案库的创建兼论图书馆的角色[J]. 图书馆,2015(12):10-14.

了以编年体制呈现河南师范大学图书馆 60 年的峥嵘岁月的过程,以口述实录充实编年框架,以描绘平凡中真实的个体彰显图书馆人主体精神,以灰色文献汇编还原多彩工作画卷,这种以编年为基础、以书人书事为经纬的图书馆馆史著述,推动了高校图书馆史的研究①。核心刊物《图书馆》选刊了唐纳德. A. 里奇的《口头语与书面语:图书馆口述历史》,描述了作者以历史学家的身份服务于美国参议院长达40 年的经历,引用了在这期间采访的多位前参议员和幕僚的例子,总结了全世界范围内图书馆使用口述历史扩大藏量的方式和方法,也探讨了口述历史、图书以及其他档案文件资料是如何通过互联网供世界范围内的用户使用。

(2)口述历史与地方与专题文献研究

在探讨口述历史与图书馆地方文献的关系方面,汕头大学图书馆的金文坚、陈俊华、郑松辉、高晓军等做了比较深入的研究。同时,少数民族图书馆的馆员,如吉首大学张家界校区图书馆的彭燕、贵州民族学院图书馆的张卫以及青海大学图书馆的韩卫红等也发表了这方面的论文,这对于拓展图书馆地方文献,保存少数民族历史文化遗产等方面有着重要的意义。

金文坚撰写的《口述历史在地方文献工作中的意义及实践》结合了汕头大学图书馆的口述历史实践,对开展口述历史访谈的前期准备、访谈注意事项、人员培训、设备使用以及访谈完成后抄本的整理与口述资料的编目和提供利用等进行了介绍②。

而陈俊华的《"创造史料"的图书——口述历史在地方文献工作中的应用》除了介绍国外图书馆在开发地方口述历史的成功范例之外,对图书馆建设口述历史资源的三个层次——了解收集已有的口述历史出

① 任文香. 书人 · 书事 · 书史:以河南师范大学图书馆馆史馆志著述为例[J]. 高校图书馆工作,2014(1):79-82.

② 金文坚. 口述历史在地方文献工作中的意义及实践[J]. 图书馆论坛,2006,26(4):210-213.

版物和音像制品;作为馆外口述历史项目的资料保存点;图书馆自己主持口述历史项目,真正“生产”口述资料进行了介绍[①]。

郑松辉、高晓军的《口述历史与图书馆地方文化研究关系探讨》在阐述地方文化与口述历史的关系、口述历史对研究地方文化的推动作用的基础上,还是着重于开展口述历史访谈工作的研究,即关注口述资料的采集阶段[②]。郑松辉的《口述历史:侨批研究的新视角》以侨批文化研究为例,论述了口述历史与图书馆保存地方文化的关系。文章以1992年联合国教科文组织发起的世界记忆工程为主要切入点,结合国内侨批文化的研究现状,对口述历史的意义和价值做了详细阐述[③]。

全根先的论文《口述史、影像史与图书馆文献体系建设》回顾了口述史学、影像史学发展的历史,分析了其与传统史学的不同之处,口述史学、影像史学主要通过录音、摄像、电影、电视、多媒体、互联网等现代技术进行展示,大大拓展了传统史学的叙述范围,并使普通民众对于历史的认知变得触手可及,口述史、影像史资料,作为一种新的文献类型,业已成为图书馆文献体系的重要成员。图书馆宜通过口述史、影像史的采集整理,在保存“国家记忆”与非物质文化遗产保护中发挥更大的作用。文章还提出了图书馆进行口述史、影像史采集整理的具体方法,并建议尽快出台相应的政策,加大口述史、影像史征集与开发力度[④]。欧阳宁的文章《浅析高校图书馆史中口述史的研究》认为国内图书馆界特别是高校图书馆对构建自身历史的工作一直以来并不

---

① 陈俊华.“创造史料”的图书馆——口述历史在地方文献工作中的应用[J].图书情报工作,2007,51(5):130－133.

② 郑松辉,高晓军.口述历史与图书馆地方文化研究关系探讨[J].四川图书馆学报,2008(4):69－74.

③ 郑松辉.口述历史:侨批研究的新视角[J].广东技术师范学院学报,2010(1):20－23.

④ 全根先.口述史、影像史与图书馆文献体系建设[J].图书馆界,2015(2):1－4.

重视,更忽视用口述史的方式来记录图书馆历史,提出图书馆界应对口述史引起足够的重视,通过对口述史的研究,记录前辈为人知或不为人知的贡献,保存其历史事迹,为图书馆事业累积重要的参考史料①。

张晓红的文章《口述科技史料与图书馆特藏建设》认为口述史料资源建设是图书馆建设特色资源的有效途径,近年来已得到国内图书馆的重视,图书馆普遍关注结合地方文献工作开展口述史料的收藏,口述科技史料的收藏尚未引起足够的重视,图书馆开展口述科技史料的收藏可以有效保存科技史料并用以指导当前的科技工作,同时有利于建设具有学科特色的馆藏资源②。

赵大志的文章《图书馆参与口述文献发掘工作探析》认为口述文献具有重要的史料价值,图书馆对口述文献的收藏还处于起步阶段,结合四川攀枝花市图书馆对口述文献的发展过程、图书馆在参与口述文献的开发及口述文献征集策略等方面进行探讨,并特别介绍了口述文献发掘的具体措施,对国内图书馆口述文献的发掘、整理及利用工作有一定的参考作用③。

赵惠的文章《试论图书馆口述历史资源的后期整理》提出图书馆口述历史工作应构建资源体系,图书馆口述历史资料的收集要坚持专业化和专题化原则,要结合本馆的实际情况,以及本地区或整个社会发展的文化特色,紧紧围绕图书馆特色馆藏的主题,明确目标主题,有针对性、分步骤地开展口述史料的采集整理和开发工作④。王斌英的

---

① 欧阳宁.浅析高校图书馆史中口述史的研究[J].科技信息,2014(10):17,44.

② 张晓红.口述科技史料与图书馆特藏建设[J].大学图书情报学刊,2014(4):43-46.

③ 赵大志.图书馆参与口述文献发掘工作探析——以攀枝花市为例[J].图书馆工作与研究,2014(3):54-57.

④ 赵惠.试论图书馆口述历史资源的后期整理[J].管理观察,2014(17):55-56.

文章《论图书馆地方文献收集管理与利用》认为图书馆进行口述历史资料的收集、采访与开发利用工作，对于挽救历史资料、为不同层次的读者提供独具特色的历史史料、促进区域文化的发展繁荣有着重要的意义，提出口述历史促进馆藏多元化，是对馆藏信息资源的有力补充和完善，口述历史将成为图书馆特色馆藏体系的重要组成部分①。

我国少数民族地区口述资料非常丰富，亟待挖掘，这一珍贵资源也引起了少数民族高校图书馆的重视。吉首大学张家界校区图书馆彭燕发表的论文《民族口述历史：少数民族高校图书馆地方文献亟待拓展的领域》是吉首大学校级科研课题“湘西少数民族地区口述历史文献资源开发与永久性的保存机制研究”（10JD006）的成果之一。文章从民族史料的保护与抢救和少数民族高校图书馆地方文献的挖掘与补充的角度，分析了图书馆开展口述历史资料收藏的重要意义②。而她的论文《武陵山区土家族口述历史文化资源的传承与抢救研究》分析了武陵山区土家族口述历史文化资源的类型、价值和保护现状等，并突出强调了与图书馆的合作问题：实现图书馆文献资源的丰富和地方文化有效保护的双赢局面③。贵州民族学院图书馆张卫的论文《口述历史收集与整理工作的意义与注意事项——以咸宁县地方文献收集为例》也充分肯定了口述历史作为地方文献资源是图书馆特色馆藏的重要组成部分，能够起到为现有地方文献辑佚、补遗和缀合的作用④。青海大学图书馆的韩卫红所撰《藏族口述文献资源的开发与永久保存研究》分析了藏族口述文献的主要类型以及开发与保护的现

---

① 王斌英. 论图书馆地方文献收集管理与利用[J]. 中国科教创新导刊，2014(2)：274－275.

② 彭燕. 民族口述历史：少数民族高校图书馆地方文献亟待拓展的领域[J]. 高校图书馆工作，2011(2)：62－64.

③ 彭燕. 武陵山区土家族口述历史文化资源的传承与抢救研究[J]. 图书馆学研究，2011(3)：37－39.

④ 张卫. 口述历史收集与整理工作的意义与注意事项——以咸宁县地方文献收集为例[J]. 图书馆建设，2011(3)：27－28.

状,指出应该以图书馆为依托,加强藏族口述文献的保存,可以利用现代信息结束建立藏族口述文献资源数据库,实现资源整合与长效保存。此外,还可以结合对口述文献传承人的扶持等方式,实现少数民族口述资源的开发、保存与传承[①]。

陈爱蓉的文章《图书馆对非物质文化遗产口述档案的建立、保护与传承利用探讨》论述了口述史的重要价值及口述资料在非物质文化遗产保护中的重要地位,提出图书馆应该与非遗保护中心联袂建立非物质文化遗产口述档案,并提出合理利用口述资源,传承非物质文化遗产的措施[②]。公共图书馆方面,浙江图书馆刘杭发表的《口述历史:地方文献工作之新视野与新拓展——以浙江图书馆为例》从公共图书馆的立场分析了口述历史在公共图书馆地方文献工作中的作用,将其区分为促进地方文献资源体系建设和增强地方文献的研究开发两个层面。并以浙江图书馆为例,认为通过口述历史的方式可以充分挖掘浙江丰富的历史和人文资源,在公共图书馆界实现创新服务[③]。

(3)其他相关研究

A. 口述历史在图书馆史中的应用研究

与国外口述历史被广泛运用于图书馆史不同的是,大陆图书馆界虽然已经意识到其重要性,但是投入实践的并不多,理论研究也相对较少。这一方面是因为图书馆本身对构建自身历史的重视不足,另一方面则缘于口述历史的方法尚没有普及运用。值得关注的是,近几年学界出现了强调口述史料的观点,目前发现最早的一篇论文是汕头大学图书馆陈俊华所撰写的《口述历史——图书馆史研究的新途径》,对国外利用口述历史从事图书馆史研究的情况进行了梳理和交代,充分

① 韩卫红.藏族口述文献资源的开发与永久保存研究[J].图书馆理论与实践,2012(7):96-98.

② 陈爱蓉.图书馆对非物质文化遗产口述档案的建立、保护与传承利用探讨[J].四川图书馆学报,2016(4):61-64.

③ 刘杭.口述历史:地方文献工作之新视野与新拓展——以浙江图书馆为例[J].图书馆,2010(1):27-29.

肯定了口述历史在图书馆史中的独特价值和意义,并对具体的工作方法和流程等进行了详细阐述[①]。天津农学院图书馆的胡筱华在《应用口述历史的方法进行高校图书馆史研究刍议》中,突出强调了高校图书馆史编撰方法上的不足,认为口述历史方法的引入可以开辟馆史研究的新途径[②]。

西北农林科技大学图书馆在撰写《西北农林科技大学图书馆馆史》时,曾部分采用了对退休人员口述访谈的方式获取历史资料的方式,但针对这种"可信性"存疑的口述资料能否适合编入馆史的问题,意见并不统一。针对这一现状,该馆的白君礼先生发表了《馆史研究中口述历史的几个问题》,对口述历史的概念、价值进行了深入分析,并在总结台湾图书馆史中口述历史运用情况的基础上,突出了口述历史在图书馆史中的价值以及目前在中国大陆不被重视的原因等[③]。同为西北农林大学图书馆馆员的王杏利和张歆杰也在文章《高校图书馆馆史资料搜集与辨考——以西北农林科技大学图书馆馆史史料搜集为例》中突出强调了口述历史在馆史搜集中的作用[④]。

另外,在综合研究图书馆史和图书馆学人史料的文章中,也有对口述史料的论述。江南大学图书馆顾烨青发表的论文《中国近现代图书馆学人史料建设:现状与展望》强调了史料建设对图书馆学人研究的重要作用,而史料的来源中除了基本史料、原始档案史料和工具书史料外,口述史料也非常重要,它可以对其他史料起到补充和印证的作用。文章对国内以口述形式记录图书馆学人的成果做了梳理,包括

---

① 陈俊华.口述历史——图书馆史研究的新途径[J].大学图书馆学报,2007(4):17-20.

② 胡筱华.应用口述历史的方法进行高校图书馆史研究刍议[J].图书馆工作与研究,2011(12):54-57.

③ 白君礼.馆史研究中口述历史的几个问题[J].图书馆建设,2011(7):91-94.

④ 王杏利,张歆杰.高校图书馆馆史资料搜集与辨考——以西北农林科技大学图书馆馆史史料搜集为例[J].陕西农业科学,2011(5):247-249.

袁同礼、钱存训、杜定友等的口述史料,指出在这方面研究的不足。尤为重要的是,文章强调口述史料的搜集应该走出去,采用田野调查的方式,走访图书馆学人生活、工作过的地方,采访相关的人员。这对图书馆史的建设指出了一条新路①。

河南师范大学的苏全有在其综述性文章《我国图书馆史研究中的史料问题》中也严重指出,史料问题是我国图书馆史学界的短板,应当借鉴西方对口述史料利用的经验,及时收集那些曾经活跃在图书馆界的老馆员和老教授的生活和经历,特别是他们所知的图书馆和图书馆学,对于丰富图书馆史料意义重大②。冯云的文章《口述历史对图书馆史研究的意义探讨》认为口述历史为图书馆史研究提供了一种新的视角,口述历史对图书馆史研究的意义体现在弥补图书馆史料的不足、抢救图书馆史的社会记忆,革新图书馆史研究方法,转变图书馆史研究的固有观念、促进图书馆史阐释的多样性等方面③。

B. 图书馆口述历史工作的法律与伦理问题

众所周知,法律与伦理问题是困扰口述历史发展的主要瓶颈,国际理论界对其甚为关注,近几年国内也出现了这方面的研究,郑松辉、陈俊华的《图书馆口述历史工作的伦理问题初探》是开篇之作。文章从采访者、受访者、资料保存者和资料利用者四个主体出发,深入阐释了图书馆开展口述历史工作应当注意的伦理规范,并对美国以及台湾的相应口述历史伦理规范做了介绍④。

郑松辉在《中国图书馆学报》上发表的《图书馆口述历史工作著

---

① 顾烨青. 中国近现代图书馆学人史料建设:现状与展望[J]. 大学图书馆学报,2010(3):5 - 14.

② 苏全有. 我国图书馆史研究中的史料问题[J]. 新乡学院学报(社会科学版),2010,24(4):70 - 72.

③ 冯云. 口述历史对图书馆史研究的意义探讨[J]. 图书馆建设,2015(10):99 - 102.

④ 郑松辉,陈俊华. 图书馆口述历史工作的伦理问题初探[J]. 四川图书馆学报,2009(4):67 - 72.

作权保护初探》则在论证口述资料的著作权属性和著作权归属的基础上，重点阐述了在图书馆口述历史工作的各个环节包括采集、整理和提供利用过程中具体的著作权保护注意事项，对现实工作有很强的指导意义[①]。

尹培丽的论文《口述资料及其著作权问题探究》则从口述资料的概念界定出发，突破了口述资料即口述历史过程中形成的资料的局限，依据我国《著作权法》的有关规定，确立了口述资料的“作品”属性，但要具体区分职务作品以及访谈式口述资料的合作作品等不同情形。对于口述资料整理和利用过程中所涉及的著作权问题，应尊重“意思自治”的原则，通过“授权委托书”等方式明确权利归属[②]。

祖红波的论文《图书馆口述文献工作中的版权法律风险及其规避》分析了口述文献收集所涉及的多元化版权角色与版权利益关系，认为在口述资料采集、整理、传播与再利用等环节都存在着版权责任风险，在此基础上提出了版权保护制度建设、通过版权合同规范版权主体之间的权利和义务关系、加强版权技术保护措施的应用、提高图书馆员保护版权的素养等防范和化解法律风险的措施[③]。王小平的论文《图书馆口述历史数据库建设中的版权问题研究》则着眼于图书馆口述资料数字化过程中的版权保护问题，分析了叙述式口述历史、访谈式口述历史、委托式口述历史等资料存在的版权问题，提出了图书馆自建口述历史数据库的版权策略与数据库自主知识产权保护方法[④]。

① 郑松辉. 图书馆口述历史工作著作权保护初探[J]. 中国图书馆学报，2010,36(185):104 - 110.

② 尹培丽. 口述资料及其著作权问题探究，图书与情报，2011(3):53 - 56，84.

③ 祖红波. 图书馆口述文献工作中的版权法律风险及其规避[J]. 晋图学刊，2015(2):37 - 40.

④ 王小平. 图书馆口述历史数据库建设中的版权问题研究[J]. 湖北理工学院学报(人文社会科学版)，2014(3):44 - 46.

C. 口述历史的编目和新技术的应用

口述资料的编目是图书馆口述资料收藏工作的核心和根本，是资料从收集到利用的必经之路，是实现资料价值的必经环节。然而由于理论研究层面目前仅停留在对口述资料的价值肯定和工作流程探索阶段，且实践操作层面图书馆界口述资料收藏也尚不具备规模性，因此这方面的研究很少。陈俊华、高晓军撰写的论文《METS 在口述历史数字化保存中的应用研究》是目前唯一关注口述资料编目和元数据处理方面的论文。作为数字图书馆的主流标准之一的 METS 因为能够将数字对象的内容与结构性元数据关联，并且能够支持多种结构和多种元数据，具有很大的兼容性等特点，可以适应口述资料多种媒体、多种元数据格式并用的特点，因此可以运用于图书馆口述资料的数字化保存中[①]。

而众所周知，口述资料采集和整理的过程对信息技术如摄像技术、信息处理技术等的依赖程度非常高。因此，新技术的应用也是图书馆口述资料收藏研究的重要部分。从国内的研究看，成果数量较少。华东师范大学图书馆的乔菊英所撰《网络环境下高校图书馆口述历史资源的收藏和开发探讨》比较有代表性。文章在论述口述历史价值和国外图书馆参与状况的基础上，倡议高校图书馆设立专门的口述历史资源小组，并与采访对象的专业背景相结合，邀请相应专业的专家参与采访等，以求深度挖掘口述资源，重点论述了网络环境下图书馆口述资源的采集、整理与利用[②]。

李若云的文章《流媒体技术在图书馆口述历史数据库中的应用》在分析流媒体技术所具备的实时性、同步性和占用内存少和 P2P 平台等特点的基础上，指出了该技术应用于图书馆口述历史数据库建设的

① 陈俊华，高晓军. METS 在口述历史数字化保存中的应用研究[J]. 图书馆学研究，2010(12)：32 – 36，54.

② 乔菊英. 网络环境下高校图书馆口述历史资源的收藏和开发探讨[J]. 图书与情报，2009(3)：119 – 122.

意义，如可以扩展数据库的使用价值、实现多媒体资料与文字资料的顺畅链接等。文章还对流媒体技术应用于汕头大学图书馆口述历史数据库的实践进行了总结①。

而在研究内容方面，也与国外存在巨大差距，比如对抄本的转换技术、多语种同步转换技术等方面几乎无人涉猎。张晓红的文章《口述历史——中医药院校图书馆资源建设的新领域》论述了中医药院校图书馆开展口述历史研究的必要性与可行性，对中医药院校图书馆在口述历史的工作组织、研究选题与口述史料的开发与利用等方面提出了建议，初步探索了医药类口述文献编目工作流程②。符艺的文章《口述影像在公共图书馆视障服务中的应用与思考》介绍了国内外口述影像服务发展概况，尤其是国内公共图书馆口述影像服务现况分析，分析了存在的问题，提出加强口述影像资源的数字化建设、促进资源共建共享等策略，介绍了公共图书馆对于口述影响资料的编目情况③。

从目前大陆图书馆口述历史工作的研究现状看，起步晚、成果少、研究主题过于狭窄等是其最典型的特征。但自 2010 年以来发文量逐年增加的事实说明该领域的研究已经逐步从图书馆学的边缘融入主流，口述历史工作的重要性已逐步得到包括大学图书馆、公共图书馆和大学等研究机构的重视。而研究主题的“金字塔”结构，也符合库恩在《科学革命的结构》中所描述的从“前科学”到“常态科学”的发展规律，图书馆口述历史工作研究的定向和成熟，也须以“相关规范”的形成为标志。这些规范包括口述历史采集规范、管理规范、编目规范、法律和伦理规范、读者使用规范、网络传播规范等。而如何借鉴美国、新

① 李若云. 流媒体技术在图书馆口述历史数据库中的应用[J]. 现代情报，2009，29(8)：37－39，42.

② 张晓红. 口述历史——中医药院校图书馆资源建设的新领域[J]. 中华医学图书情报杂志，2014(4)：50－53.

③ 符艺. 口述影像在公共图书馆视障服务中的应用与思考[J]. 图书馆论坛，2014(8)：77－81.

加坡等国家的先进成果,并将其与中国图书馆的发展和服务现状以及中国独特的文化和价值取向等相结合,探索制定出上述规范,应当是理论界和实践者努力的方向。

4. 港澳台研究概况

香港的口述历史工作开始于20世纪80年代初,香港中文大学东亚研究中心和香港大学亚洲研究中心是率先开展口述历史项目的机构。此后,从20世纪80年代后期至90年代初期,历史博物馆和电影资料馆也开展了口述历史研究项目,1994年开始,香港电影数据馆也开始进行电影口述历史研究。随后一些民间社会团体也自发组织了一些口述历史项目。但是,口述资料的整理成了限制口述历史发展的瓶颈。因此,香港大学亚洲研究中心于2001—2004年推行“香港口述历史档案库计划”,设置在香港大学图书馆内,并可在图书馆数码特藏库进行网上检索和浏览摘要信息①。

澳门的口述历史和口头传统研究起步较晚,近十几年才开始,并在博物馆和大学等机构中得到了尝试,但是图书馆口述资料收藏方面却鲜有研究,目前没有检索到相关的论文或著作②。

台湾口述历史工作开展较早,成果非常丰硕。1955年“中央研究院”近代史研究所筹办之初即已注意到口述历史的重要性。1960年,与“哥伦比亚大学中国口述历史计划”合作,成立了专门的口述历史小组,正式开始口述历史访谈,积累了丰富的口述资料。图书馆界最早的一篇论文是陈秀慧的《“创造资讯”的图书馆:口述历史的应用》③一文。

2003年,宋雪芳、许世莹发表了《抢救过去的记忆:口述历史应用

① 王惠玲. 补白、发声、批判、传承:香港口述历史的实践[J]. 郑州大学学报(哲学社会科学版),2010(4):12-14.

② 林发钦. 澳门口述历史研究的回顾与思考[J]. 郑州大学学报(哲学社会科学版),2010(4):14-16.

③ 陈秀慧. “创造资讯”的图书馆:口述历史的应用[J]. 图书与资讯学刊,1999(30):82-93.

在图书馆之探析》,从口述历史构建史料的角度出发,探讨图书馆史与口述历史的关系,分析美国运用口述历史方式构建图书馆史的实践以及台湾的图书馆界从事口述历史的状况①。

台湾政治大学图书资讯与档案学研究所的颜佩贞撰写的硕士论文《台湾档案典藏单位口述历史馆藏整理与运用》,通过对多家台湾档案典藏单位的实际访谈,对各典藏单位从事口述历史的目的、人员状况、馆藏处理、编目及提供利用状况进行了总结,并结合新加坡、澳大利亚、美国、加拿大、英国等的做法,提出了促进口述历史收藏与利用的具体建议,包括依据载体典藏口述历史、加速口述历史编目、对口述历史进行内容描述、建立智能联排以及建置台湾口述历史资料库等②。该论文为我们全面呈现了台湾口述历史收藏和利用状况、存在的问题和未来的发展路向等。

此外,口述历史的法律与伦理问题在台湾口述历史界受到普遍重视。"中央大学"客家社会文化研究所的王雯君在这方面有比较深入的研究,其撰写的《口述历史的法律与伦理议题》提倡研究者要预防为主,不能对诉讼抱有侥幸心理,同时对研究目的与伦理道德相违背时的取舍以及对弱势群体的权利尊重等做了深入的分析③。

### 2.2.3　国内外研究差距

综合国内外的研究可以看出,迄今为止大陆尚没有一本系统论述图书馆口述资料工作的著作出版,研究论文也多出自汕头大学图书馆的几位馆员,如陈俊华、郑松辉等。而英美国家对图书馆口述资料收藏的研究不仅介入较早、论著较多,而且研究的内容也相对宽泛和

---

①　宋雪芳,许世莹. 抢救过去的记忆:口述历史应用在图书馆之探析[J]. 教育资料与图书馆学,2003,40(4):497-511.

②　颜佩贞. 台湾档案典藏单位口述历史馆藏整理与运用[D]. 台湾:政治大学,2009.

③　王雯君. 口述历史的法律与伦理议题[EB/OL]. [2004-11-22]. http://140.115.170.1/Hakkacollege/big5/network/paper/paper18/25.html.

深入。

时间上,国内研究始于21世纪初,最早的一篇论文是2000年杨祥银所撰《美国总统图书馆的口述历史收藏》[①],比美国伊丽莎白·迪克森(Elizabeth I. Dixon)1966年发表的《口述历史在图书馆史中的运用》[②]整整晚了三十余年。原因见2.2.2下"2.图书馆口述历史研究总体状况"的"(1)时间分布"部分内容。

从内容上看,大陆关于图书馆口述资料收藏的研究仅仅局限于口述历史方面,对图书馆保存口头传统等口头文化遗产的研究较少,只在论述图书馆与非物质文化遗产保护的著作中有所涉及。如方允璋的《图书馆与非物质文化遗产》[③]以及游明元的《留住渐渐远去的歌——非物质文化遗产保护与图书馆的地域性》[④]等。即使在论述图书馆口述历史工作的著述中,也多局限于对其意义和可行性等的研究,对采集流程的设计、编目、网络环境下的提供利用等深层次的专题鲜有论述。就目前掌握的文献来看,在全部64篇论文中对意义和价值研究的论文有23篇之多,而对编目工作的研究只有1篇,对新技术应用的研究也只有1篇。

---

① 杨祥银.美国总统图书馆的口述历史收藏[J].图书馆杂志,2000(8):60-62,64.

② Elizabeth I. Dixon. The Implications of Oral History in Library History[J]. The Journal of Library History,1966,1(1):59-62.

③ 方允璋.图书馆与非物质文化遗产[M].北京:北京图书馆出版社(今国家图书馆出版社),2006.

④ 游明元.留住渐渐远去的歌——非物质文化遗产保护与图书馆的地域性[M].北京:中国科学技术出版社,2009.

# 3 图书馆口述资料收藏的理论根据及现实意义

## 3.1 图书馆学相关理论

### 3.1.1 图书馆的基本功能及社会职能变迁

图书馆的概念,即“图书馆是什么”,是图书馆学研究中首先要解决的问题。而这一概念是随着社会发展和技术进步不断更新的,因此呈现出连续性、发展性、继承性、整体性和创新性的特征。据现有文献记载,最早提出图书馆定义的,是1808年德国人施莱廷格,他在《试用图书馆学教科书大全》中提出“图书馆,是将收集的相当数量的图书,加以整理,根据求知者的各种要求,不费时间地提供他们利用”①。这是图书整理时代对图书馆职能的最简要概括,其工作对象是“图书”,服务对象是“求知者”,其中“不费时间地提供利用”,是图书馆工作的核心所在。

在图书馆提供“图书服务”的不断发展过程中,其文化交流和社会教育职能日渐突显。印度图书馆学家阮冈纳赞在1931年出版的《图书馆学五定律》中指出:“图书馆是全球性的教育工具,它汇集和自由流通着所有的教育工具,借助它们传播知识。”②美国著名图书馆学家谢拉在1976年出版的《图书馆学引论》中则指出:“图书馆不仅仅是一种社会文化现象,或者是社会的工具,而是交流传播网络中的重要组

① 中国大百科全书编委会.中国大百科全书·图书馆学 情报学 档案学[M].北京:中国大百科全书出版社,1993:420.

② 阮冈纳赞.图书馆学五定律[M].夏云,王先林等,译.北京:书目文献出版社(今国家图书馆出版社),1988:337.

成部分。"[①]与谢拉同时期的苏联图书馆学家丘巴梁在1976年出版的《普通图书馆学》一书中认为:"图书馆是进行思想教育和交流科学情报的机构。"[②]

图书馆的社会教育和文化交流作用在中国的图书馆学界也有着鲜明的体现,其典型代表有"南杜北刘"之称的杜定友、刘国钧以及台湾的卢震京。他们关于图书馆是人类公共记忆大脑的表述,以及搜集人类"一切记载",成为知识文化中心的图书馆定位,对今天图书馆对文字资料之外的口述资料的收藏有着深刻的理论意义。1928年,杜定友在《研究图书馆学的心得》一文中指出:"图书馆就如同人的大脑,其功用就是社会上一切人的记忆,实际上就是社会上一切人的公共脑子。图书馆学则是专门研究人类学问记载的产生、保存与应用的。"[③]刘国钧在《图书馆学要旨》一书中称图书馆为"教育的利器,社会的动力",并认为图书馆资料的搜集范围不限于"图书",更不限于"珍贵图书",而是"人类思想和活动的任何记载"。在此基础上,他将图书馆定义为"一个搜集人类思想和活动的任何记载的地方,它的目的是要用某种相当的方法将这些记载整理起来供给人用"[④]。台湾的卢震京在1958年编撰的《图书馆学辞典》一书中将图书馆概括为:"图书馆系根据其特定的需要,搜集一切或一些人类文化在科学、技术、艺术及文学各方面所创造的精华记载,用科学的经济的方法,整理保存,以便利广大人民使用,并进而帮助其接受马列主义为完成社会主义建设所必须的知识的文化中心。"[⑤]

进入20世纪80年代以后,图书馆在知识交流中的作用日渐显

① 杰西.H.谢拉.图书馆学引论[M].张沙丽,译.兰州:兰州大学出版社,1986:65-66.

② O.C.丘巴梁.普通图书馆学[M].徐克敏等,译.北京:书目文献出版社(今国家图书馆出版社),1983:49.

③ 杜定友.研究图书馆学的心得[J].中山大学图书馆周刊,1928(1):1.

④ 刘国钧.图书馆学要旨[M].上海:中华书局,1934:16.

⑤ 卢震京.图书馆学辞典[M].北京:商务印书馆,1958:596.

明，在图书馆的定义中也有着体现。1981 年，北京大学、武汉大学合编的《图书馆学基础》一书认为："图书馆是搜集、整理、保管、传播和利用图书情报资料，为一定社会的政治、经济服务的科学、教育、文化机构。"[①]同年，顾敏的《图书馆学探讨》出版，书中认为"图书馆是一个运输知识的通道，是一个供应知识的单元，是一个分享知识的场所"[②]。而 21 世纪以来，在网络环境下面临新的技术和新的服务，学术界又引发了对图书馆重新定义的热潮。2003 年，黄宗忠先生发表文章《对图书馆定义的再思考》，认为网络环境下图书馆是"通过人工或计算机、网络对实体或虚拟的信息、知识进行收集、积聚、组织、整理、存贮、选择、控制、转化、传播并建立检索点，供读者检索、利用的信息空间或物理场所或虚实结合的复合体"[③]。

综合上述中外图书馆学界对图书馆概念和职能的界定与思考，图书馆的社会职能是随着时代的进步而发展的。古代图书馆主要担负保存人类文化典籍的职能；伴随着资本主义大工业生产的兴起而出现的近代图书馆，又担负起社会教育的职能；到了现代，随着科学技术迅速发展，图书馆又担负起传递科学情报和开发智力资源的职能。尽管如此，图书馆搜集资料和提供资料的基本职能以及促进知识交流和文化传播的角色定位并没有改变。从杜定友对图书馆是"人类记忆的公共脑子"的形象比喻到刘国钧和卢震京关于"搜集人类思想和活动的任何记载""搜集一切或一些人类文化的精华记载"的图书馆定位，再到 20 世纪 80 年代以后对图书馆作为知识交流中心的各种界定，以及新世纪网络图书馆和复合图书馆的各种提法，都可以清晰地看出图书馆的概念是不断发展着的，作为"知识"载体的图书馆收藏范围也是随着"记载"手段的革新而不断延伸着的。凡是能够"记载"下来的一切

---

① 北京大学图书馆学情报学系，武汉大学图书情报学院. 图书馆学基础[M]. 北京：商务印书馆，1980：20.

② 顾敏. 图书馆学探讨[M]. 新竹：枫城出版社，1981：277.

③ 黄宗忠. 对图书馆定义的再思考[J]. 图书馆学研究，2003(6)：2－10.

“人类记忆”,理论上都能成为图书馆的收藏范围。因此,借助多媒体手段录制和记载的“口述资料”,理应纳入图书馆的收藏。只是各地、各类型的图书馆应当因地制宜,结合自身人力、物力和财力状况以及口述资源的分布和挖掘潜能等因素,制定符合自身实际的口述资料收藏策略。这是图书馆作为“不断生长着的有机体”为适应社会发展和用户需求而做出的自身调整,也是图书馆在信息时代能够生存和发展的必然举措。

### 3.1.2 图书馆学五定律及图书馆社会学理论

1. 图书馆学五定律

图书馆学五定律由“印度图书馆之父”阮冈纳赞(S. R. Ranganathan)在1931年出版的专著《图书馆学五定律》(*The Five Laws of Library Science*)中提出,后在全球得到普遍认同,并被国际图书馆界称为“我们职业的最简明的表述”。

其中第五定律“图书馆是一个生长着的有机体”(A library is a growing organism)用发展的眼光,从生物学的角度阐释了图书馆的特性——“吐故纳新”。图书馆的各个要素,从馆藏资源到工作人员再到服务对象,都是不断生长变化着的。同时这个有机体的发育和外部环境之间存在着互动,它会随着社会政治、经济和文化的发展以及读者需求的不断变化而发展壮大,同时它的成长状况又反过来会对所服务的社区、学校乃至整个社会产生影响①。

值得关注的是,对于图书馆学五定律,也需要用“生长”的眼光来看待。例如定律中提到的“书”,就是一个随着社会发展和时代变迁而不断延展的概念。在多媒体时代,它不仅包括图书、报纸、杂志等纸质资源,而且应当是“图书馆所收藏的,能够为读者所利用的一切资源,包括印刷品(print)、声像制品(audio-visual)缩微资料(microfilm)等”。

① 阮冈纳赞.图书馆学五定律[M].夏云,译.北京:书目文献出版社(今国家图书馆出版社),1988:4.

图书馆开展口述资料收藏，是对图书馆学五定律的运用与实践。这尤其体现在“每个读者有其书”和“图书馆是一个生长着的有机体”两个定律中。“读者”是贯穿五定律的主线，是图书馆全部工作的基本出发点和最终归宿，图书馆的各项服务应当围绕“读者”展开。而“读者”的内涵和外延随着时代的变迁在不断延伸，由原来的“有文字能力的特权阶层”逐渐扩展到没有任何限制的任意人群。图书馆应当坚持“普遍均等”的服务理念，为各种人群服务，不同社会地位、不同种族、不同民族、不同性别的人都平等地享受利用图书馆的权利。为了保障“读者”的这一权利，图书馆必须不断丰富馆藏资源，扩大收藏范围。除了传统的印刷品外，还应当为特殊人群提供特藏资源。如为盲人准备的盲文书籍和听力资料、为阅读障碍者（包括老人、儿童和文盲等）提供各种类型的试听资料和实物资料等。图书馆作为人类记忆的“公共大脑”，“让有文字的文化、无文字的文化在这里相互融合；让过去的文化、现代的文化在这里双重交流；让静态的文化、活态的文化在这里互通共存”①。

2. 图书馆社会学理论

图书馆是人类社会活动的产物，是知识传播和文化延续的需要。在漫长的历史发展过程中，图书馆与社会的联系越来越紧密，它不仅依存于社会的发展，而且对政治、经济和文化也产生推动作用，二者是相辅相成的关系。图书馆的口述资料收藏正是顺应全球口述历史复兴和口头传统等资源受到普遍重视这一社会大环境的需要，反过来也从资料保存和利用的角度助推了口述资源的开发。

我国对于“图书馆与社会”这一问题的研究有着悠久的历史。南宋秘书少监程俱撰《麟台故事》，明代文渊阁大学士邱浚的《论图籍之储》和《访求遗书疏》等，都将图书馆与国家治理相提并论，既是对图书馆社会地位的肯定，也是图书馆社会学理论的萌芽。至清

---

① 游明元. 留住渐渐远去的歌——非物质文化遗产保护与图书馆的地域性[M]. 北京：中国科学技术出版社，2009：扉页.

代，产生了以弘历、周永年为代表的公共图书馆思想，图书馆为社会服务的思想已初步形成①。而在中国图书馆学界影响力巨大的图书馆社会学理论集大成者，当属杜定友先生。1925 年，在其所著《图书馆通论》中，杜定友深入分析了图书馆与人类社会的关系，指出图书馆的功能在于它是一个社会记忆的设施②。中国另一位颇有影响力的图书馆社会学的专家是汪长炳先生。1942 年，他发表了论文《图书馆与社会》，将图书馆的社会功能归结为“训练公德心”“培养团结力”“养成现代国民”和“灌输民有、民治、民享观念”等方面，指出图书馆是实现社会教育的重要场所。“推行社会教育之工作多端，取其比较具体而富有永久性与独立性者厥为图书馆。图书馆教育，人无老少男女贫贱之限，地无东西南北之分，受教育纯系自由而非强迫，实行自我教育而无束缚之拘，其功力之宏，收效之著，自出于其他部门之外”③。

无论是阮冈纳赞的“图书馆是生长着的有机体”，还是巴特勒的“图书馆是保存人类记忆的社会机构”、谢拉的“图书馆是社会文化交流体系的重要组成”以及中国学者对巴特勒、谢拉思想的继承和发展，都为今天图书馆开展口述资料收藏提供了理论根基。

作为重要的社会文化机构，图书馆应当顺应社会发展需求，适时地调整服务策略。不能故步自封和一成不变，应该是一个不断“生长着的有机体”。正如肖燕在《发展中的困境与困境中的发展》一文中所指出的，“社会需求是图书馆事业存在的基础，也是发展的主要动因。整个图书馆事业面临的主要矛盾，就是不断变化的社会需求与满

① 程亚男. 图书馆与社会[M]. 北京：书目文献出版社（今国家图书馆出版社），1993：14.

② 杜定友. 图书馆通论[M]. 上海：商务印书馆，中华民国十四年(1925)：7.

③ 汪长炳. 图书馆与社会[J]. 教育与社会季刊，1942，1(1)//中国图书馆学会. 百年文萃——空谷余音[M]. 北京：中国城市出版社，2005：86 – 88.

足这些需求之间的矛盾,解决矛盾的过程就是发展的过程”[①]。而从“保存人类记忆”和“促进信息交流”角度,图书馆的收藏范围和中间媒介都应当随着信息技术的发展而不断调整和变化。首先,“记忆”的载体,已经不仅仅局限于文字,音频、视频也是重要的保存人类记忆的手段,且其更具直观性、生动性,对信息“传递者”和“接受者”的要求相对较低,不必具有书写能力,只要能够准确地口语表达即可。从这个意义上说,谢拉的交流“四要素”中的主体——“传递者”和“接受者”对客体——“信息”的传播与接受程度,与“中间媒介”之间是负依赖的关系。即“中间媒介”越发达,对“传递者”和“接受者”的要求越低,反之亦然。正因为如此,在信息技术高度发达的今天,“中间媒介”不断扩展,从个体的角度,文字能力欠缺者和无文字能力者,也拥有了平等的“发声”和为人类历史留存“记忆”的机会;而从整个社会和全人类文化遗产的角度,那些通过文字记录无法保存和完整再现的“人类记忆”,如少数民族宗教仪式、传统记忆、重大事件亲历者口述等,也通过音频、视频等媒介得以保留和传承。汪长炳先生所谓的“人无老少男女贫贱之限,地无东西南北之分,皆有接受图书馆教育之可能”,是对图书馆“平等服务”“无差别服务”的经典表述。图书馆不应当作为某些群体的“特权”存在,而应当为任何个体提供继续教育和自我学习的可能。这一目标的实现,除了要求图书馆具备先进的服务理念和相应的设施、设备之外,图书馆所收藏资料的类型和范围,也是其中重要的一环。因此,图书馆在做好传统的文字资源和电子资源整体规划的同时,应当针对所服务群体的特征以及潜在“口述资源”的分布状况,运用录音、录像等先进的技术设备,逐步挖掘口述资料,使馆藏结构与信息“中间媒介”的发展相匹配和适应。为“信息时代”和“后文字时代”“多媒体时代”的图书馆发展寻找新的机遇和生长点。

---

① 肖燕. 发展中的困境与困境中的发展[J]. 图书馆理论与实践,1991(4):25 - 29.

## 3.2 国际组织在图书馆口述资料收藏方面的立场

### 3.2.1 IFLA 关于图书馆口述资料收藏的观点

国际图联,全称为国际图书馆协会与机构联合会(International federation of Library Associations and Institutions,简称 IFLA)作为图书馆界最有影响力的国际组织,其在口述资料收藏方面的立场和关注点如何直接反映出该主题在世界范围内的发展状况和未来走向。

总的来看,图书馆对口述资料的重视经历了漫长而曲折的过程。正如塞内加尔书目文化发展中心的麦博修·斯尔(Mbtshio Sail)在 1999 年泰国孔敬举行的 IFLA 会前会中所指出的:"本次会议选择这个议题(口头传统的收集与保护)难道不是对口头传统长期论战的结果吗?"[①]在历史学领域,口述历史的复兴发生在 20 世纪 40 年代,IFLA 于 80 年代跟进。最早可以追溯到 1987 年在英国布莱顿召开的第 53 届大会上,代表发展中国家图书馆声音的地区事务分组(Division of Regional Activities)主席拉斐尔(Raphaël Ndiaye)提交的名为《口头文化与图书馆》的报告。其核心内容是阐述图书馆作为今天文字记录的记忆中心,同样有能力成为口头表达的记忆中心,图书馆保存口头文化不仅必要而且可行。在此后的 IFLA 大会中,陆续出现了对图书馆在保存包括"口头文化"在内的人类文化遗产的关注,这在大会历年的主题中明确反映出来,同样也体现在"家谱与地方志"分组和"声像与多媒体"分组的年度征文中。

1999 年在泰国曼谷举行的第 65 届 IFLA 大会将会前会的主题确定为"口头传统的收集和保护"(Collecting and Safeguarding the Oral

① John Mcllwaine, Jean Whiffrin. Collecting and Safeguarding the Oral Traditions: An International Conference. A Satellite Meeting of the 65th IFLA General Conference, Khon Kaen, 1999: 42 – 48.

Traditions),并出版了论文集,对图书馆与口头文化的关系以及图书馆新的职责定位等进行交流与探讨。世界各个地区的文化遗产保护问题已经成为 IFLA 1998—2001 中期规划的主要关注点之一,在 2010—2015 战略规划中,也明确 IFLA 的使命之一是促进"图书馆对文献型文化遗产的获取、保存和保护"。而"文献"一词从其历史渊源来看,应该区分为"文"和"献",其中"文"对应的是文字资料,"献"对应的则是口述资料[①]。

与此同时,IFLA 的专业委员会已经将全球图书馆界的智力遗产保护和保存确认为未来 IFLA 的专业重心之一。就在 2012 年 8 月在芬兰赫尔辛基召开的第 78 届大会上,"妇女、信息和图书馆特殊服务群体"分组(IFLA Women, Information and Libraries Special Interest Group)的主题为"图书馆和信息中心如何保障妇女获取信息及保护其文化遗产"的征文中,也专门列出了"妇女口述历史项目"(oral history projects)[②]。

### 3.2.2 UNESCO"世界记忆工程"的主要理念

另一个对图书馆口述资料收藏起着指引作用的重要组织是联合国教科文组织(United Nations of Educational, Scientific and Cultural Organization,简称 UNESCO)。根据其宪章规定,UNESCO 有义务维护、增加、传播知识,亦即保护世界的文献遗产,而图书馆是文献聚集和知识传播的重镇,因此 UNESCO 的政策和举措对图书馆有着深刻的影响。

1992 年,在发展文化和保护世界文化遗产的责任驱使下,

---

① 尹培丽. 口述资料与文献的关系[J]. 图书馆学刊,2012(10):115-117.

② World Library and Information Congress: 78th IFLA General Conference and Assembly[EB/OL]. [2011-12-05] http://conference.ifla.org/past/ifla78/ifla78.htm.

UNESCO 发起了名为“世界的记忆”的工程,由综合信息计划部(Division of the General Information Programme)负责实施。“文化遗产反映了语言、民族和文化的多样性,它是世界自身及世界记忆的镜子,但是这个记忆无比脆弱,每天都有不可替代的组成部分永久地消逝着”。这是对 UNESCO 发起“世界记忆”工程初衷的表达,意即要唤起对濒危文化遗产的全球保护,防止记忆缺失,使公众得以存取并保证它的广泛传播①。

在 UNESCO 公共图书馆宣言中也指出,公共图书馆服务的核心应当与信息、扫盲、教育和文化密切相关,将其主要使命概括为 12 条,其中第 8 条即为“支持口述传统文化的保存和传播”。尤为重要的是,UNESCO 还特别注重与其他国际组织的协调与合作。在“世界记忆”工程的推进过程中,UNESCO 与国际图联(IFLA)和国际档案理事会(International Council on Archives,简称 ICA)建立了良好的协作关系,这不仅有利于工程的推进,而且赋予了图书馆和档案馆在保存包括口头文化在内的人类文化遗产方面的神圣使命。

### 3.2.3 美国口述历史协会的核心观点

除 IFLA 和 UNESCO 之外,美国口述历史协会(OHA)中也有对图书馆口述资料收藏的呼吁和关注,并制定了相关的标准。

OHA 成立于 1966 年,是口述历史领域成立最早、最具影响力的国际组织。主要关注口述历史和人类记忆,以及全球性知识交流和文化共享。它的会员遍布全世界,包括历史学家、图书馆员、档案工作者、学生、教师以及记者和学者等来自各领域的专家和学者。OHA 目前不仅为口述历史工作提供专业指引,而且为口述历史研究提供全球交流和共享的平台。OHA 特别注重口述资料的收集、整理保存、传播和利用等规范和标准问题,并出台了一系列的指导性文件,集中在《原则

---

① Memory of the World Programme[EB/OL].[2012-08-20].http://www.unesco.org/webworld/mdm/en/index_mdm.html.

与实践总结》(*Principles and Best Practices*)中,供全世界口述历史从业者参考和使用。《原则与实践总结》是1989年版《口述历史评估指南》的更新,于2000年起采用。

《原则与实践总结》的"序言"明确指出:"口述历史所产生的口头文档,必须以各种不同形式保存并为研究人员、普通公众等各种用户提供利用。"而在"口述历史的基本原则"(General Principle for Oral History)部分,则深刻阐明:"口述历史访谈是经存储并为将来研究者及公众提供利用的历史文档。保存和利用的方式随着技术的发展而呈现多样性特征。但是,在选择存储机构和存储方式时,口述历史学家必须从口述访谈和抄本提供最佳保护、为访谈提供最佳检索和利用的角度出发。"[①]从OHA的上述规定来看,口述文档的保存和传播,是口述历史工作的重要环节,而且保存机构必须为其提供"最佳保护"和"最佳检索和利用",也就是要依赖专业的信息存储机构——图书馆和档案馆等。甚至在口述历史工作的筹备阶段,口述历史学家即应跟图书馆等存储机构商谈和合作,并制定详尽的保存和提供利用的策略。这样做的好处是,可以提前确定检索项,在访谈进行中或者整理访谈资料时,访谈员会对已经确定的检索项进行准确完整的收集和记录,如讲述者姓名、访谈时间、项目名称、持续时间、访谈概要、被访者简历等基本信息,甚至包括访谈中所涉及的重要人物、重要事件等。

此外,从OHA每年举行年会的主题也可以看出其对图书馆参与口述历史工作的关注。1999年10月在阿拉斯加的安克雷奇召开的第33届年会的主题之一就是"图书管理员的工作:收集、保存、使用和撰述口述历史"[②]。

① 美国口述历史协会[EB/OL].[2013-11-08].http://www.oralhistory.org/about/principles-and-practices/.

② 杨祥银.传播声音:口述历史学家和叙述形式——美国口述历史协会第33届年会在阿拉斯加召开[J].国外社会科学,2000(2):78.

### 3.2.4 图书馆多元文化服务理念

图书馆口述资料的收藏,是对图书馆社会职能的深化和实现,也是对 IFLA 等组织所倡导的图书馆多元文化服务理念的配合与回应。1987 年在英国布莱顿召开的第 53 届大会上,IFLA 发表《多元文化社会:图书馆服务方针》(*Multicultural Communities: Guidelines for Library Service*),2011 年已经出版了第 3 版。其中强调指出,图书馆应配置用少数语种的语言或者少数特定群体能够"阅读"的资料、反映少数群体文化的资料、为学习通用语言或母语所必需的资料以及相关的试听资料。从这一服务方针的要求看,图书馆应当配备文字资料所无法反映和表达的"口述资料",包括反映少数语言持有者的历史、文化以及民俗的口头传统资料以及支持弱势群体、边缘群体"发声"的口述历史资料等。

2006 年 8 月,IFLA 通过了由图书馆多元文化专业委员会(IFLA Library Service to Multicultural Populations Section)起草的《多元文化图书馆宣言》(*IFLA Multicultural Library Manifesto*),并于 2009 年 10 月在巴黎举行的联合国教科文组织(UNESCO)大会上获准通过,成为继《学校图书馆宣言》和《公共图书馆宣言》之后,IFLA/UNESCO 联合发布的又一个最新文件。

宣言指出:

> 全球社会中的每一个人都有权获得全方位的图书馆与信息服务。为解决文化和语言多样性问题,图书馆应:
>
> 为社区全体成员服务,而不应有基于文化和语言遗产的歧视;
>
> 以适宜的语言和文字提供信息;
>
> 开放各种反映所有社区及其需要的资料和服务;
>
> 聘用的员工要反映社区的多样性,并接受过与不同社区的人一起工作并为其提供服务方面的培训。
>
> 多元化与语言环境里的图书馆和信息服务既包括为各

> 种类型的图书馆用户提供服务,也包括专门针对服务水平不足的文化语言群体提供图书馆服务。应特别关注多元文化社会中常常被边缘化的群体:少数民族、寻求庇护者和难民、持临时居留证者、移民工人以及土著群体。①

从国际范围来看,图书馆多元文化服务在瑞士、澳大利亚、美国等国家得到了全面贯彻与实施。《光明日报》驻日内瓦记者刘军于2004年5月27日专门报道了瑞士的多元文化图书馆。1989年,素有"奥林匹克之都"之称的洛桑,在外国人比较集中的勒南地区成立了瑞士第一个民间性质的专门收藏和租借非瑞士官方语言、文字的图书馆,开创了瑞士"多元文化图书馆"之先河。截至报道之日,瑞士已经建立10家"多元文化图书馆",遍及瑞士的不同语区,巴塞尔、伯尔尼、比尔、弗里堡、日内瓦、纳沙泰尔、洛桑、锡永、图恩、苏黎世等地都拥有提供多元文化服务的图书馆。在各"图书馆"能查阅和借阅到190种语言的7万本藏书。为更好地协调不同语言和文字的书籍,他们还成立了"联合会"。为表彰"多元文化图书馆"在弥合不同文化间差异、促进文化多元化发展、消除种族歧视和保障外籍人口合法权益方面做出的努力,"多元文化图书馆"联合会曾获得联合国教科文组织(UNESCO)颁发的"世界文化发展十年"证书。

特别需要指出的是,瑞士这些走在时代前列的"多文化服务图书馆"都是私立图书馆而非公共图书馆。他们的文献资源积累方式是根据外籍人口的来源国,利用图书馆工作人员出国度假的机会从世界各地购置不同语言和文字的试听资料和印刷品。作为私立的民间组织,图书馆也面临着诸多困难,其资金来源于协会成员的会费,或各类基金会的资助,而工作人员几乎都是自愿的义务工作者,场地和工作条件等也不尽如人意。但是这些图书馆对于促进外来人员的融合、丰富瑞士多元文化、提升图书馆形象等方面发挥了巨大的作用。"多元文

① 吴建中.转型与超越:无所不在的图书馆[M].上海:上海大学出版社,2012:148.

化图书馆”联合会主席法瓦兹先生表示，作为瑞士的民间组织，图书馆不仅出借图书，而且也为外籍人提供咨询信息以及文件翻译，如关于瑞士教育体系、工作许可、外国人或难民的权利和义务等问题，以帮助他们更加深入地了解瑞士社会，更好地融入瑞士社会[①]。

就具有实际可操作性的标准和规范而言，1982 年澳大利亚维多利亚州制定的《公共图书馆多元文化服务标准》(*Standards For Multicultural Public Library Service*)[②]是目前检索到的颁行最早的相关文件。其对顺应文化多样性需求的图书馆服务进行了界定，其根本宗旨是保障各种类型的读者平等地、无差别地获取信息资源和享受图书馆服务的权利，并对关涉图书馆多文化服务的馆藏结构、人员配置、资源编目、服务方式等进行了详尽的规定。它还特别声明，尽管该标准由维多利亚州制定和发布，但其适用范围可以拓展到整个澳大利亚的公共图书馆。

1990 年美国图书馆协会发布了《多语种资料收藏发展及图书馆服务指南》(*Guidelines for Multilingual Materials Collection and Development and Library Services*)[③]，2002 年又进行了修订。该指南在基于多语种资料收藏策略的基础上，阐明图书馆为所有读者服务的立场：“图书馆为社区的所有成员提供均等的服务，无论其宗教、文化和语言背景为何。”该指南特别指出，“图书馆为传统上被边缘化的人群提供相应的资料和服务，不能被视作‘特别的’或者‘附加的’，而是每个图书馆服务职责的不可或缺的组成部分”。在资料收藏方面，该指南强调依据人群的规模配备资源，并且强调资料类型的多元，包括印刷(print)、声像(audio-visual)和计算机软件(computer software)等。

---

① 刘军. 瑞士的“多元文化图书馆”[N]. 光明日报，2004－05－27.

② Standards For Multicultural Public Library Service[EB/OL][2013－10－18]. http://uir.unisa.ac.za/bitstream/handle/10500/1683/03chapter3.pdf.

③ Guidelines for Multilingual Materials Collection and Development and Library Services[EB/OL][2013－10－18]. http://www.infolink.org/diversity/guidelinesformultilingual.pdf.

1994 年加拿大国家图书馆以手册的形式发布了《信息社会:加拿大公共图书馆实施多文化收藏及相应服务的开展》(*The Canadian Guidelines, A World of Information: Creating Multicultural Collections and Programs in Canadian Public Libraries*)①,指出图书馆应该掌握所服务的多文化群体的统计信息,包括各种语言持有者的具体人数和分布等;还鼓励馆员走出办公室,进入社区用读者最熟悉的语言和最适合的方式向他们介绍图书馆的各项服务;特别强调为适应多元文化服务的馆员配备和相应的培训等。

1998 年,IFLA 在维多利亚《公共图书馆多元文化服务标准》基础上出台了《多文化社区:图书馆服务指南》(*Multicultural Communities: Guidelines for Library Services*)②。该国际标准特别强调与各国、各地标准和指南的共融性,图书馆应该根据自身实际情况,结合当地的政策、规范等灵活执行 IFLA 的标准。此外,它还强调应该平等地为各种人群提供资源和服务,特别注意使用他们自己的语言和反映他们独特的文化。

2001 年澳大利亚重新修订了维多利亚《公共图书馆多元文化服务标准》,发布了《应对多样性:维多利亚公共图书馆多元文化服务指南》(*Responding to Our Diversity: Multicultural Service Guidelines for Victoria Public Libraries*)③。指南是在调查基础上形成的,因此相对于其他几个标准而言,更具实践价值和可操作性。其宗旨就是"为公共图书馆员开展多元文化服务提供实践支持并促进相关工作的开展"。该

① The Canadian Guidelines, A World of Information: Creating Multicultural Collections and Programs in Canadian Public Libraries [EB/OL]. [2013 - 10 - 18]. http://www.lac-bac.gc.ca/obj/005007/f2/005007-210.1-e.pdf.

② Multicultural Communities: Guidelines for Library Services [EB/OL]. [2013 - 10 - 18]. http://www.mela-blog.net/archives/1119.

③ Responding to Our Diversity: Multicultural Service Guidelines for Victoria Public Libraries. [EB/OL]. [2013 - 10 - 18]. http://www4.ncsu.edu/ ~ jdgaffne/diverse.pdf.

指南为图书馆开展多元文化服务提供了现成的模板，将整个流程区分为需求确认、拟订计划、具体实施和服务评估四个阶段，列明了每个阶段的目标、策略、任务和方法。此外，它还特别强调在图书馆多元文化服务过程中社区参与的重要性，指出应该在筹划阶段即开始建立合作。而对评估的重视，尤其突出用户满意度调查等对服务质量的保障作用，也是该指南区别于其他几个标准的重要方面。但是，与 IFLA 相关标准的统一是它始终遵从的。

在国际大背景下，结合中国图书馆实际，2008 年中国图书馆学会七届四次理事会通过了《图书馆服务宣言》[①]。在明确图书馆传播知识、传承文明的社会职能以及保障公民文化权利、缩小社会信息鸿沟的历史使命基础上，确立了“对社会普遍开放、平等服务、以人为本”的基本原则和“保障全体社会成员普遍均等地享有图书馆服务”“致力于消除弱势群体利用图书馆的困难”“促进全民阅读”等具体工作目标。这是中国图书馆界对 ALA、IFLA 等所倡导的图书馆多元文化服务的积极响应和跟进，也是打破传统馆藏结构和服务模式，为全体公民服务的行动纲领。“无论其身份、地位如何，不管其知识水平和文字能力高低，都应当从图书馆获得相应的服务，图书馆应当提供相应的文字资料和各种类型的试听资料”。

## 3.3 图书馆口述资料收藏的现实意义

### 3.3.1 实现了口述资料的价值

对口述历史等口述资料进行抢救性挖掘与采集，固然具有重要的意义。但是，这些资料社会价值的最终实现，它们所体现的文化功能的发挥，都离不开专业机构的收藏和加工。“如果所收藏的口述历史

① 图书馆服务宣言[EB/OL].[2014-03-10]. http://www.lsc.org.cn/c/cn/news/2010-12/21/news_5091.html.

不能在图书馆等机构很好地存储和传播,它们将变得毫无价值”[1]。从这个意义上说,口述资料的收藏是其价值实现的桥梁。

图书馆作为人类记忆的“公共大脑”和“运输知识、传递知识、分享知识的场所”,在几千年的发展过程中,随着时代的变革和用户需求的变化不断积累对各种类型信息资料进行采集、整理、保藏和提供利用等一整套工作流程的工作经验。再加之图书馆拥有相对稳定的读者群体,尤其是信息时代图书馆知识空间和信息共享空间功能的发挥,读者群体呈现扩大的趋势,图书馆也日渐充当起社会知识和文化“心脏”的职能,不断向用户输送文化“血液”。因此,口述资料纳入图书馆馆藏,它们便拥有了向现实用户和潜在用户“流动”的可能。

口述资料工作流程与饭店服务的过程十分类似。饭店工作的第一步是根据菜谱采集原材料,然后把原材料送到专门的地方(厨房),由专门的人员(厨师)进行加工,最后再由服务人员呈现给顾客。口述历史工作中访谈对象的选取、访谈主题的确定、访谈工作的进行等都属于原材料采集阶段,访谈结束后所获得的资料需要运送到专门的机构(图书馆)进行加工(整理、编目)和保藏,生成检索系统,再提供用户利用。这里生成的检索系统,就相当于饭店的菜谱,用户可以根据自己的需求调取相关的资料。

### 3.3.2　丰富了图书馆的特藏

图书馆作为文献收藏单位,应该是各种类型文献资料的集散地,既包括传统的印刷资料、电子资源,也包括口述资料。在图书馆已有的馆藏中,借助口述历史方式获取信息继而编辑出版的著作已经大量存在,如《张学良口述》《“猫王”埃尔维斯口述实录》《海校学生口述历史》《抗战亲历者口述:老兵鲜活记忆中的十大抗日战役》《师道:口述历史中的复旦名师文化》《澎湖烟台联中冤狱案口述历史》《中国农业

---

① David K. Dunaway, Willa K. Baum. Oral History: An Interdisciplinary Anthology [M]. Altamira Press, 1996: 383.

合作化运动口述史》等。这些著作因其信息来源的最初形式是口述，应当属于口述资料。但是由于它们是以文字这一单一方式呈现，而不是声音/声像和文字相结合的立体方式，因此所传达出来的信息是平面的、直板的，甚至是掺杂作者主观思想和价值判断的。例如在以往馆藏中对一些大的历史事件的记载，往往陷入官方和片面，对于这些事件在民间的反馈和影响，则鲜有反映。就拿"南京大屠杀"来说，除了官方的历史记载，就是被过度文艺化而失真的电影、电视剧等，而保存这方面口述资料的，是其他国家，特别是日本和美国。1992 年在南京鼓楼医院建院 100 周年之际，一位名叫加登英成的日本人向医院赠送了一份记录侵华日军南京大屠杀的口述资料——"威尔逊日记"的复印件和录像带，该日记是美国人罗伯特·威尔逊根据自己的所见所闻真实记录和拍摄下来的历史见证，其原件至今仍保存在美国耶鲁大学图书馆。其中的历史真实是我国档案材料和其他文字资料中所不能反映的，是对官方书写历史的有效补充。这一点令我们非常汗颜：我们的国家图书馆、各地图书馆竟然没有保存这方面的口述资料。崔永元之所以发起"我的抗战"口述历史项目，也是缘于其在日本参观时，为他们所收藏的关于中国战争的影像资料所震撼。

从这个意义上说，图书馆收藏口述资料，是对文字资料收藏的有益补充，是构建声音、图像、文字等全媒介立体信息的必要环节，是实现官方信息与民间信息共融与佐证的重要桥梁，更是为弱势群体和文字能力欠缺者提供发声的平台和为历史留下印记的可能。

据 1969 年美国《图书馆历史杂志》所刊登的《口述历史与地方史：图书馆员的机遇》一文记载，在美国口述历史复兴的早期，许多大型的口述历史项目即很关注地方史工作，如哥伦比亚大学口述历史研究室对纽约政治界的访谈以及位于伯克利的地方口述历史办公室对加州葡萄产区从旧金山海湾引水加工葡萄酒所进行的访谈等[①]。

---

① Charles T. Morrissey. Oral History and Local History: Opportunities for librarians [J]. The Journal of Library History, 1969, 4(4): 341 – 346.

1978 年美国新泽西州东南部的亚特兰大城市公共图书馆(Atlantic City Public Library)开展的地方史口述历史项目中,主要采访对象是“日常生活中的小人物”(little everyday people),包括渔夫、城市公共汽车司机等,囊括了 200 多个职业。考虑到亚特兰大作为旅游城市夜生活的丰富性,图书馆还公开招募“妓女”(lady of the evening)作为采访对象。图书馆还准备在访谈素材基础上出版图书以及制作音像制品①。

对于口述资料重要组成部分的口述历史,是在便携式录音机发明之后而复兴的。从全球发展来看,口述历史的访谈对象已经由精英走向平民,新加坡的口述历史已经做到了“佣人”,依据口述历史素材已经出版“新加坡多元种族社会”“消失中的行业”“抹不去的战争”“超越帝国的觉醒”等读物②。美国的口述历史也已经渗透到了包括“妓女”在内的各个行业。在美国口述历史协会的官方网站中,对于社会边缘群体甚至是不被理解和接纳群体的口述历史采访已经跃入人们的视野。如 LGBT Oral History from the LA Gay and Lesbian Center 就对女同性恋(Lesbian)、男同性恋(Gay)、双性恋(Bisexual)和跨性别者(Transgender)这四类非常规性取向者(他们合在一起简称 LGBT)进行了口述历史访谈,并且依据口述资料制作成了纪录片和微电影③。这些资料都是图书馆传统收藏所难以触及的,借助口述方式呈现的及后续出版的各种声像资料及其衍生产品,通过图书馆这一知识交流机构,获得了流向“读者”的可能。

在全世界口述历史浪潮的席卷之下,中国的口述历史工作正如崔永元所说,“口述历史的春天来了”。知青口述历史(如定宜庄)、妇女

---

① Oral History in New Jersey: Library Needs a Hooker[N]. Library Journal, 1978-05-15.

② 郑松辉.海外口述历史进程及其对大陆图书馆的启示[J].教育资料与图书馆学,2005,43(2):215-226.

③ 美国口述历史协会[EB/OL].[2013-11-26]. http://www.oralhistory.org/.

口述历史（如中国女性图书馆）、抗战老兵口述历史（如崔永元团队的“我的抗战”）等都在轰轰烈烈、如火如荼地进行着，为中国的历史书写吹起了别样的春风，成为传统的官方“自上而下”书写历史的一种有益的补充。然而目前这些资料在采集完之后的去处却十分堪忧。有的进入口述历史项目的数据库中，只在小范围内“流通”，实力雄厚的会后续出版图书或音像资料；有的则处于无人理睬的境地，缺乏系统的编目和管理，使得辛苦“抢救”下来的宝贵“记忆”被信息爆炸的粉末所淹没，从事口述历史采集者的热情也变成了一种“自娱自乐”。总之，口述历史资源的采集只是口述历史工作链条的一环，口述历史资料只有进入图书馆、博物馆这样的公共信息机构，它的文献价值、历史价值、社会价值才能得到充分开发与利用。

从图书馆角度，口述资料一旦纳入图书馆的特色馆藏，将会与传统馆藏交相辉映。读者欲了解某一历史事件，他既可以阅读《中国通史》这样的官方之言，以及相关的档案资料和事件经历者的传记资料，也可以真实地聆听和观看事件亲历者的音像资料，而且后者更加直观和生动。尤为重要的是，口述历史对“发声者”的要求较低，不必具备文字书写能力，因此其“亲历者”的范围比官方史料和传记要宽泛得多，可以是各行各业、男女老少等不同人群，因此，这些资料所呈现的历史是“立体”的，是更具“还原感”的。

口述资料在反映民间文化和民族特色等方面更是独具优势。民间故事、民谣、谚语、宗教仪式、风俗习惯、传统技艺等口头文化均取材于民间的现实生活，而其传承和保护大致依赖两种方式：一种是纵向的“口耳相传”的代际传播，另一种是横向的借助于图书馆、博物馆等机构的保存与利用。这些口述文化是极其珍贵又极其脆弱的。与物质文化遗产相比，其保护和传承面临着更加严峻的形势。这归结为内因和外因两个方面，内因是口头表达对方言的依赖和人际关系的依赖；外因则是随着人们观念的改变，社会经济结构和生产、生活方式的急剧变迁，生活节奏的日益加快，以及电视、广播等新娱乐方式的普及，人们的娱乐方式呈现多元，对史诗、神话等口传艺术的喜爱逐渐走向小众。取而代之的是，新的电子媒体所带来的种种的所谓的“文化快餐”。在这样的背景下，许多优秀的作品面临消亡，许多口头文学存在着“人亡歌绝”的现象。

图书馆收藏口头传统等口述资料，在图书馆与口头表达之间、口头表达与受众之间，寻找到合适的切入点，在丰富馆藏的同时，无疑对口头文化的保护和传承起到积极的推动作用。拉斐尔（Raphaël Ndiaye）在1988年的IFLA杂志上发表文章《口头文化与图书馆》（Oral Culture and Libraries），认为将传统图书馆的运行模式和形态投放到口头文化领域的确会存在诸多冲突，而图书馆员的职责就是要竭力挖掘口头资源的深层知识，发现冲突所在，并寻求图书馆与口头文化的契合点，并且认为，各种类型的图书馆，尤其是公共图书馆，应当留意口头文化的持有人及口头表达的内容①。

西方许多国家很早就开始成立专门机构，搜集、保存和研究各种口头样式的文化遗产。比如，美国国会图书馆的“口头文学资料库”、芬兰文学学会的“口头传统档案库”、哈佛大学威德纳图书馆的“帕里口头文学特藏”以及中国社会科学院民族文学研究所的“中国少数民族口头文学资料库”等，为我们树立了口头文化搜集、保存、开发、应用和研究的范例。其中哈佛大学的威德纳图书馆（Widener Memorial Library），因其在口头史诗等方面的贡献而备受关注。该馆以哈佛学生威德纳命名，是哈佛图书馆系统的中心馆。威德纳是哈佛研究生，出身名门，不幸在泰坦尼克号沉船中遇难。他的家人为了纪念他，捐资盖了这座驰名的图书馆。威德纳图书馆专门为帕里当年在南斯拉夫搜集到的资料，开辟了“帕里特藏中心”（Parry's Collection），这里保存着大约1500小时的歌手演唱录音和大量的调查笔记和口述记录文本。后来洛德和他的助手与南斯拉夫科学院合作，出版了几大卷《塞尔维亚—克罗地亚英雄归来歌》。这是个旷日持久的项目，其遴选、归

---

① Raphaël Ndiaye. Oral Culture and Libraries[J]. IFLA Journal, 1988, 14: 40－46.

类、整理、音写、翻译、出版一整套的工作程序,为我们国家的史诗工作提供了可资借鉴和效仿的样板①。

由于跟口头传统等地方文化的关联,以及口述历史与地方史的汇融等,口述资料对于丰富图书馆地方文献有着积极的意义。地方文献是某一地域内自然现象、社会现象以及人的群体活动方式的记录,具有明确的地域性和史料性等特征,内容涵盖一个地区的天文、地理、社会、人文等领域的各个方面,是该地区社会历史沿革的原始记录和历史见证。而其中能真实地反映一个民族、一个地域乃至一个社会群体的风情民俗、人文景观,能揭示他们在文化、科技等各方面的共同特征和发展历程的最宝贵的、最为真实的原始史料往往在正史文献上没有记载或语焉不详,给区域文化研究者的工作造成很大的缺憾②。

在地方文献方面,图书馆口述资料收藏还能为族谱研究者提供别样的素材。美国因倡导口述历史与图书馆结合而闻名的鲍姆女士就专门撰文《口述历史、图书馆以及族谱研究者》,其中特别强调口述历史中的地方项目(Regional Projects)对族谱研究者的价值。因为这些项目对地区"大人物"(great men)和"老人物"(old-timers)的访问,融合了图书馆、社区学校以及当地历史机构多方的优势,可以挖掘丰富的历史知识。其中极有可能会包含当地"大家族"(long-established families)的信息。尤为重要的是,通过口述资料,族谱研究者会将一个简单的"名字"丰富成为一个"生动的人"。从扩大利用的角度,鲍姆还倡议图书馆专门腾出精力编制《当地/地区口述历史项目保存目录》(local or regional oral history project deposit lists)③。

---

① 朝戈金. 问业哈佛央视国际[EB/OL]. [2004-08-02]. http://www.cctv.com/folklore/special/C12689/20040802/100639.shtml.

② 金文坚. 口述历史在地方文献工作中的意义及实践[J]. 图书馆论坛,2006,26(4):210-213.

③ Willa K. Baum. Oral History, the Library, and the Genealogical Researcher[J]. The Journal of Library History,1970,5(4):359-371.

### 3.3.3　拓展了图书馆的功能——"生产"信息

在口述资料方面，图书馆有着双重身份：资源的开发者和推广利用者。正是由于通过口述的方式"生产"出新的资源，使得图书馆的职能得到了延伸，与传统的采集、分类、编目、流通文字资料产生了巨大的差异①。

特别是公共图书馆，它们发现口述资料在地方史的独特价值，在家族史、族谱与方志研究以及当地历史遗产保存等方面运用口述的方式挖掘记忆资源、获取原始资料。地方史学者也逐渐融入图书馆口述资源开发队伍之中，获得利益共享。

口述历史作为一门学科或者一种书写历史的辅助方法，实际上是属于图书馆员的，而不是属于历史学家的。它所要求的一系列技能、培训甚至是工作人员性格方面的要求，都是对图书馆员的挑战。而且，它迫使图书馆员走出办公室，参与到实际的采访中来②。

针对上述争论，查尔斯. T. 莫里（Charles T. Morrissey）在《口述历史与地方史：图书馆员的机遇》一文中指出："无论口述历史到底属于谁的争论结果如何，有一点是毋庸置疑的：图书馆员要么作为访谈员要么作为访谈产品的管理者，显然已无可避免地卷入了口述历史访谈之中。"

1968 年夏天，在联邦政府的资助下，口述历史图书馆管理会议（Oral History Librarianship）在加州大学洛杉矶分校（UCLA）召开，主要围绕"图书馆口述历史项目的组织和开发"对来自美国 14 个州的 20 名参会者进行了培训。

此后不久，新泽西州图书馆（New Jersey Library）和印第安纳州图

① Mary Jo Pugh. Oral History in the Library: Levels of Commitment[J]. Drexel Library Quarterly, 1979, 15(4): 12－28.

② Richard A. Bartlett. Some Thoughts After the Third National Colloquium on Oral History[J]. Journal of Library History, 1969, 4(2): 170.

书馆(Indiana State Library)都开展了口述历史项目,但由于受到美国口述历史复兴初期“精英”路线的影响,其访谈对象仅限于当地知名人物[①]。

### 3.3.4 提供了图书馆史研究的新路径

图书馆史就是图书馆的历史。根据查尔斯. H. 布莎(Charles H. Busha)和斯蒂芬. P. 哈特(Stephen P. Harter)的定义,图书馆史是对图书馆过去的事件进行有系统的叙述。图书馆史通常用于记述对任何一个图书馆或图书馆群体有影响的事件,也记述图书馆给图书馆界带来的社会和经验影响。一些对图书馆、图书馆学或图书馆事业的发展有影响之杰出人物的传记也被认为是图书馆史[②]。

图书馆史是图书馆学的重要分支,早在1859年,英国的爱德华兹在其出版的《图书馆纪要》一书中就提出了以图书馆史、图书馆藏书、图书馆建筑、分类与目录、公共服务和图书馆内部结构等组成的图书馆学体系。在1890年形成的格雷赛尔图书馆学体系中,图书馆史则是四大分支之一,此后图书馆史一直是图书馆学的重要研究领域[③]。

“研究图书馆史的意义是在藉考据史实,以鉴往知来。”[④]巴特勒在《图书馆学导论》一书中也提到,只有了解图书馆事业的历史根源才能对图书馆事业有充分的认识。谢拉也特别肯定图书馆史的价值,认为它让图书馆员透过对再现过去来进行综合与概括,不仅能再造过去,而且有助于理解当前。他指出图书馆员应该具有一种“明确的与

---

① Charles T. Morrissey. Oral History and Local History: Opportunities for Librarians[J]. The Journal of Library History, 1969, 4(4): 341 – 346.

② Charles H. Busha, Stephen P. Harter. 图书馆学研究方法:技术与阐述[M]. 北京:书目文献出版社(今国家图书馆出版社), 1987: 121 – 122.

③ 黄宗忠. 图书馆学体系的沿革与重构[J]. 图书与情报, 2003(3): 2 – 9, 54.

④ 胡述兆. 图书馆学与资讯科学大辞典[M]. 台北:汉美图书公司, 1995: 2035.

历史的意识”[①]。

然而现实中，图书馆员作为知识的管理者，往往充当“为他人作嫁衣”的角色，通常陷入资料管理和提供服务等繁杂的工作之中，无暇顾及图书馆的历史和馆员自身的历史，结果导致拥有悠久历史的图书馆其历史书写却极为单薄，许多图书馆界的关键人物也相继离世，造成永远的遗憾。台湾著名图书馆学家卢荷生教授深刻认识到了这一点，他认为，在图书馆学的范畴里常为大家所冷落的恐怕要首推图书馆史了，原因在于图书馆员都殚思竭虑于当前图书馆事业的发展，实无暇回顾过去图书馆的历史。但研究图书馆史可从中得到许多启示：①了解过去图书馆发展的经过，找出我们祖先曾经如何经营图书馆事业；②分析过去图书馆成功的原因，以体会前人所耗费的心力与智慧；③比较图书馆发展的差异，以提升图书馆事业的境界；④研究图书馆发展的途径，为图书馆发展创造光明的未来[②]。事实上，图书馆史研究的意义远不止如此，透过图书馆史的研究，甚至可以洞悉社会文化发展的脉络和人类文明的变化历程。从某种意义上说，图书馆的历史就是人类文化传统的历史、人类文化遗产的历史和人类根基的历史，其重要性和意义不言而喻[③]。

图书馆史的研究层面会受到社会政治、经济、文化等因素的影响而产生变化。从以往的研究成果来看，主要包括以下几个方面：①图书馆历史的总体研究，如沈宝环的《图书馆学与图书馆事业》；②某个国家和地区的图书馆历史，如谢灼华的《中国图书和图书馆史》；③某个时期或时代图书馆的历史，如严文郁的《中国图书馆发展史：自清末至抗战胜利》；④有重大影响的图书馆人物、机构的历史，如冯维军的

① Charles H. Busha，Stephen P. Harter. 图书馆学研究方法：技术与阐述［M］. 北京：书目文献出版社（今国家图书馆出版社），1987：123.

② 卢荷生. 中国图书馆事业史［M］. 台北：文史哲出版社，1986：5 - 20.

③ Elizabeth I. Dixon. The Implications of Oral History in Library History［J］. The Journal of Library History，1966，1（1）：59 - 62.

《韦棣华女士与中国图书馆事业的发展》以及宋建成的《中华图书馆协会》等。

而在图书馆史的记载和书写过程中，史料的搜集和整理是极为重要的，其中原始资料和实物颇有价值，如信函、日记、手稿、当时的物件以及亲历者口述等，可以与图书、期刊、报纸、网络记载等相互补充、相互佐证。正如伊丽莎白·迪克森(Elizabeth I. Dixon)在1966年发表的《口述历史在图书馆史中的运用》一文中所指出的，"历史的书写不能仅仅依赖年度报告、财务报表等官方数据，应该从另一系列的事实中寻求真相——与主观体验相关的个人经历，因为它能揭示事物产生和发展背后的主观动因"，"只有当客观的档案和主观的证据充分积累到一定程度，知识才能实现真正的更新和增长"[①]。而现实中，客观的档案并不缺乏，而主观的证据却在不断流失。因为随着技术的进步和交流方式的转变，人们很少去记录下自己的想法、感受，而且生活节奏的快捷化也使得人们没有时间和精力去记录每天的生活。因此留给后世的原始文献特别是主观体验性的原始资料越来越少，而"口述资料"恰好可以弥补这一缺憾。口述历史可以在图书馆技术方法的运用演变、图书馆有关人员(包括馆员、发起者、资助者、读者等)的状况以及图书馆收藏史方面记录图书馆的历史。

在美国，口述历史在图书馆史中的运用由来已久，早在1965年5月，面向全美图书馆员的口述历史工作坊在加州举办，这是口述历史走入图书馆员、参与图书馆史构建的发端。美国图书馆界的专门机构，如美国图书馆协会和加州图书馆协会(California Library Association)都已经确立口述历史在图书馆史委员会(Library History Committee)中的官方地位。

从已经执行的美国图书馆史的口述历史项目来看，主要涵盖图书馆事业发展史、人物生平史、机构发展历史以及意外事件等方面。在

---

① Elizabeth I. Dixon. The Implications of Oral History in Library History[J]. The Journal of Library History,1966,1(1):59－62.

建馆周年庆典之际而进行的大规模的口述历史访谈在美国非常普遍，如2000年美国国会图书馆在建馆200周年庆典筹备时就曾发起“图书馆声音”(Library Voice)大型口述历史访谈，让以前的员工回忆他们在国会图书馆工作的经历①。美国休斯敦的赖斯大学图书馆2009年建馆60周年之际，为了迎接2012年百年校庆，在图书馆数字媒体中心的支持下，开展了图书馆员的口述历史工作，以展示他们的工作，并突出图书馆在大学中的地位。采访对象包括23名在职人员和6名退休员工。通过对馆员记忆的集体收集，增强了他们的职业自豪感和使命感。

通过美国图书馆史对口述历史的运用的具体案例来看，其采访对象大体分为四类：馆员（退休、在任），图书馆学研究者（退休、在任），各图书馆协会的人员（会长、会员、其他对协会有贡献者），其他对图书馆有贡献的人士。而从口述历史计划的发起者看，主要包括个人和机构两种。个人主要是图书馆学专业的学生和图书馆员；机构除了图书馆外，协会也起着积极的作用，如美国图书馆协会、美国法律图书馆学会(American Association of Law Libraries，简称AALL)、医学图书馆协会(Medical Library Association)、北卡罗来纳州图书馆协会(North Carolina Library Association)等。它们不仅在口述历史的理论和应用方面起着引领作用，而且亲自发起和主持图书馆史方面的口述历史项目。其中医学图书馆协会于20世纪70年代开始的图书馆史口述历史项目，尤其是“个人视角下的医学图书馆事业和医学图书馆协会”大型口述历史工程，在美国乃至全世界有着巨大的影响力。该协会还专门针对20世纪初图书馆员多为女性（美国1910年的统计数据是，女性占全部馆员的78%），图书馆职业被奉为“妇女职业”的状况，于20世纪70年代开展了“图书馆员的职业认同和受教育状况”的口述历史项目，通过八十多岁被访者的口述，了解她们的学习经历以及选择图

① Helen Dalrymple. Library Voice: Oral History Project Tells Tales of the Institution [N]. Information Bulletin, Libr Cong Inf Bull, 2003, 62(6).

书馆职业的缘由①。

国外口述历史对图书馆史的构建主要涵盖以下四个方面：意外事件、机构的发展历史、人物生平、图书馆事业发展。

（1）意外事件：比较典型的是“911”事件目击者口述——“失而复得：图书馆员目睹2001/9/11”。访谈由美国图书馆协会、专业图书馆协会、美国法律图书馆协会和医学图书馆协会共同发起，访谈对象涵盖纽约市各个类型图书馆（公共图书馆、企业图书馆、学校图书馆、政府图书馆等）的馆员，人数超过200人，他们都是“911”事件的目击者②。

国家医学图书馆（National Library of Medicine）则针对图书馆员（特别是医学图书馆馆员）在危机事件（如恐怖活动、地震、流行病、火灾、洪水、飓风等）的防范、处理和灾后重建等工作中的作用，从2007年开始通过电话访谈和邮件访谈的方式开展口述资料的挖掘工作，并总结出了馆员的八项应急作用：团队协作（institutional supporters）、资料管理（collection managers）、信息发布（information disseminators）、内部协调（internal planners）、社区支持（community supporters）、政府助手（government partners）、教育培训（educators and trainers）和历史书写（information community builders）。该口述历史项目显示，图书馆员在危机事件处理中的作用是十分重要的，是超乎想象的。同时通过亲历者的口述，增强了图书馆员参与各级各类应急事件的积极性③。

（2）机构发展历史：1977年美国医学图书馆协会开展了一项名为

---

① Estelle Brodman. Education and Attidudes of Early Medical Librarians to Their Work：A Discussion Based on the Oral History Project of the Medical Library Association [J]. The Journal of Library History，1980，15（2）：167－182.

② Leonard Kniffel. Remembering September 11 [J]. American Libraries，2002（8）：30－35.

③ Robin M. Featherstone. Library Roles in Disaster Response：An Oral History Project by the National Library of Medicine[J]. Journal of the Medical Library Association，2008，96（4）：343－350.

“个人视角下的医学图书馆事业和医学图书馆协会”的口述历史计划，通过录音的方式记录对美国医学图书馆事业和医学图书馆协会的实践有影响的美国以及加拿大人物。该计划旨在收集关于医学图书馆事业以及医学图书馆协会的资料，为书写事业史和协会史提供原始素材。访谈对象包括历届医学图书馆学会主席、医学图书馆馆员以及医院工作人员等。截至 2005 年 4 月，已先后访问 71 人。原始的录音和抄本都保留在医学图书馆协会。而复件以及相关的照片等资源已经通过医学图书馆网站实现了网上检索与获取，口述历史的成果已经分期出版①。

（3）人物生平：主要涉及图书馆员、图书馆学研究者以及对图书馆事业有突出贡献的人物等，目前还没有涉及图书馆“用户”这一群体。例如美国伊利诺伊大学图书馆学系研究生里涅·马丁（Linnea S. Martin）对该系荣誉退休教授唐·吕梅尔（Don Krummel）的采访，总共进行了 12 次访谈，深入挖掘了对他最具影响的人物、时间、思想等②。

（4）图书馆事业发展：访谈主题主要涉及女性图书馆员的受教育状况、馆员的社会地位、图书馆在所服务社区的角色认知等。例如澳大利亚口述历史项目“20 世纪 50 年代—80 年代女性馆员的地位”就是对已经退休的女性馆员的采访，了解那个时代她们的工作地位、职

---

① Diane McKenzie. The Oral History Program：Ⅰ. Personal View of Health Science Librarianship and the Medical Library Association［J］. Bull Med Libr Assoc，1998，86（2）：166－182.

Diane McKenzie. The Oral History Program：Ⅱ. Personal View of Health Science Librarianship and the Medical Library Association［J］. Bull Med Libr Assoc，1998，86（3）：366－376.

Diane McKenzie. The Oral History Program：Ⅲ. Personal View of Health Science Librarianship and the Medical Library Association［J］. Bull Med Libr Assoc，1998，86（4）：464－474.

② Linnea S. Martin. Pin the Tales on the Donkay：The Life of Libraries by Don Krummel as Told to Linnea Martin［J］. Library Trend，1999（3）：375－392.

位分工以及工资待遇等情况①。1980 年,美国华盛顿港公共图书馆开展的地方历史有关的口述历史项目中,涉及图书馆史的专题,并出版了《图书馆岁月(1892—1992):华盛顿港图书馆的百年历史》,用真实的"声音"向后人展示了图书馆的百年全景,其中包含了公众对图书馆的热爱之声②。另一个典型案例是纽约州立图书馆于 1988 年实施的关于图书馆在麦尔维·杜威(Melvil Dewey)时代所经历的重大事件的口述历史计划,该计划是在威尔逊(H. W. Wilson)基金会的资助下进行的,受访者和被访者全部为图书馆员③。

台湾口述历史工作开展相对大陆而言,起步较早,在 20 世纪 50—60 年代台湾"中央研究院"近代史研究所即与"哥伦比亚大学口述历史计划"合作,成立了专门的口述历史小组,至今已经积累了丰富的口述资料,涉及主题范围也极为宽泛。这在图书馆史方面也得以体现,其访谈涵盖了人物生平、图书馆事业以及特殊主题等。

人物生平方面如雷淑云对原"中央图书馆"馆长王振鹄教授的访问,介绍了他的少年往事、成长经历以及与图书馆结缘的经过④。这些口述资料为后来研究王振鹄先生提供了生动的原始素材,因此引用率极高。还有郑恒雄、宋建成对民国著名图书馆学家蒋复璁的访谈,对民国初期图书馆事业的发展、中华图书馆协会的缘起、中央图书馆的筹备经过以及图书馆管理(包括图书馆采购政策等)和图书馆的经营

---

① Jane Simon. Women's Status within Libraries 1950s to 1980s[J]. Australian Library Journal,1997(3):270 - 284.

② Port Washington Public Library Oral History[EB/OL].[2006 - 06 - 06]. http://www.pwpl.org/text/ oralhistory. Html.

③ Shawn Purcell. The New York State Library Oral History Project[J]. The Bookmark,1989(4):232 - 233.

④ 雷淑云. 谦抑应世　协和容众:馆长王振鹄教授[J]."中央图书馆"馆讯,1986,9(1):12 - 14.

理念等进行了回忆与梳理，为图书馆史研究留下了宝贵的财富①。机构沿革与发展方面如《台北图书馆沧桑谈》即是黄得时对刘金狗的口述历史访问，主要涉及台北图书馆的发展历程、二战期间台北图书馆被焚毁以及图书流散、重整阶段文献资料的搜集等②。还有《淡江大学图书馆：从克难坡到第三波的图书馆》即通过对淡江大学图书馆历任馆长的访谈记录该馆的发展历史③。

图书馆事业及图书馆业务管理方面，涉及图书馆目录、参考咨询、图书馆自动化以及佛教图书馆管理等。如吕春娇对昌彼得先生的访问，对图书馆的发展与演进、目录索引的编制、目录学在图书馆学的地位等进行了总结④。《佛教图书馆馆讯》创刊号上所刊登的《台湾地区佛教图书分类法的前辈：李世杰居士》，系释自衍对台湾佛教图书分类法的前辈——李世杰居士的口述访谈的整理稿，内容包括了他的佛学研究缘起、著作、藏书、特别是佛教图书分类以及对佛教图书馆未来的期许等⑤。

就中国目前图书馆史的现状来看，从事馆史编撰的图书馆为数不多，并且在编撰方法、资料挖掘、编撰体例、研究目的等方面存在不足。就高校图书馆而言，只有历史较悠久的图书馆在从事这项工作。据张春贞 2005 年发表的论文《高校图书馆应重视馆史的编撰》，“70% 高校

---

① 郑恒雄，宋建成. 图书馆界的巨人：慰堂先生专访[J]. 台湾图书馆学会会报，1987(41)：29－33.

② 刘金狗，黄得时. 台北图书馆沧桑谈[J]. 图书馆馆刊(台大)，1972(2)：94－106.

③ 丁樱华. 淡江大学图书馆：从克难坡到第三波的图书馆[J]. 成功大学图书馆馆刊，1998(1)：49－57.

④ 吕春娇. 目录版本学的一代宗师：访“故宫博物院”副院长暨台湾大学图书馆学研究所昌教授彼得[J]. 美国资讯科学学会(ASIS)台北学生分会会讯，1987(1)：6－7.

⑤ 释自衍采访；黄惠珍整理. 台湾地区佛教图书分类法的前辈：李世杰居士[J]. 佛教图书馆馆讯，1995(1)：20－22.

图书馆没有自己系统的馆史,能够整理出版的少而又少”[1]。而据胡筱华的统计,新中国成立后出版高校图书馆史的也只有北京大学图书馆、哈尔滨师范大学图书馆、东北林业大学图书馆、河南大学图书馆等7家[2]。图书馆史对口述历史的运用更是处于初始阶段,但是相关的学者已经意识到其独特的价值,并纷纷撰文呼吁。例如江南大学图书馆的顾烨青所撰《中国近现代图书馆学人史料建设:现状与展望》以及河南师范大学苏全有的《我国图书馆史研究中的史料问题》等论文,都认为应当借鉴西方口述历史的方式走访图书馆学人及其工作、生活过的地方的相关人员,为构建中国的图书馆史提供一手资料。然而在实践中,具体开展此项工作的图书馆并不多。西北农林科技大学图书馆在撰写馆史时,对于“由于图书馆在以往的建档工作中制度不健全,建档工作做得不够规范,材料收集不充分或校核不严格,使得一些史料中存在疏漏和笔误,或者是描述过于简单而产生了矛盾”的情形[3],采用访问事件亲历者的方式补充和完善了馆史资料。但是对于“是否将这些讲述编入馆史,内部意见不统一。反对者主要对口述历史的客观真实性存有怀疑”[4]。

2010年启动的由北京大学信息管理系和北京大学图书馆共同参与的口述历史项目——“中国知名学者原生资料库”,对图书馆学人白化文、关懿娴、周文骏等进行了访问,回忆了他们的成长和学习经历,如何与图书馆学结缘,以及与他们共事的学者的逸闻趣事等,为后人留下了文字资料所难以刻画的立体的生动的音像资料。访谈资料不

---

① 张春贞.高校图书馆应重视馆史的编撰[J].中国现代教育杂志,2005(3):295-296.

② 胡筱华.应用口述历史的方法进行高校图书馆史研究刍议[J].图书馆工作与研究,2011(12):54-57.

③ 王杏利,张歆杰.高校图书馆馆史资料搜集与辨考——以西北农林科技大学图书馆馆史史料搜集为例[J].陕西农业科学,2011(5):247-249.

④ 白君礼.馆史研究中口述历史的几个问题[J].图书馆建设,2011(7):91-94.

仅制作了抄本,而且还建立了计算机检索系统。

综合国内外的理论和实践来看,正如查尔斯. H. 布莎(Charles H. Busha)和斯蒂芬. P. 哈特(Stephen P. Harter)所说:“图书馆历史研究中使用口述资料的情况越来越多,这种访谈性的录音资料被今后的历史工作者所保存,作为提供事件的见证。”[①]通过口述历史的方式来构建图书馆史,不仅可以丰富重大事件的细节,弥补文字资料的不足,为学术研究、图书馆实践提供有价值的资料,而且可以将讲述的内容置于当时的时代环境中反映讲述者的认知价值。这无疑是一笔宝贵的财富。今天,当我们在追忆图书馆界的“精英”人物,如韦棣华、杜定友、刘国钧、王重民、梁启超、梁思庄等人时,只能凭着他们的著作和后人的文字来主观地“构建”他们的音容笑貌和学术历程。如果当时有他们的录音,哪怕是采访的文字稿,对于我们全面了解历史无疑是极大的帮助。如关于文华图专创始人的争论——是韦棣华女士个人一人还是韦棣华与沈祖荣、胡庆生共同?或许可以从当事人的“口述”中寻找出一些佐证的材料[②]。

需要提及的是,图书馆史对口述历史的运用与口述历史的发展轨迹是基本一致的。美国哥伦比亚大学口述历史研究室成立之始,主要采访对象是总统、政府要员等“精英”群体。随着对口述历史理论研究的深入和实践中的普及,口述历史逐渐渗透到“底层”,为平民大众提供了“发声”的平台。从世界范围看,这是主流趋势,也是口述历史的价值体现。因此,我们一方面要积极倡导各个图书馆将口述历史作为收集馆史资料的方式之一来推行,另一方面也要注意灌输采访对象多元的理念。不仅要采访“馆长”“副馆长”等,还要采访普通的“馆员”;馆员中不仅包括退休的老者,而且包含现职的工作人员;还要采访现

① Charles H. Busha, Stephen P. Harter. 图书馆学研究方法:技术与阐述[M]. 北京:书目文献出版社(今国家图书馆出版社),1987:149.

② 梁建洲. 我对文华图专校史资料中一些异载的看法[J]. 图书情报知识, 2010(1):110 - 112.

实的读者和潜在的读者,甚至采访所服务社区的普通人。这样才能完整地、尽可能全面地反映图书馆的“真实”。19 世纪德国著名的历史学家特奥多尔·蒙森(Theodor Mommsen)指出“每一代人都用自己的阅历和世界观在解释历史”(Each generation interprets history in the light of its own experience and weltanschauung)①,也就是说,对于同一事实,不同的人会有不同的理解和看法。这也正是口述历史的魅力所在,它通过不同的“声音”,从不同角度、多个侧面尽可能地“接近”和“还原”历史真相,为我们了解过去、与先人对话开辟了通道。

① Estelle Brodman. Education and Attidudes of Early Medical Librarians to Their Work:A Discussion Based on the Oral History Project of the Medical Library Association [J]. The Journal of Library History,1980,15(2):167 - 182.

# 4 图书馆口述资料收藏业务实践

杜定友在《图书馆学概论》中指出："图书馆的设立，有三大要素：（一）要能够积极的保存。（二）要有科学的方法，以处理之。（三）要能够活用图书馆以增进人民的知识和修养。图书馆能够办到这三件事，方能称为完善。"[①]这一对图书馆功能的精炼概述，即"积极保存、科学处理、活用益人"，也贯穿于图书馆口述资料收藏实务的整个链条。

## 4.1 图书馆口述资料收藏的不同类型

从目前国内外的理论研究和实践总结来看，依据参与程度不同，图书馆口述资料收藏工作可以区分为不同的类型。美国学者玛丽·乔普（Mary Jo Pugh）在其 1979 年发表的论文《图书馆口述历史：参与的类型》（*Oral History in the Library*：*Levels of Commitment*）中将图书馆开展口述资料收藏区分为四个类型：①搜集口述历史有关的资料；②收集口述历史抄本的印刷品或半印刷品；③成为口述历史收藏中心；④开展口述历史项目产生口述历史资源[②]。美国研究公共图书馆口述历史工作的权威——帕尔默（Palmer）在 1993 年发表的论文《公共图书馆作为口述历史中心：一份评估报告》中依据公共图书馆参与口述历史工作的程度，将其区分为"被动存储""主动存储""协调者"

① 杜定友. 图书馆学概论[M]. 北京：商务印书馆，1935：1.

② Mary Jo Pugh. Oral History in the Library：Levels of Commitment[J]. Drexel Library Quarterly，1979，15(4)：12－28.

（志愿者实施访谈）、“参与者”（志愿者和馆员共同实施访谈）、“图书馆工程”（馆员实施访谈）和“特殊基金赞助”（主要是政府基金）六种类型①。我国汕头大学图书馆的陈俊华在2007年撰写的《创造史料的图书馆——口述历史在地方文献工作中的应用》一文中，则将图书馆开展口述历史工作分成三种类型：①了解并收集已有的口述历史出版物和音像制品等口述历史成果；②作为馆外口述历史项目资料的保存点，鼓励史学研究室等机构将他们的各种口述历史存放在图书馆；③主持口述历史项目，产生新的口述史料②。

上述三种不同的划分各有侧重，但依据所掌握的美国以及中国大陆和香港地区图书馆界的实践来看，大致应该区分为四类：类型一：收集散存的各种原始口述资料，包括未经加工的录音、录像资料以及抄本；类型二：搜集已出版或者印刷的口述历史出版物和音像制品；类型三：与馆外口述历史项目合作，作为其口述成果的保存地；类型四：建立自己的口述历史项目，“生产”口述资料。

就类型一和类型二而言，其工作流程与图书馆的传统业务区别不大；在第三个类型中，口述资料大多以捐赠的方式流入图书馆，其法律规制和捐赠者权益的保障非常重要，因此必须签订正式的权利让渡协议，避免日后的可能纠纷；而在第四个类型中，图书馆作为口述资料的“生产者”“保管者”和“提供利用者”，其在每一个阶段都有着与图书馆传统工作不同的规范和要求，并且能够基本涵盖前三个类型的图书馆主要工作。因此，这四个类型是逐级加深的，从被动收集他人的成果到开展合作再到亲自“生产”，相应地对图书馆工作人员的技能、实践等的要求也是大不相同的。

---

① Joseph W. Palmer. Public Libraries as Oral History Centers: An Evaluation [J]. Collection Building, 1993, 5(3): 29 – 38.

② 陈俊华. “创造史料”的图书馆——口述历史在地方文献工作中的应用 [J]. 图书情报工作, 2007, 51(5): 130 – 133.

表 4-1　图书馆口述资料收藏工作的四种类型

| | |
|---|---|
| 类型一 | 收集散存在民间的各种原始口述资料 |
| 类型二 | 搜集已出版或者印刷的口述出版物和音像制品 |
| 类型三 | 与馆外口述项目合作，作为其口述成果的保存地 |
| 类型四 | 建立自己的口述项目，“生产”口述资料 |

### 4.1.1　类型一：收集散存在民间的各种原始口述资料

目前对中国大陆的图书馆而言，收集散存的口述资料成果有着很大的发展空间。因为单从口述历史和口头传统本身的发展来看，已经迎来了自己的春天，社会学、历史学以及民俗学等领域都开展口述历史和口头传统资料的挖掘工作，还有一些民间自发组织的小团体也开展了相应的工作，但是对资料的整理和保藏还处于起步阶段。除了少数机构建立了口述资料存储中心（如中国社会科学院民族文学研究所的口头传统研究中心等）外，还有许多利用口述方法获取原始资料的研究者，他们的资料保存意识相对薄弱，加上设备和个人精力等方面的原因，往往以研究成果的取得以及获得出版为目的，忽略了原始资料的保存。清华大学社会学系教授郭于华在北京大学所做的“社会记忆与口述历史”讲座中，详细介绍了“二十世纪下半期中国农村社会生活口述资料收集与研究计划”，这是社会学家利用口述方法获取研究资料的典型。在讲座的提问环节，作者问她：“您在陕北骥村用口述方法实地调研十多年，积累了大量的口述资料。请问这些资料您是怎么管理的？假如有图书馆有接收意愿，您是否同意捐献？”她回答说：“这是个非常好的问题，我的许多资料堆放在个人电脑里，非常凌乱。而且初期用磁带录制的口述资料都已经不存在了，因为当时为了节省成本，录音带都是重复使用的。如果图书馆有这方面的收藏要求，我会非常乐意把这些资料捐献出来的。”这是有机构归属的研究者。

除此之外，中国大陆还有众多热心于“口述”工作的民间人士，他们创造了非常有价值的口述资料，但是缺乏统一的机构收藏，因此难以被大众认知和使用。这方面的典型是独立电影导演赖子(赖恩典),他以纪录片的方式拍摄“抗战老兵口述历史”,采访对象已经覆盖了全国的大部分省的老兵,讲述了许多“历史的真实”。然而,他们的精力大都投放到了“资料”的抢救和纪录片的制作方面,对于专业化的资料存储和提供利用,根本无暇顾及。因此,图书馆应该主动承担起社会各界人士“口述资料”成果的搜集和整理工作,通过各种渠道与他们取得联系,并达成一定的合作协议,将散落在民间的口述资料集中起来,统一存储和编目,并创造条件通过合法渠道提供利用。

### 4.1.2 类型二:搜集已出版或者印刷的口述出版物和音像制品

这些口述资料既包括各种访谈形成的录音、录像以及抄本等,也包括在此基础上的衍生资料,(如依据口述访谈方法拍摄的纪录片、出版的图书等),还包括口述资料工作的参考书等。在这个类型中,图书馆的工作与传统的业务流程没有差别,但是从方便读者查找和利用的角度,建议建立“口述历史”专门收藏,作为图书馆特藏的重要组成部分。这方面的资料目前还不是特别多,仅以北京大学图书馆为例,以“题名”为检索途径,输入“口述历史”作为检索词,仅得到三百多条检索结果。从内容上看,它们中既有口述访谈结果的出版物,也有口述历史工作的参考工具书;从分类上看,则分散在文学(I 类)、传记(K 类)、历史(K 类)以及艺术(J 类)等。因此,图书馆一方面要扩大口述出版物的收藏,特别是各种口述历史工作读本和各种参考书的收藏。其中美国口述历史协会的出版物最为有用。因为它反映了该领域的最新进展。从 1973 年开始,OHA 每年会出版一期《口述历史评论》(*Oral History Review*),这是对其每季度出版的《口述历史协会简报》(*Oral History Association Newsletter*)的结集出版。此外,专门介绍口述历史开展状况的工具书对相关领域的研究者也极具参考价值。国外这方面的出版物比较多,例如《美国和加拿大有关图书馆员的口述历史磁带目录》《口述历史收藏指南》《学院和大学图书馆的特殊收藏》等,甚至还出版了专门评估图书馆口述收藏状况的报告,如《公共图书馆作为口述历史中心:一份评估报告》等。

### 4.1.3 类型三:与馆外口述项目合作,作为其口述成果的保存地

这个类型对图书馆的挑战比较大,因为口述资料跟传统的印刷资料不同,它具有类似档案的性质。每一份都有着独一无二的特性,都是不可替换的。对于公共图书馆、学校图书馆和研究型图书馆的馆员而言,需要学习新的技能才能践行捐献口述资料者的承诺,为口述资料价值的开发和广泛的运用架设桥梁。

图书馆在与馆外机构合作,接收其口述资料时,也需要做出甄别,即需要对口述资料进行评价。跟印刷品和数据库等电子资源的选择一样,图书馆需要根据自身的馆藏结构、所服务的群体以及所担当的社会职责等方面综合对口述资料进行筛选。因为不是所有的口述资料都值得长期保存,也不是所有的口述资料都适合该图书馆收藏。同时在保存资料的载体形式方面,图书馆应根据口述资料的不同类型做出不同的选择。对于人物生平、事件见证等口述历史资料,建议对原始录音/录像、抄本以及相关联的手稿、书信、照片等一并收藏,但是加工重点是抄本。但是对于民俗、方言、音乐等口头传统资料,加工重点则是能够还原"真实"画面和声音的磁带、光盘等,有时候甚至都没有制作抄本的必要,因为其中语音、语调、手势等所包含的独特信息是无法转换成文字的。

还有一点与传统的馆藏采购不同,就是需要签署相关的法律协议,因为口述资料多为捐赠的资源。图书馆在接受捐献时应该在双方协商的基础上签订"赠予协议"。同时必须对赠予方的资质进行必要的考量。比如其是否已经取得被访者、访谈员、项目出资机构及其他可能与口述资料存在利益关系的各方的同意,尤其是被访者的同意和授权等,被访者对口述资料是否公开使用等也是十分重要的因素。口述资料的所有权、知识产权等权利归属情况、限制使用条款等都必须在协议中写明。例如是否这些资料需要封存一段时间再公开利用?是否资料的"生产者"拥有全部的发表权?还是在一定年限内拥有?

图书馆拥有哪些权利？等等。图书馆如果准备长期接受外界的口述资料捐献以建立口述资料的特色馆藏，那么建议制定一个可重复利用的赠予协议，以简明扼要的方式列明双方的权利和义务。在拟订协议时有必要聘请法律专业人士参与，但是特别需要注意的是，权利的配置要公允，而且协议的表述和用语要得当，否则容易"吓到"捐献方而使得捐献活动无法正常进行。

图书馆作为存储机构接收口述资料捐献时需要考虑的因素，美国2013年出版的系列图书《社区口述历史工具箱》[①]给出了较为成熟的参考模式。"一、访谈主题跟图书馆馆藏目标、任务的契合度；二、产出资料的规模，包括访谈的个数以及相应的物理介质的数量（磁盘数、抄本数、照片数量、数字文档的大小等）；三、移交收藏的口述资料形式，抄本？录音带？录像带？还是电子文档？四、元数据方面，是否符合本馆的编目要求；五、资料移交的日程安排方面，是一次性移交还是分批次移交？与该机构的合作是否是长期的等；六、是否存在法律隐患，有没有突出的法律问题或者没有签署必要的授权协议等"[②]。

还特别需要注意的是，为了后续编目工作的需要，图书馆在接受捐献的同时，应该尽可能全面地获取口述历史项目或者个人口述访谈的相关信息，包括讲述者姓名、出生日期、个人简述、访谈日期、地点等。甚至还要掌握磁带的带轨、带速等，并在磁带的专用标签上注明。访谈的摘要、概述对将来使用者有着重要的意义。

### 4.1.4　类型四：建立自己的口述项目，"生产"口述资料

在这个类型中，图书馆由"被动"收藏转为"主动"生产，并最终形成口述资料"生产—整理—保存—提供利用"的完整链条。因此对图

---

① Barbara W. Sommer, Nancy MacKay, Mary Kay Quinlan. Community Oral History Toolkit[M]. California: Left Coast Press, 2013.

② Barbara W. Sommer, Nancy MacKay, Mary Kay Quinlan. Community Oral History Toolkit. Volume(2)[M]. California: Left Coast Press, 2013: 62.

书馆人力、物力、财力等各方面的考验是非常大的。但是其意义也十分突出，特别对于拥有独特历史和人文资源的图书馆，如大学图书馆、研究机构图书馆和公共图书馆而言，通过口述的方式从活人口中挖掘文化资源可以形成图书馆独特的馆藏。这些馆藏如果能与图书馆已有的纸本或电子资源中与“讲述者”或“讲述主题”有关的内容进行整合，再加上作为口述访谈附属产品的实物资料（照片、手稿、信件）等，就会形成关于某个人物、重大事件或者某个历史时期百姓生活片段的全媒体资料库。读者可以从文字、实物和口述三种资料形式中，获得立体而完整的信息体验。

在图书馆地方文献工作中，口述资料有着独具特色的价值，图书馆可以通过“口述”的方式挖掘和弘扬地域文化。特别是民间工艺、传统习俗、表演艺术以及传说、俚语和歌谣等依赖口传心授的“无形的”非物质文化遗产，往往能够真实地反映一个民族、一个地域、一个社会群体的风情民俗和人文景观。而这些却是传统的文字资料难以反映的，它们非常珍贵而且具有不可再生性，图书馆通过现代先进的信息技术将其“录制”下来，这是对地方文化的一种抢救。除此之外，口述资料对于地方文献资料还具有辑佚、补遗、缀合作用，可以校勘、考订、鉴别其真伪，考索其源流和特征，将文献资料与口述资料配合使用，可以从不同角度和层面集中说明一个问题。

对于少数民族和无文字部落地区的图书馆而言，口述资料的“生产”对于保存地方文化资源的意义尤为突出。例如苗族，有自己的语言，但没有本民族文字。苗族的语言文字、古历、信仰、音乐、舞蹈以及生活方式和风俗习惯等都是以口传身授的方式，一代代传承下来的，但是随着现代化进程的不断加快，苗族传统社会受到了前所未有的强大冲击，其口述历史文化长期得不到适当的组织管理与保存，现已经失传或濒临失传[①]。

---

① 民族口述历史：少数民族高校图书馆地方文献亟待拓展的领域[J].高校图书馆工作，2011，31(2)：62－64.

这项工作对图书馆而言又是非同寻常的,也是异常艰巨的。因为它与传统的图书馆职能有着巨大的差异。在确定要执行此项工作之前,有关人员需要对项目可行性进行必要的论证,看其能否在保存当地记忆方便发挥重要作用,能否促进馆藏文字资源的利用。因为图书馆自身创建口述项目,所需要的资金和人力是超乎想象的,有可能需要从其他工作岗位上抽调人员等,其中利弊需谨慎权衡。

## 4.2 图书馆口述资料的"生产"

口述资料的"生产"是有组织、有计划的系统工程。图书馆需要根据本馆的收藏条件事先确定口述的主题或范围,并在此基础上开展项目的可行性论证,包括人力、物力、财力的配置,预期达到的目标和效果等;然后围绕主题开展相关的背景研究和文献阅读工作,并根据主题关联度确定讲述者(被访者);最后制定具体的访谈提纲,实施访谈。从其流程上看,可以区分为访谈前、访谈中和访谈后三个阶段。

这方面美国已经有了较为成熟的流程指引,其典型是美国口述历史协会的《口述历史评估指南》。在其"口述历史实践总结"(Best Practices for Oral History)模块中,即对访谈前(pre-interview)、访谈中(interview)和访谈后(post-interview)三个不同阶段中需要注意的问题和事项进行了总结[①]。

此外,国际著名的口述历史学家——因倡导口述历史和图书馆联合而闻名于世的维拉·鲍姆(Willa Baum)女士,在其论文《口述历史、图书馆以及族谱研究者》中为族谱研究者采用口述历史方式获取信息提出了如下流程建议:

(1)与家族中的长者做出明确的类似商务的访谈预约,时间可以

① 美国口述历史协会[EB/OL].[2013-11-08]. http://www.oralhistory.org/about/principles-and-practices/.

确定,也可以不确定,比如一周之内等。在访谈实施的前一天记得提醒对方。

(2)为对方提供经过逻辑组织的话题列表,并且尽可能地准确提供访谈所关涉到的姓名、日期和地点等具体信息。这样可以方便讲述者回忆相关事件,并在做出预约到实施访谈的这段时间内整理自己的思路。

(3)安排合适的访谈地点,确保至少有一个小时的时间内访谈不会被打扰。

(4)进入访谈即打开录音机并使其一直处于工作状态,避免频繁的"开关"动作。因为这会提醒讲述者注意录音机的存在。

(5)尽量使访谈围绕家族史展开,尽可能按照访谈提纲进行。但要注意避免打断貌似与主题无关的讲述。老年讲述者往往会绕很大弯子才能进入正题,如果不打断他们,你会发现其实他们思维非常严密。因此尽管整个过程跟你预想的大相径庭,但是你会从中得到极具价值的信息。

(6)在讲述者疲乏之前停止本次访谈;并预约下一周的访谈。

(7)如果您跟讲述者的关系过于密切有可能导致访谈不够正式,那么请移交他人去实施访谈。因为过于密切的关系对访谈不利。①

无论是美国口述历史协会的"最佳实践总结"还是鲍姆女士对族谱研究者口述历史工作的建议,对于图书馆口述资料的生产都有着很强的参考价值和指导意义。但这些原则在具体实施过程中需要注意的一些细节问题往往也会对访谈的成败及最终资料的价值造成影响,因此有必要进行系统的梳理和总结。

### 4.2.1　访谈前的准备

无论是口述历史的采录还是口头传统的收集,都需要在实施访谈

① Willa K. Baum. Oral History, the Library, and the Genealogical Researcher [J]. The Journal of Library History, 1970, 5(4): 359 – 371.

前做好充分的准备工作,即围绕目标制定详尽的计划。该计划主要针对“项目的目标”(aim of the project)、“怎样开始”(how to started)、“采访谁”(who to interview)、“使用什么设备”(what kind of equipment to use)、“询问什么问题”(what interview questions to ask)等展开。尽管制定计划需要耗费大量的时间和精力,但它是整个项目的基础,关乎项目能否顺利进行以及最终可能取得的效果。它是整个口述历史项目的蓝图,为访谈提供了组织结构。

对于计划在口述资料采集工作中的意义,美国口述历史畅销系列图书《社区口述历史工具箱》第2辑(*Community Oral History Toolkit* 2)中有着精要的概括:“计划能够在录制故事和通过口述历史保存文献、产生一手资料之间架起一座桥梁。”①新加坡国家档案馆口述历史中心也特别强调项目计划的重要性,“口述历史项目的第一步是确定它的目标和范围”②。

具体而言,访谈前的准备应包括下列内容:

1. 确定项目名称和预期目标,组成工作团队

“名称是项目的身份识别”(a name gives a project an identity)③。名称的确定不仅有利于表明项目的性质和目的,而且还为将来的存储和利用提供了确定的“身份识别”。一般项目名称中都包含“口述历史项目”(Oral History Project)几个字,另外还可能选择性地包含了地点、访谈对象、发起机构等信息,例如奥克兰唐人街口述历史项目(Oakland Chinatown Oral History Project)、格林威治图书馆口述历史项目(Greenwich Library Oral History Project)等。总之,名称要简洁,而且要有准确的识别性。

---

① Barbara W. Sommer, Nancy MacKay, Mary Kay Quinlan. Community Oral History Toolkit:2[M]. California:Left Coast Press,2013:24.

② 新加坡国家档案馆. 记忆与回忆:新加坡国家档案馆口述史工作手册——通过口述史记录国家的历史[M]. 北京:中国档案出版社,2011:6.

③ Barbara W. Sommer, Nancy MacKay, Mary Kay Quinlan. Community Oral History Toolkit:2[M]. California:Left Coast Press,2013:53.

接下来需要确定项目的预期目标,并制定详细的《项目责任书》。唐纳德·里奇在其著作《大家来做口述历史——实务指南》中,高度重视目标设置在口述历史中的作用,他认为,"目标的意义和所搜集资料的质量是评判口述历史的标准"①。因此,目标必须是有价值的,同时还须是可实现的。确定了目标之后,需要围绕目标的实现制定详尽的实施进度,并落实到《项目责任书》中,突出重点、难点,防止各项人为因素导致目标的落空。

然后,根据项目的预期目标,结合本馆的人力资源状况,抽调相关人员组成项目团队。完善的团队人员组成主要由"筹备计划组""访谈实施组""资料管理组""技术服务组"和"财务管理组"等组成。再在此基础上确定总的负责人和分组负责人。总的负责人需要对项目各项工作都相对熟悉,并对项目的按时实施负责。在有些情况下,负责人会雇佣一个专门顾问,但对其学科背景、社会阅历等有着相对较高的要求。

2. 制定项目预算,确定资金来源

口述历史工作需要大量的资金投入。一方面需要专业的技术设备,包括录音、录像和存储设备;另一方面,需要相应的人力资源,包括访谈员、资料处理员和保存人员等。就图书馆而言,口述资料收藏工作可能的费用支出包括:研究的准备、访谈所用的时间、装备器材、差旅费、外出采访的住宿和餐饮费用、抄本制作、索引和目录的编制、影印、通讯、供应品和其他经常性的开销。因此,在计划阶段要对项目各个环节的资金使用做出详细预算,并尽可能争取资金来源。

在美国,联邦政府和各种各样的基金会如福特(Ford)、洛克菲勒(Rockefller)、皮尤慈善信托基金、全国人文基金(the National Endowment for the Humanities)等都大力支持口述历史项目的进行,为口述历史的发展提供了足够的人力和资金的保证,美国最大的口述史项目是

① 唐纳德·里奇. 大家来做口述历史——实务指南(第二版)[M]. 王芝芝,姚力,译. 北京:当代中国出版社,2006:35.

联邦政府支持的总统口述项目[1]。除此之外,还包括其他的经费来源,如各州的人文评议会、地方政府和立法机构、大公司和富有人士等。例如密西西比州的立法机构在南密西西比大学设立专门口述历史项目,在网上进行公民权利的访谈[2]。

美国口述历史项目的具体资助形式也是十分灵活的。有的是长期支持口述历史项目的经常性支出,包括实施访谈和资料后续处理等;有的则在访谈完成后,只申请抄本制作和资料处理的资金支持;地方政府和立法机构对口述历史的支持是最为全面有效的,因为它们把口述历史视为其公共服务的重要组成部分。

此外,美国口述历史项目主题也直接影响了其资金支持状况,其中包含女权或环保政策的项目,往往比较容易争取到基金会的支持。例如华盛顿记者联谊基金会(the Washington Press Club Foundation)有关女性记者的口述历史就获得多方的资助,包括甘尼特基金会(Gannett Foundation)、苏兹贝格基金会(Sulzberger Foundation)以及时代华纳集团等的赞助;而对杰出政治人物的访谈,一般会得到其竞选后援会的资助;商业组织、贸易协会以及工会都会资助与他们相关的口述项目;有的家族也会共同筹资支持与家族杰出成员相关的访谈[3]。

在中国,专门基金会支持口述历史项目的工作才刚刚起步。2013年8月,北京市批准第一家无主管单位登记的地方性公募基金会——永源公益基金会,崔永元任法定代表人。预计2013年将投入资金2100万元左右。该基金85%用于口述历史研究,剩余15%用于乡村教育支持和文化交流方面的社会公益。就口述历史而言,资金将主要具体用于口述历史的采录工作,以及一整套将采录内容数字存储、备

① 丁东. 口述历史为什么受欢迎[N]. 中国图书商报,2005-06-16.

② 唐纳德·里奇. 大家来做口述历史——实务指南(第二版)[M]. 王芝芝,姚力,译. 北京:当代中国出版社,2006:38.

③ 唐纳德·里奇. 大家来做口述历史——实务指南(第二版)[M]. 王芝芝,姚力,译. 北京:当代中国出版社,2006:39.

份及检索、管理系统的建设。预计两年后建成整套的局域检索系统，且面向社会公众开放，公众可在线查阅包括图片、视频、音频、文字在内的前期口述内容。但目前最大的“软肋”是网络信息安全技术，再就是目前互联网环境无法保证口述史诸多法律限定，比如“依照口述人意愿，其讲述的历史不希望在有生之年公示”等。此外，该项资金还将资助出版口述历史学术书籍，以及专为上年纪的口述历史受访者设立的紧急救助基金①。

就中国目前的情况而言，口述资料收藏已经引起了图书馆界的重视，其对于图书馆创立自己的品牌和特色有着独特的价值，对于丰富特色馆藏、弘扬地域文化起着积极的作用，但是由于其战线长、资金投入大等，大部分图书馆因为财力不足而望尘莫及。因此，争取资金支持成为图书馆开展口述资料收藏工作首先要突破的瓶颈。除了政府公共财政的支持外，基金会是重要的依托对象。中国大陆较早开展口述收藏的图书馆——汕头大学图书馆，就是在香港李嘉诚基金会（Li Ka Shing Foundation，简称 LKSF）的支持下开展起来的。近年美国青树教育基金会（Evergreen Education Foundation）正致力于帮助中国农村社区通过发展图书馆而普及教育事业，并利用学生资源开展口述历史工作。例如甘肃走马口述历史项目还曾经在 2013 年度美国口述历史协会的年会中做了精彩的展示。

3. 确定被访者和访谈员

被访者的确定，很重要的原则是其个人经历与项目主题的关联度。美国口述历史协会的《口述历史评估指南》中对此有着精要的描述：“口述历史学家或其他口述历史项目负责人员在选择潜在被访者时，必须充分考虑他们的个人经验与项目主体的关联度。”②

---

① 崔永元成立基金会力推“口述历史”[EB/OL].[2013 - 08 - 08]. http://news.xinhuanet.com/gongyi/2013 - 08/08/c_125134622.htm.

② 美国口述历史协会[EB/OL].[2013 - 11 - 08]. http://www.oralhistory.org/about/principles-and-practices/.

就具体实施而言,首先根据项目的目标、范围、重点圈定被访者的目标人群,再通过机构推荐、专业名录、退休名单以及各种联谊杂志等初步确定被访者,在某些特殊场合,可能会通过广播、电视、网络等大众媒体公开招募和征集。对于某些重大主题的口述项目,借助图书馆已有的文献资源,包括各种传记、回忆录等资料圈定被访者也是图书馆开展口述历史项目独特的条件优势。被访者一般是长者或某方面的重要代表人物。可以是接受推荐或者自行寻觅,有时候在一个访谈的进行中会发掘出潜在的受访者。新加坡口述历史中心常使用报纸的新闻报道和个人专访来确定潜在的受访者。"新加坡新闻资料图书馆"保存有大量的关于个人的综合性资料,为遴选受访者提供了资料保障①。

现实的情况是,被访者多是年纪较大的人,因为年龄越大在其生命的历程中接触的历史事件越丰富,其记忆中保存的史料也越有价值。但同时不可避免的问题是:他们留给人们进行访谈的时间可以说往往是有限的。因此,对老者口述记忆的采集实际上是跟时间赛跑,在发现和确定后应尽快实施。正如马里学者阿马杜所云:"每一位老者的仙逝,都代表着一个图书馆的焚毁。"(every elderly person who dies, represents a library going up in flames.)②而且这种焚毁是永久性的、彻底不可恢复的。汕头大学图书馆就有过这样的遗憾。"我馆曾经打算采访的蔡起贤老先生,被誉为潮汕文化的百科全书、活字典,对潮汕的历史人物、史事、风物、民俗和掌故等,几乎无所不知,几十年前的旧事,眼见的、耳闻的,甚至人物姓名,他大都能滔滔不绝地讲述出

① 新加坡国家档案馆. 记忆与回忆:新加坡国家档案馆口述史工作手册——通过口述史记录国家的历史[M]. 北京:中国档案出版社,2011:6.

② John Mcllwaine, Jean Whiffrin. Collecting and Safeguarding the Oral Traditions: An Lnternational Conference[C]. A Satellite Meeting of the 65th IFLA General Conference, Khon Kaen, 1999: Introduction, Viii.

来。但由于未及时成行，蔡老已与世长辞了，颇令人遗憾”①。

访谈员的选取对访谈成败的影响也是决定性的。“每一次采访的成功在很大程度上都取决于采访者的技巧和对主题的把握”②。口述作品是被访者和访谈者合作的产物已经是口述历史界的普遍共识。唐德刚的《李宗仁回忆录》后人即有着“有多少属于李宗仁，有多少属于唐德刚”的评判。对于采访人的资质要求，不同的口述历史操作手册给出了不同的标准。陈墨在2013年出版的《口述历史门径实务手册》中设专章介绍了好的采访人应具备的能力和素养：知识素养（包括历史和历史学知识、社会知识和社会经验、心理学知识及人际知识、语言学知识及语言经验、图书档案知识、档案学及采编学知识、法律知识及道德修养、有关领域的专业知识）和执行能力（包括学习能力、社交能力、对话能力、同感能力、耐心、注意力及自我控制力、技术操作能力和写作能力）③。

总之，最佳的访谈员是既有访谈经验，又曾接受过口述历史课程或工作训练的人士。而从其自身能力而言，则既要聪明能干，又需要有相关阅历。然而现实中往往很难寻找到这样的人。因此，对于有访谈经验而对主题缺乏了解的访谈员需要进行访谈主题方面的培训，可以通过讲座或文献阅读等方式实现；而对于熟悉访谈主题但欠缺访谈经验的访谈员则需要进行访谈技巧等方面的培训。需要注意的是，如果聘请的是资深的口述史家作为访谈员，则访谈的费用是十分高昂的，其中包括研究费、差旅费和后续处理费用等。美国专门做家族访谈的帕特里夏·皮林（Patricia Pilling）的访谈收费很高，曾有人问她：“何以你的口述历史收费如此之高，其实不过就是打开录音机，问些问

---

① 刘晓莉.图书馆开展口述历史工作的意义及其方法[J].图书馆论坛，2005(8):59－61.

② 新加坡国家档案馆.记忆与回忆：新加坡国家档案馆口述史工作手册——通过口述史记录国家的历史[M].北京：中国档案出版社，2011:13.

③ 陈墨.口述历史门径实务手册[M].北京：人民出版社，2013:165－173.

题而已。”但她机智地反问:“你会做菜吗? 如果会,你是做给品尝大餐的人的吗?”她的话道出了访谈员专业技术的价值所在[①]。

4. 选择适当的设备

口述访谈所使用的设备包括录音、录像设备,抄本转换设备以及资料的存储设备等。从口述历史复兴以来的近 70 年的历史来看,这些设备也经历了一个不断发展和演进的过程,其总体趋势是更轻便、更具操作性,价格也更便宜。单从录音设备来说,大体上经历了从有线录音机到带式、盘式、卡带式录音机、数字自动录音带、压缩磁盘和微型磁盘录音机的发展历程。录像设备则是伴随着录音设备的发展而兴起的,如数码摄像机在访谈中的广泛使用等。曾在哥伦比亚大学口述历史研究中心担任艾伦 · 内文斯助手的迪安 · 艾伯森在回忆哥伦比亚大学第一次使用的有线录音机时曾说:“我们用的不是盘式录带,而是由一大捆细密电线输送的‘录音磁头’,举凡人类所能发明的机器里,这恐怕是最磨人的一种了。光是那高达 40 磅的重量就有得瞧了,更别说地板上那一大圈歪七扭八、东缠西绕、让人头昏眼花的电线了。”而跟当时的情境相比,现在的录制设备要轻便和先进得多。

口述访谈在选择录制设备时,需要综合考量各种因素,比如设备的录制效果、所需的资金状况等。此外,还要在细节方面做足准备,例如麦克风的选择很关键(夹在衣服上的小型麦克风是最佳选择,桌上放置的也可以,但要注意摆放位置,以达到最佳录制效果)。

还有一种设备是经常被忽略的,但它对抄本制作非常有帮助——抄录机(transcribing machine)。它有脚踏板,可以控制“返回”“暂停”等操作,以实现转录时对某些段落的反复倾听。更为便捷的是,抄录机可以加速或减速播放,以适应打字录入速度的需要。从实践来看,每一个小时的访谈录音,转换为文字稿(抄本)少则需要花费 5—6 小

① 唐纳德 · 里奇. 大家来做口述历史——实务指南(第二版)[M]. 王芝芝,姚力,译. 北京:当代中国出版社,2006:38.

时,多则需要8—10小时的工作量[①]。因此许多口述项目的抄本转录工作是委托外制的,即让市场上专门的公司来做。然而,口述访谈中所涉及的人名、地名等,极易出现同音异形的错误,极大降低抄本的质量,给后期校对工作带来很大麻烦。所以,比较成熟的做法是由访谈员亲自转录抄本,并在访谈实施过程中或访谈结束后对于自己不清楚的人名、地名等词汇与讲述者(被访者)进行确认。在这种情况下,抄录机的作用便凸显出来了。2012年11月,在美国青树基金会和杭州图书馆联合举办的"图书馆作为社区教育中心"(第五届"教育中的信息技术国际会议",ITIE2012)国际会议上,美国维斯康星大学(Wisconsin University)中西部文化研究所副所长,著名民俗学家露丝·奥尔森(Ruth Olson)女士即介绍了她使用抄录机亲自转录抄本的生动场景。

从保存角度选择合适的录音、录像带也是图书馆口述资料收集的重要环节。正如著名口述历史学家、"被遗忘的历史是真历史"的博主丁东先生所说,"口述资料的抢救很有必要,但是保存更重要。早期的许多口述历史的录音带,现在都不能读取了,非常可惜。曾参与林彪篡权的黄勇胜曾经有二十多个小时的录音带,现在都无法读取"[②]。唐纳德·里奇也曾指出:"如果还有任何人不相信保存声音是个大问题,那就请他们去听听二十年前录制的录音带吧!这些录音带已经模糊得分不清是发问的问题还是回应时的答话了。"[③]幸运的是,现在基本上实现了数字化保存,但是有些口述历史项目由于资金和人力等的限制,采用学生志愿者采用卡带式录音的方式还普遍存在,因此录音带的选取以及录制后的数字化就显得尤为重要。

① 陈墨.口述历史门径实务手册[M].北京:人民出版社,2013:299.

② 丁东.706青年空间[C].北京市海淀区华清嘉园,2013-05-20.

③ 唐纳德·里奇.大家来做口述历史——实务指南(第二版)[M].王芝芝,姚力,译.北京:当代中国出版社,2006:47.

5. 拟订访谈提纲

口述访谈实施之前，需要根据访谈的主题和目标拟订采访提纲，这不仅仅方便实施访谈中对访谈内容和主题的把握，而且也是口述历史著录和管理前端控制的便捷形式。从某种意义上说，访谈提纲是访谈内容和主题的目录提示，为访谈资料的编目管理提供了重要的信息来源，而“提纲”本身也是口述资料采集工作的重要原始文件，在采访结束后应和访谈录音、录像一起存档。

采访提纲内容的繁简根据实际需要而定，从其内容上看，通常由常规性问题和特殊问题构成。“所谓常规性问题，是指每个人都要问及且每个人都可以问及的问题”，“所谓特殊性问题，是指与受访人与众不同的经历密切相关的问题”[①]。而这些问题的排列顺序非常重要，实践中比较成熟的做法是将常规性问题和特殊问题结合起来，特别是要把常规性问题融入特殊性问题之中。这样才能保证在相对轻松的气氛中挖掘出受访人的独特人生经历和社会视角。特别值得注意的是提纲中第一个问题的设置需要仔细斟酌，为了避免受访者的紧张和抵触，第一个问题需要轻松、简单、明确。

此外，采访提纲还应注意协调好清晰度和模糊性、规范性和灵活性的矛盾统一关系。一般而言，采访提纲需要具备一定的清晰度，即提问越具体越好，但是对于一些敏感的话题等则需要采用尽量模糊的提问方式。至于采访提纲的规范性，通常是按照时间顺序或者主题性质来组织，但是在涉及其个人偏好等问题时则可以灵活设置，突破规范，使得访谈更流畅。

访谈提纲拟订完毕、经过严格审阅后需要连同访谈员写给被访者的信函一起寄送给被访者。通过寄送访谈提纲一方面可以让被访者对访谈的目的和主题有一个充分的认识和把握；另一方面，他还可以提出自己的意见和建议。

美国“大屠杀基金会”发起的全球性的“犹太人大屠杀口述历史”

---

① 陈墨. 口述历史门径实务手册[M]. 北京：人民出版社，2013：165－173.

项目,在全球 57 个国家采访了 52 000 名幸存者、释放者、救援人员以及目击者,形成了包含 32 种语言的 116 000 小时的访谈资料。该项目在推进流程标准化方面值得借鉴,例如相对固定的访谈提纲模板(Pre-Interview Questionnaire)等,为编目工作提供了重要的元数据基础。

**表 4-2 访谈提纲主要问题(key sections of the PIQ)**

| | |
|---|---|
| 幸存者基本信息<br>(survivor information) | 姓名、曾用名、重要日期、语言、教育背景、职业、参军情况、政治身份、宗教信仰<br>(name variants, vital dates, languages, education, occupations, military service, political identity, religious identity) |
| 战争前<br>(prewar life) | 战争前的住址、单位<br>(prewar address, affiliations) |
| 战争中<br>(war time) | 犹太社区、集中营、躲藏、反抗、难民、死亡之旅<br>(ghettos, camps, hiding, resistance, refugees, death marches) |
| 战争后<br>(postwar) | 流离失所的营地生活<br>(displaced persons camps) |
| 家庭背景<br>(family background) | 父母、孩子、亲戚及他们的有关信息<br>(parents, children, relatives, data about them) |

来源:Samuel Gustman. Supporting Access to Large Digital Oral History Archives. http://dl.acm.org/citation.cfm? id=544224[EB/OL].[2014-01-29]. Proceedings of the 2nd ACM/IEEE-CS joint conference on Digital libraries:18-27.

访谈前的准备阶段,除了上述五个方面的准备工作之外,还要对资料的整理和存储等做出妥善安排。总之,准备工作做得越充分越好。但是需要注意的是,计划目标的实现可能是渐进式的。例如受访者名单确定后,通常会选择较为年长和有影响力的人,其余的访谈人选需要综合人力、财力等资源后做出取舍和决定。同时,计划本身不是固定的,是需要在总结前面工作中不断总结和完善的。例如,计划负责人在处理完几个访谈之后,可能会对某个或某些工作流程进行调整,进而形成更加科学和规范的工作模式。

### 4.2.2 访谈的实施

经过了周密的准备之后,按照访谈计划的时间和步骤实施访谈是将创意转化为现实的关键一步。具体流程包括联络被访者、进行预防和实施访谈。

1.联络被访者

按照访谈准备阶段所划定的被访者范围,依据年龄大小进一步确定采访的先后顺序,一般应当先采访年纪较长者。在正式采访前至少一周,采访人应当为被访者寄送请求采访信函、预约信函或者预访信函。从法律意义上说,这属于要约行为,一旦被访者做出接受采访的承诺,采访合约即告达成。因此,联络信函不仅起到确认采访的作用,而且还具有法律意义,在将来的归档管理中应当与其他音像和文字资料一起移交相关部门,进行妥善保管。

在预约信函中,需要说明下列问题:①口述采访的课题名称;②邀请受访者的简要原因陈述;③采访提纲及其简要说明和征求意见说明;④采访录音、录像、文字、图片等的著作权归属及相关法律文件(著作权让渡协议等);⑤受访者的具体权益,如可以对采访录音、录像、抄本发表的时间、内容、方式等做出具体的限制,以及收藏单位提供利用的时间和方式等做出限制等。

如果被访者年事已高,在条件许可的情况下,采访者应当将相关材料亲自送到被访者家中,并对相关问题进行解释和说明,尤其是法律和使用限制等方面的问题。对于这个过程,部分学者也建议进行录音,作为原始档案加以保存。

对于较小的项目,可能联络受访者的方式会更加灵活多样,比如打电话、发短信、发送电子邮件等。但是有一点需要切记:就是在正式采访的前一天,采访者还应当电话联络被访者,再次确认对方的身体状况、访谈的开始时间、访谈地点等内容。

2. 进行预访

口述历史需要采访者和被访者的密切配合才能完成，这就需要二者之间的相互熟悉和配合。预访就是为了实现被访者和采访者的相互熟悉，加深彼此的了解，以促进正式访谈的成功实施。预访是口述资料采集中的关键步骤，它有助于采访者和受访者很快地建立起融洽的关系，帮助采访者深入了解受访者的性格，并确定采访的方向。

所谓的预访就是非正式采访，是采访人与受访人的初次见面，相互认识、交流情感及非正式的提问和陈述[①]。预访过程中对被访者个人信息的进一步补充和完善是单纯的电话、短信等间接交流方式所不能实现的。还有就是对被访者的谈吐、身体及精神状态、对接受采访的态度等，通过预访使采访者做到心中有数，并适当地对访谈提纲、访谈进度等进行合理调整。有时候通过预访可以直接决定是否有必要实施正式访谈，因此，它可以决定访谈的走向。

预访时需要带上正式的推荐信、介绍信或采访函，让被访者对访谈有一个全面的了解，包括访谈目标、时间、地点等。有时候熟人的推荐信很重要，能消除被访者的心理顾虑。

根据经验，通常预访过程要简短，最好不要超过一个小时。虽然长时间的预访可能会有助于建立起融洽的关系，但受访者可能会因为透漏过多的信息而在正式访谈中做出省略，导致信息的不完整陈述[②]。但是在某些特殊情况下，预访时间可以较长并进行录音。例如某些偶然机会发现的被访者，不立即访问就可能错失的情况下，或者被访者年龄较大、身体状况日益恶化等情形，则需要尽可能多地挖掘信息，甚至把预访当作正式采访来做。

预访结束后，采访者需确定下列事项：采用何种采访方法、录制环境的选择和布置、决定正式访谈是否实施等。通过预访，如果出现下

---

① 陈墨. 口述历史门径实务手册[M]. 北京：人民出版社，2013：211.

② 新加坡国家档案馆. 记忆与回忆：新加坡国家档案馆口述史工作手册——通过口述史记录国家的历史[M]. 北京：中国档案出版社，2011：11.

列情形之一，则导致正式采访终止：①被访者记忆力完全丧失或回忆不起来；②不掌握第一手信息；③回忆内容不能达到预期量，主要依据他人所说或阅读二手资料；④不允许公开访谈录音；⑤希望从采访中获利①。

3. 实施访谈

经过了访谈前的周密计划和准备，并通过对被访者的预访对访谈提纲的进一步调整后，下一步就是实施正式采访。

在前往采访地点之前，采访者需要再次确认采访的具体时间、地点并提前至少一小时电话通知被访者；还需要进一步检查录制设备，包括电源、磁盘空间等；还有就是熟悉到达采访地点的路线，并考虑到现实的交通因素，确保提前到达。

到达采访地点之后，首先对相关设备进行调试和安装，包括灯光的使用、麦克风的放置等。然后以相对轻松的方式引出话题，缓解被访者的紧张情绪。一般情况下，这时采访人员需要在事先准备好的《采访记录单》等表格上填写基本数据，包括采访的时间、地点等，并进一步熟悉访谈提纲。

在正式访谈实施过程中，采访者担负多重任务，需要运用采访技巧和个人智慧对采访过程和周围环境实行有效控制，以确保采访质量不受影响。此外，还应注意采访礼仪，比如认真倾听、不打断对方的陈述、不进行争论等。如果被访者出现跑题的情形，采访者应温和而机智地将其拉回到主题，避免生硬。同时要注意对被访者情绪和肢体语言的解读，需要有敏锐的洞察力，一旦发现对方有厌倦或疲惫等情绪时，需要及时暂停访谈、让其休息。

访谈过程中遇到困惑的问题特别是人名、地名及具体时间时，访谈员可以暂时打断讲述者，这样在整理抄本及制作索引时就能省却好多时间和精力。鲍姆女士在总结班克罗夫特图书馆口述历史收藏经

① 新加坡国家档案馆. 记忆与回忆：新加坡国家档案馆口述史工作手册——通过口述史记录国家的历史[M]. 北京：中国档案出版社，2011：24.

验时也提到了这一点:"当在访谈中你遇到障碍没法跟上讲述者访谈的步伐时,你要适时地打断:您提到的那个名字怎么拼写?刚刚说的时间能具体到哪一天吗?"①

还有,对访谈地点的选择和访谈时间的控制也是正式访谈中必须认真对待的细节。访谈地点应选择在安静的地方,办公场所或者宾馆比较适宜,经费紧张或者被访者年龄大不宜出门者则安排在其家中。对此,美国口述历史协会的《口述历史评估指南》中有着明确的表述:"无论在何地进行,对噪音的控制是至关重要的。口述历史访谈应该在安静的屋子里进行,以尽量减少背景噪音和可能的干扰。除非特别需要收集背景声音、重大声音事件或者环境噪音等"②。

访谈时间最好选择在上午,此时被访者头脑比较清醒也不易感觉疲惫。但是每次采访的总时长一般不超过两个小时,并安排一次中场短暂的休息。但是在被访者主动愿意延长的情况下或者发现对方有着强烈的讲述欲望时,采访者应当予以配合。但是,对于那些"信息量"较大且年龄较长的受访者,则需要安排多次采访,在一次采访结束时,对下一次采访做出预约,并且考虑到其身体原因,两次采访之间的间隔不宜太长,跟时间赛跑,抢救记忆资源,尽量避免无法弥补的遗憾。

具体访谈方法的选择则需要根据访谈主题、被访者的具体特征等确定。从理论上讲,可以采用结构式访谈、非结构式访谈和半结构式访谈。结构式访谈(structured interview)又称标准化访谈(standardized interview)或正式访谈(formal interview),指的是研究者在访谈过程中,运用一系列预先设定的结构式问题,严格控制访谈的内容和顺序的一种访谈方法;非结构式访谈(unstructured interview)又称非标准访谈

① 莫让千年口传成历史绝唱[EB/OL].[2013-06-21].http://oralhistory.wzu.edu.cn/.

② 美国口述历史协会[EB/OL].[2013-07-09].http://www.oralhistory.org/about/principles-and-practices/.

(unstandardized interview)、非正式访谈(informal interview)或开放式访谈,指的是研究者在进行访问的时候,并没有以固定的问题作为访谈指引,由访谈者和被访者进行自由交谈获取资料的方法,通常分重点访谈和深度访谈两种类型;半结构式访谈(semi-structured interview)又称为半标准化访谈(semi-standardized interview)或引导式访谈(guided interview),是介于结构式访谈与非结构式访谈之间的一种资料收集方式,研究者在访谈进行之前,根据研究的问题与目的,设计访谈大纲作为访谈的指导方针①。

对于口述资料的采集而言,一般不拘泥于既定的访谈模式,而是倾向于简单的、不受拘束的自由访谈,因为这样不会带给被访者思想和心理上的压力,更能吐露其业已封存的记忆。美国的著名口述历史学家鲍姆女士就倡导这种自由式访谈,积极鼓励个人或组织自发地开展一些貌似非系统、非正规的口述历史项目。"让每个人回到自身这个图书馆中,翻开被历史尘封的书页","我们的询问永远悬在空中、永无终结,并且支离破碎"②。这些自由的访谈,由于没有限定的主题而内容丰富、呈现出别样的辽阔风景。这种访谈结构各异,但是它们以独特的口吻、独特的风味而对研究者产生巨大的启迪。

关于实施访谈过程中各种细节和技巧,在众多口述历史操作手册类书籍中有深入细致的阐述,例如唐纳德·里奇(Donald A. Ritchie)的《大家来做口述历史——实务指南》、南希·麦凯(Nancy Mackay)的《社区口述历史工具箱》(*Community Oral History Toolkit*)以及陈墨的《口述历史门径实务手册》等,其中新加坡国家档案馆出版的《记忆与回忆:新加坡国家档案馆口述史工作手册》更是以流程图的方式凝练了全部过程。

---

① 李向平,魏扬波. 口述史研究方法[M]. 上海:上海人民出版社,2010:99-107.

② Willa K. Baum. History on Tape:The Regional Oral History Office at The Bancroft Library. [J]. California History Quarterly,1975,54(1):77-84.

### 4.2.3　访谈结束后

访谈结束一旦结束,口述资料的保存和整理工作即宣告开始。正如美国口述历史协会的《口述历史评估指南》中所指出的,访谈者、赞助机构以及负责保存口述历史访谈的机构均应铭记:原始记录一旦产生,适当的保护和保存工作应立即开始①。

访谈结束后对相关资料的及时整理对图书馆等收藏机构的编目和管理有着非常重要的意义。主要应做好以下几个方面的工作:

1. 相关信息的填写

访谈一旦结束,采访者需要立即填写《采访记录单》,补充相关信息,为以后口述资料的编目和索引打下基础。

依据访谈的不同种类,《采访记录单》有着不同的样式,比较通用的模式是涵盖项目名称、编号、访谈时间、地点、被访者姓名、采访者姓名、被访者个人简介、是否签署《权利让渡协议》及访谈概要等(见表4-3)。

**表4-3　口述历史采访记录单**

| XX项目口述历史采访记录单 | |
|---|---|
| 访谈名称:(例如:XXX先生口述访谈) | |
| 编号:(该访谈在整个项目中的编号) | |
| 被访者姓名: | 采访者姓名: |
| 被访者通讯地址及联系方式:<br>采访者通讯地址及联系方式: | |

① 美国口述历史协会[EB/OL].[2013-07-09].http://www.oralhistory.org/about/principles-and-practices/.

续表

| XX 项目口述历史采访记录单 |
| --- |
| 访谈概要 |
| 访谈时间： |
| 访谈地点： |
| 录制媒介说明：(包括录音、录像等) |
| 录制设备说明：(包括具体的规格、参数等) |
| 访谈备注(包括对访谈环境、被访者的心情、访谈遇到的困难和干扰等的简要说明) |
| 访谈内容描述 |
| 被访者简介： |
| 访谈内容梗概： |
| 访谈中涉及的人名： |
| 访谈中涉及的机构名称： |
| 访谈中涉及的地名： |
| 访谈主题词： |

2. 辅助资料的采集

口述资料的魅力不仅在于通过访谈产生录音、录像资料，还在于在此过程中所网罗的与被访者息息相关的其他载体的资料，包括被访者的个人手稿、信件、照片等。这些资料有助于全面地反映被访者的个人信息、成长经历、社交关系以及当时的社会背景等，同样是值得“抢救”和收藏的重要原始资料。例如我们在做北京大学信息管理系教授白化文先生的口述采访时，连同他当年在系里授课的讲稿、重要的来往书信、各个年代具有代表性的照片等一并收集起来，并采用扫描仪进行了数字化工作。

这一工作有时候占用的时间较长，且数字化需要相应的设备，更为重要的是，需要事先跟被访者说明需要哪些相关资料，好让其提前做好准备。此外,还必须强调的是:必须跟被访者说明这些资料将来的管理方式及可能的使用限制等,甚至有必要专门签署相关的法律协议。因为其中的来往书信有可能会涉及个人隐私权和名誉权等法律事宜,而照片则可能会涉及肖像权的保护问题。

3. 转录文字稿

“文字稿”(transcription),在口述历史中又称为“抄本”或“逐字稿”,在新加坡则称之为“听打稿”。访谈结束后一般应当形成文字稿,因为它是声像资料的另一种保存形式,不需要借助专门的设备即可读取,而且比较便于读者查询、摘录和复制。

按照文字稿内容与原始录音的匹配程度,可将其区分为原始抄本和编辑抄本。所谓原始抄本,即口述历史录音的逐字实录本。必须对采访者和受访者在口述录制过程中的所有言语及声音信息做如实抄录,包括其中的话语重复、无意义的连接词、口吃、笑声、哭声甚至停顿及其停顿的时间,等等①。原始抄本讲究“最大限度”地贴近录音和录像记录,人力等条件许可的情况下,原始抄本还要求记录采访者和受访者的表情、动作等细节。

而编辑抄本是根据实际的使用目的,为公开出版及大众传播的需要而对原始抄本进行加工的结果。往往从内容上进行节选和增补、形式上加以修饰,并且为了方便读者理解而增加各种注释和说明。例如采访者可以对被访者的表述错误(例如人名、地名、时间等)进行说明和注释,也可以对其中重大事件的来龙去脉做出进一步的解释等。

文字稿的转录是一项非常重要且非常耗时的工作。在访谈结束后,转录工作应立即进行,可谓“越早越好”。因为这时候采访者的记忆还比较鲜活,且被访者还健在,对于其中需要核实的人名、地名等信息,可以及时订正。至于具体由谁来转录,需要根据实际情况而定。就效果而言,由采访者或采访团队内部的摄像师或录音师等执行转录工作是最佳选择,因为他们亲临现场,能够较准确地把握录音、录像中

① 陈墨. 口述历史门径实务手册[M]. 北京:人民出版社,2013:300.

的信息内容。但是许多口述项目由于人力等方面的原因,不得不请志愿者或转录公司等代劳,这种情况下仍然需要采访者等口述团队人员的及时校对,特别是人名、地名等极易混淆的信息内容。

4. 其他事宜

访谈结束后,口述项目组还需要与被访者签署相关的法律协议,通过聊天等方式进一步说明访谈的意义和用途,并预约下一次的采访等。在访谈录音、录像存储和备份完毕之后,以及转录成文字稿后,还应送给被访者审阅。这个过程中如果出现被访者对其中某些内容的质疑或否定,则需要及时进行妥善的处理,如实行匿名化或直接将相关信息删除等。还应及时为被访者寄送感谢信,或者发电邮致谢。

除此之外,在采访结束后,还需要将录音媒介标上标签,注明采访者和被访者的名字、项目标题、录音的日期和地点、采集号和场次号。如果用的是录音机,还应确认在磁带上打上标牌,以防内容被删除[①]。

## 4.3 图书馆口述资料的编目

口述资料采集工作完成之后,会生成大量的原始资料。这些资料需要及时整理和保存,统一纳入收藏单位的馆藏系统,为下一步资料的提供利用打下基础。而且此项工作做得越早越好,最好在采集完成后马上将录音、录像、图片、文字等资料一起移交保管部门。因为在时间间隔短的情况下,采访人的记忆还比较新鲜,讲述者也还健在,许多有待查证的信息可以及时得到准确的核实。大型数字口述历史项目——“犹太人大屠杀口述”,为了实现“项目计划书”中的四个目标——一是采集相关记忆,二是资料的编目和描述,三是生产衍生产

① 新加坡国家档案馆. 记忆与回忆:新加坡国家档案馆口述史工作手册——通过口述史记录国家的历史[M]. 北京:中国档案出版社,2011:6.

品,包括纪录片、图书等,四是利用先进技术,实现数字化,形成大型数据库,在资料编目方面进行了大胆尝试。从用户需求研究、自动语言识别系统、自动分类、分段处理、资源整合和用户检索与交互界面设置等方面,集中展示了大型口述资料收藏编目流程①。

### 4.3.1 口述资料编目的特点

图书馆编目工作就是对文献资源进行分类、编制目录,建立馆藏目录体系的过程。其基本功能可以简单包括两个方面:一是"查找"功能,即满足用户的特定检索需求;二是"聚合"功能,即将具有某种共性(如主题、物理特征等)的材料组织在一起,形成目录体系。口述资料的编目在具备编目工作共同特征的同时,又有其特殊性。

首先,口述资料的载体形态呈现多样性特征。在口述资料采集过程中,不仅会产生音像资料,而且还会"收集"到其他介质的资料,包括老照片、旧手稿、旧书信等,同时还会现场"产生"其他介质的资料,包括采访现场照片、采访提纲、采访手记、采访通讯等。

其次,口述资料的编目规则适用也是个突出的问题。目前业界的共识是:口述资料编目的最大困难在于它既不适合印刷资料的编目规则,也不适合档案的著录规则,它们"既非鱼也非鸟"(neither fish nor fowl)②。对此,哥伦布州立大学图书馆苏珊. C. 韦恩(Susan C. Wynne)有着更为形象的描述:"运用传统的著录规则运用到口述历史中,无异于将一个方的螺钉拧进一个圆的孔里,因为它在某些方面跟印刷品类

① Samuel Gustman. Supporting Access to Large Digital Oral History Archives [EB/OL]. [2014 - 01 - 29]. http://dl. acm. org/citation. cfm? id = 544224Proceedings of the 2nd ACM/IEEE-CS joint conference on Digital libraries.

② Nancy MacKay. Curating Oral Histories:From Interview to Archive[M]. California:Left Coast Press,2007:58.

似,某些方面又跟档案类似。”①口述资料从某种程度上兼具图书、声像资料以及手稿资源等的特征。但是每一个独立的访谈都可以作为单独的著录单元,因此,专门针对出版资源的 AACR2(*Anglo-American Cataloguing Rules*,*2nd edition*)也不能直接适用于口述资料的编目。同样的,专门描述档案资源的 DACS(Describing Archives: A Content Standard)也不能直接适用于口述资料。DC(Dublin Core)和 EAD(Encoded Archival Description)因其具备“松散的、更利于访谈内容描述、更适合仓储式收藏的模式等特征”而越来越多地应用于口述资料的著录②。

再次,在著录信息源的获取方面,口述资料的难度比传统印刷资料要复杂和困难。口述资料不像图书等印刷资料那样有一个明确的“书名页”“版权页”等可参考的著录信息的集中表现形式,编目员需要从内容中逐项挖掘,包括人物、组织、地点、时代背景、谈论主题等,甚至还包括对访谈本身的描述,例如周围环境状况、访谈者和被访者的互动情况以及其他可能影响到访谈的因素等③。因此,要产生准确而完备的检索信息,编目员除了倾听录音、观看录像、阅读抄本和《权利让渡协议》外,甚至还需要参考相关资源。这无疑是个巨大的挑战。在全球 57 个国家中开展的大型口述历史——“犹太人大屠杀口述”中,其项目规划明确了四个基本目标:一是采集相关记忆;二是资料的

---

① Susan C. Wynne. Cataloging Oral Histories: Creating MARC Records for Individual Oral History Interviews[J]. Cataloging & Classification Quarterly, 2009, 47(6): 561-582.

② Virginia Danielson. Stating the Obvious: Lessons Learned Attempting Access to Archival Audio Collections. Paper presented at Folk Heritage Collections in Crisis, Library of Congress, Washington, D. C., December 1-2, 2000. http://www.clir.org/pubs/reports/pub96/access.html.

③ Jean-Pierre Wallot, Normand Fortier. Archival Science and Oral Sources//Robert Perks, Alistair Thomson. The Oral History Reader New York: Routledge, 1998: 371-372.

编目和描述；三是生产衍生产品，包括纪录片、图书等；四是利用先进技术，实现数字化，形成大型数据库。显然，编目工作是实现第二和第四个目标的关键环节，具体区分为两个类型：基于形式的编目和基于内容的编目。前者是对访谈前大纲中预置问题（pre-interview questions，简称 PIQ）的元数据聚合，后者则是指对访谈内容的分析并建立相似度链接。具体做法是：将访谈按照时间（平均每 3.5 分钟）区分为若干节点，并对内容进行概要（通常是 3 句话），同时对人名、地名等相似描述单元进行链接。从工作量来看，平均每个小时的访谈，需要 15 个小时来做内容揭示。随着新技术的运用，对内容的揭示也走过了从人工到自动识别的过程，通过自动语音识别系统，以分钟为节点进行内容揭示，大大提高了工作效率[①]。最后，口述资料著录需要"前端控制"。"所谓前端控制，是指口述历史工作者在采访录制过程中，要有保藏的基本常识，更要有编目意识，让录音、录像、照片、文字及其他资料的著录说明，符合档案要求，便于未来集中归档。具体地说，就是对录音、录像、照片、文字等不同文件，要有意识地做出准确且及时的著录，著录信息包括采访人、受访人、采访地点、采访时间、采访主题、摄像师、录音师、著录人等"[②]。有条件的图书馆，可以将采集人员与编目人员进行整合，正如传统图书馆的"采编部"一样，在采集的同时即考虑到编目和著录的需要，或者让编目人员参与到采集工作中去，进行必要著录信息的规范化指导。这在口述资料的收藏工作中意义尤为重大。因为口述资料的著录信息不像文字资料那样既已附着和固定，需要对不完整不准确的信息进行及时补充和订正。因此，最理想的方式是著录工作与采访工作同时进行。在实际操作中，则体现为采访与著录工作的交叉与融合。既让著录人员参与到采访前的准备工作中，

① Samuel Gustman. Supporting Access to Large Digital Oral History Archives. [EB/OL]. [2014 - 01 - 29]. http://dl. acm. org/citation. cfm? id = 544224 (Proceedings of the 2nd ACM/IEEE-CS joint conference on Digital libraries: 18 - 27).

② 陈墨. 口述历史门径实务手册[M]. 北京：人民出版社，2013：296.

设计相关元数据表格,采访人员在采访前或采访过程中及采访结束后即完成相关表格的填写,又在采访结束后的编目阶段吸纳采访人员参与,及时补正缺漏信息,可以为目录和索引系统的建立提供帮助或咨询。这样可以有效地避免采集和著录之间的信息脱节,确保著录元数据的齐全、有效。

哥伦比亚大学口述历史研究中心主管罗纳德·格雷(Ronald J. Grele)也认为:口述历史的质量受到访谈者和受访者的个人知识、阅历、情绪等的影响,而且由于是谈话交流的结果,其中间的停顿、解释、迟疑等都会让历史的叙述变得缺乏逻辑。因此,在口述资料生产阶段,需要充分预设研究者对资料的可能用途,以全面挖掘被访者的记忆资源。可是,口述资料跟其他类型的资料一样,都有其历史局限性,它在创建过程中,是不可能预设到几年甚至几十年后研究者的使用目的①。这同时也阐明了口述资料"前端控制"的重要性和局限性。

正是口述资料编目的上述特点,导致编目工作成为困扰图书馆口述历史和口头传统工作的主要瓶颈之一。美国的研究者也认为"口述资料的编目对习惯于印刷资料编目的图书馆而言是一个巨大挑战。随着数字媒介的不断发展,口述历史的保存和编目工作将变得更加昂贵且困难"②。

2004 年,南希·麦凯(Nancy Mackay)在美国做了一项调查,将图书馆口述资料的编目分成"提供检索工具""MARC 著录"和"没有任何编目"三种情形。结果发现,与印刷资源不同的是,大部分图书馆的口述资料都处于未编目的积压状态。她在调研的基础上认为,口述资料编目所面临的主要问题有:

---

① Ronald J. Grele. On Using Oral History Collections: An Introduction[J]. The Journal of American History, 1987, 74(2): 570 – 578.

② Susan C. Wynne. Cataloging Oral Histories: Creating MARC Records for Individual Oral History Interviews. Cataloging & Classification Quarterly, 2009, 47(6): 561 – 582.

- 一个或者一组访谈的主要款目是什么?
- 什么类型的员工适合做口述历史的编目?
- 如何进行固定字段编码?
- 口述历史是否应该划分为传记、地方史及其他?
- 有没有适合口述历史的类表?
- 什么类型的规范头标区是恰当的,有哪些?
- 从那些从事过口述历史编目的编目员那里普遍征询意见是必要的。[①]

2007 年哥伦布州立大学图书馆在佐治亚州的研究型图书馆中开展了一项有关口述资料编目状况的调查研究,并发表论文《口述历史编目:为口述历史访谈产生 MARC 记录》,其中总结了口述资料编目难的原因包括:①访问方法不统一;②标准手册需要更新;③“不伦不类”……他们更像档案或出版的材料吗? ④多种载体形式;⑤人名、机构名称等需要规范控制;⑥缺少专业人员和资金;⑦著录信息的缺乏[②]。

### 4.3.2 口述资料编目的著录层级

口述资料的归档,按照项目自身特征以及采访目的等不同,可以区分为受访人专档和主题专档。受访人专档即为每一个受访人建立一个专门的卷宗,将其全部口述资料,包括录音、录像、照片和文字资料等集中在一起;主题专档适合于专题式的口述资料,是诸多讲述者就同一主题所做的陈述,这时需要按主题建立卷宗,在每个主题内部则按人物进行分级著录和管理。而按照著录信息的来源又可区分为形式著录和内容著录。大型数字口述历史——“犹太人大屠杀口述”

---

① Nancy Mackay. Curating Oral Histories: From Interview to Archive[M] California: Left Coast Press, 2007: 57.

② Susan C. Wynne. Cataloging Oral Histories: Creating MARC Records for Individual Oral History Interviews. Cataloging & Classification Quarterly, 2009, 47(6): 561 – 582.

在编目方面即区分为两个类型:基于形式的和基于内容的。前者是对访谈基本信息的描述,后者则是对访谈内容的分析和建立相似度链接。他们的具体做法是:将访谈按照时间(平均每3.5分钟)区分为若干节点,并对内容进行概要(通常是3句话),同时对人名、地名等相似描述单元进行链接。从工作量来看,平均每个小时的访谈,需要15个小时来做内容揭示①。

而依据美国档案协会《口述历史编目手册》(Oral History Cataloguing Manual,简称OHCM)对口述资料编目的著录层级(Unit of Description)可以区分为三级:馆藏级(Collection Level)、项目级(Project Level)和访谈级(Individual Level)②。

所谓馆藏级,就是将图书馆全部的口述收藏统一进行描述,可以从总体上揭示该馆的总体收藏状况。依据OHCM,其基本著录事项包括:

**表4-4　馆藏级基本著录项**

| 著录项目 | Fundamental Elements of Information |
|---|---|
| 收藏名称 | Name of the Collection |
| 资料类别声明 | Indication of Form |
| 访谈时间跨度 | Inclusive dates of Interviews in the Collection |
| 访谈使用语言 | Languages of the Interview |
| 数量等物理特征 | Tatement of Quantity or Extent, including Characterization of Physical Formats |
| 收藏概要(包括内容、规模等) | Summary of the Content, Nature, and the Scope of the Collection |
| 有关使用限制 | Statement of Restrictions on Access or Use |

① Samuel Gustman. Supporting Access to Large Digital Oral History Archives [EB/OL]. [2014-01-29]. http://dl. acm. org/citation. cfm? id=544224.

② Marion Matters. Oral History Cataloging Manual[M]. Chicago: The Society of American Archivists, 1995:20.

而项目级,是以口述历史项目为单位,对项目中全部口述记录进行整体描述。它介于馆藏级和访谈级的中间。其基本著录事项包括:

**表 4-5 项目级基本著录项**

| 著录项目 | Fundamental Elements of Information |
|---|---|
| 资料类别声明 | Indication of Form |
| 项目名称 | Name of the Project |
| 访谈时间跨度 | Inclusive Dates of Interviews in the Collection |
| 数量等物理特征 | Statement of Quantity or Extent, including Characterization of Physical Formats |
| 访谈使用语言 | Languages of the Interview |
| 项目概要(包括内容、规模等) | Summary of the Content, Nature, and the Scope of the Project |
| 有关使用限制 | Statement of Restrictions on Access or Use |

访谈级,则是以具体的单个访谈为独立的著录单元,对其所含信息内容,包括被访者、访谈员、访谈摘要等进行揭示。其基本著录事项包括:

**表 4-6 访谈级基本著录项**

| 著录项目 | Fundamental Elements of Information |
|---|---|
| 资料类别声明 | Indication of Form |
| 被访者姓名 | Name of the Interviewee |
| 访谈日期(时间跨度) | Date or Inclusive Dates of Interviews |
| 数量等物理特征 | Statement of Quantity or Extent, including Characterization of Physical Formats |
| 访谈员姓名 | Name of the Interviewer |
| 访谈使用语言 | Languages of the Interview |
| 访谈概要(包括内容、规模等) | Summary of the Content, Nature, and the Scope of the Project |

续表

| 著录项目 | Fundamental Elements of Information |
|---|---|
| 有关使用限制 | Statement of Restrictions on Access or Use |
| 访谈所属项目名称 | Name of the Project or Collection of which the Interview is a Part, if Applicable |

如前所述,口述资料的著录需要"前端控制"。而与这三个著录级别相对应的是三种不同的"前端控制"模式。

**表 4-7 收藏级前端控制信息项**

| | |
|---|---|
| **收藏机构基本信息** | |
| 收藏机构描述 | Organization discription |
| 收藏机构名称 | Name of the organization |
| 合作伙伴 | Partners |
| 通讯地址 | Mailing Address |
| 主要负责人(包括姓名、职务、E-mail 等) | Administrative(Name, Title, E-mail) |
| 技术主管(包括姓名、职务、E-mail 等) | Technical(Name, Title, E-mail) |
| 口述资料管理负责人(包括姓名、职务、E-mail 等) | Oral Material Curator(Name, Title, E-mail) |
| **口述资料收藏概况** | |
| 收藏数量 | Number of Interviews |
| 录制方式(音频? 视频?) | Formats(Video? video and audio?) |
| 数字化情况 | Digital Format for Delivery |
| 附加资料 | Accompanying Materials |
| 抄本情况 | Transcript |
| 各种法律文件 | Consent Forms |
| 访谈概要清单 | Interview Summary Sheet |

**表 4-8 项目级前端控制信息项**

| 项目基本信息 | |
|---|---|
| 项目名称 | Project Title |
| 项目持续时间 | Project Duration |
| 合作伙伴 | Partners |
| 团队成员 | Team Members |
| **项目情况描述** | |
| 访谈数量 | number of Interviews |
| 讲述者人数 | Number of Narrators |
| 访谈总时数 | Approximate Interview Hours |
| 数字化情况 | Digital Format for Delivery |
| 附加资料 | Accompanying Materials |
| 抄本情况 | Transcript |
| 各种法律文件 | Consent Forms |

**表 4-9 访谈级别前端控制信息项**

| 访谈基本信息 | |
|---|---|
| 访谈名称 | Name of the Interview |
| 被访者姓名及联系方式 | Narrator's Name and Contact Info |
| 访谈员姓名及联系方式 | Interviewer's Name and Contact Info |
| 访谈所属项目名称 | Name of the Project or Collection of which the Interview is a Part, if Applicable |
| **访谈细节描述** | |
| 访谈日期 | Interview Date |
| 访谈地点 | Interview Location |
| 录制格式 | Recording Format |

续表

| 访谈细节描述 | |
|---|---|
| 记录保存格式 | Reservation Format |
| 记录备注(所使用的设备等状况) | Recording Notes |
| 访谈备注(录制环境、被访者情绪等) | Interview Notes |
| 抄本情况 | Transcript |
| 各种法律文件 | Consent Forms |
| **访谈内容介绍** | |
| 附加资料 | Accompanying Materials |
| 被访者传记概要 | Interviewee's Biographical Summary |
| 访谈概要 | Interview Summary |
| 访谈中涉及的人名 | Personal Names |
| 访谈中涉及的地名 | Location Names |
| 访谈中涉及机构名称 | Institution Names |
| 关键词 | Keywords |

不难看出,口述资料的收藏级别和项目级别的著录相当于丛书的集中著录,而访谈级别的著录相当于分散著录。在实践中究竟采取何种著录需要具体根据收藏情况而定,如果成系列,那么采用集中著录,否则可以分散著录。既集中又分散的著录方式可以通过 MARC 的 773 字段进行链接。条件许可的图书馆可采用集中著录与分散著录相结合的方式,这样用户既可以通过总的存储目录了解全部口述资料的馆藏信息,又能对自己感兴趣的口述资料进行深入的了解和访问。美国的一项调查显示,研究型图书馆和公共图书馆多采取访谈级著录方式,而特藏图书馆和政府部门则更倾向于收藏级著录方式①。而美国口述历史编目专家南希·麦凯(Nancy Mackay)的调研结果则表明,大

① Susan C. Wynne. Cataloging Oral Histories: Creating MARC Records for Individual Oral History Interviews[J]. Cataloging & Classification Quarterly, 2009, 47(6): 561－582.

部分收藏机构都采用了访谈级别的著录,因为它能提供较为详细的检索信息,而只有当馆藏口述资料内部存在巨大关联时,才可能选择馆藏级著录①。

但是,无论采用哪种著录方式,有一点是一致的,即 OHCM 所确定的 5W(Who,What,Where,When,Why)是必须要遵从的。即至少包含下列信息项:

- 类型说明(如,口述历史访谈)
- 被访者姓名
- 访谈时间
- 数量或范围的声明,包括载体形式
- 采访者姓名
- 访谈语种
- 采访性质、内容和范围的概要
- 使用限制
- 口述项目或收藏机构名称

而对于刚刚起步尚难明确著录层级的收藏单位而言,建立一个笼统的著录信息表格是十分必要的。以北京大学信息管理系与北京大学图书馆联合发起和执行的口述项目——“中国知名学者原生资料库”为例,其编目信息包括:

(1)主要款目

A. 被访者姓名

B. 访谈日期

(2)访谈的整体描述

A. 访谈名称

B. 抄本情况

C. 录像带

① Nancy MacKay. Curating Oral Histories:From Interview to Archive[M]. California:Left Coast Press,2007:59.

(3)对被访者和访谈的深度描述

A. 被访者简单履历

B. 访谈概要

(4)附加资料信息

A. 照片

B. 手稿

(5)资金来源描述

(6)资料的可获取性描述

A. 使用限制(如:音像资料不可复制,对抄本的利用须遵从××图书馆的书面协议。)

B. 存储位置(如:录像带原件存放于××图书馆××部,序列号为××;复制带存放于××,序列号为××,抄本原件存放于××,复制件存放于××)

(7)访谈员及项目信息

如:由××担任访谈员,访谈隶属于××项目。

### 4.3.3 口述资料编目参考规范与标准

正如图书等印刷资料的编目需要依据一定的规则一样,口述资料的编目也需要相应标准和规范的指引。然而,即便是在口述历史发源地的美国,目前尚没有形成统一的口述历史编目规则和元数据规范。2013年10月在美国俄克拉荷马州召开的美国口述历史协会年会上,口述资料的编目几乎成为最热门的话题,专门设立了分会场和圆桌论坛,并邀请贝勒大学图书馆等介绍其先进经验。可见,编目规则问题在当今口述历史界的关切程度。

1. 数字技术普及之前的参考规范

口述历史自1948年在美国复兴以来,越来越多地与图书馆实现了融合与共生。作为一种独特的资料形式,图书馆需要利用专业技能对其进行加工整理并提供利用,以最大限度地发挥其价值与作用。然而,口述资料的编目在实践中并不像采集工作那样受到普遍重视,尽管理论界对此呼声不断。早在1968年，玛莎·简·查谢特（Martha Jane K. Zachert）在论文《口述历史在图书馆员中的运用》一文中论述的关于口述历史在图书馆中运用的最后一项即集中于书目控制问题。指出图书馆员应该学习新的存储媒介（磁带和光盘等）的信息检索知识，应建立口述历史收藏的全国性资源描述中心（目前澳大利亚、新加坡以及我国的香港都已经建立了口述历史统一资源中心）并且类似《手稿全国联合编目》（NationalUnion Catalog for Manuscript Collections，简称 NUCMC）一样，形成口述资料编目的统一规范①。1985年，克莱夫·科克伦（Clive Cochrane）也发文指出，“口述历史学家的注意力多集中于记录实践，而对获取和利用关注不足”②。1991年布吕默（Bruemmer）发表的论文《口述历史的利用》在口述历史编目中具有非常重要的意义。他认为，可以通过建立新型数据库、编制统一 MARC 记录以及馆际互借等方式提高口述历史的获取，而口述历史学家和资料管理者的重心转换是弥足重要的③。正是在布吕默的极力呼吁下，美国档案学会成功地向全国历史出版物与记录保存委员会（National Historical Publications and Records Commission，简称 NHPRC）申请资金，编制迫切需求的口述历史编目手册。正是在这些理论研究者的动议下，催生了1995年的《口述历史编目手册》。

数字技术普及之前的口述历史编目工作往往是在采集工作结束之后进行的，因为它的处理对象是模拟音频、录像带和打印抄本等。参考规范方面，在相当长的一段时间内，口述资料都是仿照印刷资料进行编目的。直到1995年美国档案协会出版了《口述历史编目手册》（Oral History Cataloging Manual，简称 OHCM），为业界提供了成功的编

① Martha Jane K. Zachert. The Implications of Oral History for Librarians[J]. College and Research Libraries，1968，29(March)：101.

② Clive Cochrane. Public Libraries and the Changing Nature of Oral History[J]. Audiovisual Librarian，1985，11(Autumn)：205.

③ Bruemmer. Access to Oral History：A National Agenda[J]. American Archivist，1991，54(4)：494 – 501.

目示例，并且设置了传记内容、访谈概要等字段，从一定程度上满足了口述资料编目的需要。然而 OHCM 的编目规范更偏重于档案的处理，其对内容的描述和同一来源资源的描述非常详尽，从某种程度上看，并不适合口述历史等口述资料。尽管口述资料与档案在某些方面存在着共同点，如都是未经出版的、其产生方式有着独特的意义等，但是它不是个人和机构活动的自然积累，而是来源于被访者和访谈者的交流与互动，因此，二者还是有着本质的不同。再者，OHCM 出版已经近 20 年了，它所依据的 APPM2（Archives，Personal Papers and Manuscripts，2nd edition）已经被更新的规则 DACS 和 RDA 所取代。因此，OHCM 尽管为口述资料的编目提供了理念性指引，但是其具体适用性受到很大局限，在美国也没有得到充分的使用。2007 年格里姆斯利（Grimsley）和苏珊. C. 韦恩（Susan C. Wynne）在佐治亚州的 31 家从事口述收藏工作的研究型图书馆中开展了一项调研。结果发现，只有哥伦布州立大学图书馆使用了 OHCM。其结果如下表所示：

**表 4－10　2007 年佐治亚州研究型图书馆口述资料编目标准使用状况（Cataloging Standards or Procedures）**

| | |
|---|---|
| AACR2 | 6 |
| APPM | 0 |
| DACS | 3 |
| Dublin Core | 0 |
| OHCM | 1 |
| Local Procedures | 4 |
| Other | 1 |
| Other Metadata | 1 |
| NoAnswer | 8 |

来源：Susan C. Wynne. Cataloging Oral Histories：Creating MARC Records for Individual Oral History Interviews. Cataloging & Classification Quarterly，2009，47（6）：561－582.

尽管《口述历史编目手册》在图书馆界的使用率并不高，但它却是整个口述历史领域应用最为广泛的编目工具，因此在一定程度上推动了图书馆和档案馆等收藏机构口述历史编目的标准化进程，明显推动了口述历史的获取和利用。除此之外，美国的两本参考书《口述历史和档案：基于内容归档》①和《管理口述历史：从访谈到归档》②对于非数字时代口述资料的编目也起到了指导作用。

2. 数字时代的参考规范

在数字时代，口述资料的生产和存储实现了数字化，即所谓的"数字化口述资料"，它包括"数字化生产的口述资料"(born-digital)和"传统方式生产后经数字化的口述资料"(digitized)两种类型。从表现形式上看，数字化口述资料指所有口述访谈过程中的资料，包括音像、手稿及其他附加资料等都是通过机读数据方式存贮的，而这些数据又是通过元数据的描述实现的。

而所谓元数据，是关于数据的数据，也就是可以容纳任何数字资源的结构化数据，这些被容纳的数字资源可以是单一的全文、目录、图像、数据值数据以及多媒体(如声音、动态图像等)，也可以是多个单一资源组成的资源集合，或者是这些资源的生产、加工、使用、管理、技术处理、保存等过程及其过程中产生的参数的描述③。简单地说，元数据是由若干描述、编目和归档所需的基本信息组成的系列。就口述资料而言，元数据有如下功能：

- 揭示：即为研究者提供浏览和检索的信息点，以便他们依据研究兴趣锁定和检索信息，既包括传统的 MARC 编目，同样包括

① Fogerty James E. Oral History and Archives: Documenting Context [G]// Thomas L. Charlton, Lois E. Myers, Rebecca Sharpless. Handbook of Oral History. Lanham, MD: AltaMira Press, 2006.

② Nancy MacKay. Curating Oral Histories: From Interview to Archive [M]. CA: Left Coast Press, 2007.

③ 肖珑，赵亮. 中文元数据概论与实例[M]. 北京：北京图书馆出版社(今国家图书馆出版社)，2007:10－11.

新近流行的全文检索；

- 导航：能够提供资料组织方式方面的信息，因而有助于研究者在项目及全文中有效获取；
- 组织：从内容和形式两个层面揭示资料之间的组织关系；
- 描述：说明数字资料的出处，包括资料的来源、人物、软件、设备，以及对数字化之前资料的描述等；
- 限制：对著作权权属的声明以及对各种使用方式的限制等。

毋庸置疑，数字时代口述资料的收藏和保管面临着更大的挑战：音频和视频文件往往比较大，需要大量的存储空间，而随着口述资料的增加，这个数量又在不断变大；计算机技术的及时跟进；日常维持和备份以及可能设备故障的预期等。只有充分考虑到这些因素，才能确保辛苦采集的口述资料完整地呈现给后代。而且为了确保元数据的准确性，口述资料编目工作已经融合到采访工作中，甚至提前到了项目的筹备阶段。主要的参考规范包括：

- Anglo-American Cataloguing Rules. 2nd ed. 2002 and 2004 revisions. ALA,2004.
- Describing Archives:A Content Manual. SAA,2004.
- Hensen Steven L. Archives, Personal Papers, and Manuscripts: A Cataloging Manual for Archival Repositories, Historical Societies, and Manuscript Libraries. SAA,1990.
- MARC21 Format for Bibliographic Data. through Update 3.
- Library of Congress Name Authority File(LC Authorities).
  Library of Congress Subject Headings(LC Authorities).
- Art & Architecture Thesaurus.
- Minnesota Historical Society. Cataloging Manual. section 20. Oral Histories [2004-09-27]. http://www.mnhs.org/library/processingmanual/library/20.html.[①]

---

① Marsha Maguire. Cataloging Unpublished Oral History Interviews and Collections[S]. OLAC,2004.

3. 口述资料的编目标准

综合美国各图书馆的具体编目实践，在具体编目标准方面存在差异，概括起来主要有下列几种类型：①采用 MARC 格式在本地目录系统或 WorldCat 中著录（MARC records in local catalog and/or World-Cat）；②提供各种检索工具，包括网络在线和打印版等（finding aids（online and/or print）；③生成专门目录（inventory）；④融入数字图书馆体系（digital library system）；⑤非 MARC 元数据，如 DC 等（Non-MARC metadata e. g. , Dublin Core）。这从 2007 年格里姆斯利（Grimsley）和苏珊. C. 韦恩在佐治亚州的 31 家研究型图书馆中开展的调研中可见一斑（见图 4－1）。

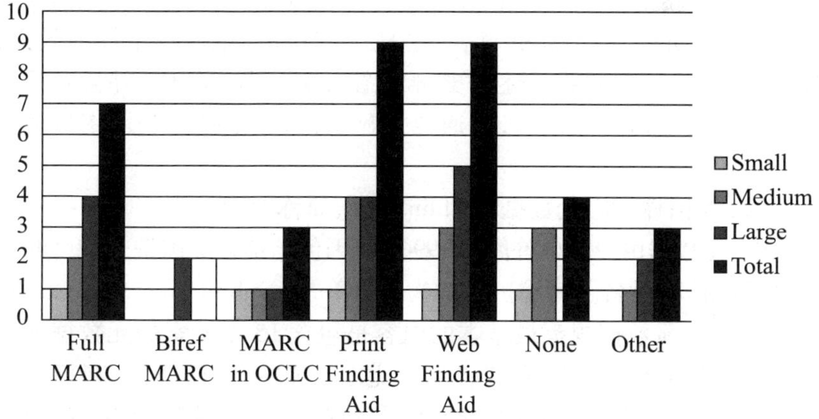


图 4－1 2007 年佐治亚州研究型图书馆口述资料编目方式
（methods of intellectual access in GA academic libraries）

来源：Susan C. Wynne. Cataloging Oral Histories：Creating MARC Records for Individual Oral History Interviews. Cataloging & Classification Quarterly，2009，47（6）：561－582.

（1）机读目录（Machine-Readable Cataloging，简称 MARC）

机读目录是一种以代码形式和特定结构记录在存储载体上，可由某种特定机器及计算机阅读、控制、处理和编辑输出的目录格式。

MARC 在 20 世纪 60 年代产生于美国国会图书馆，目前随着数据库技术、计算机技术和网络技术的发展而经历着各种挑战。无论如何，MARC 的出现对图书馆计算机编目的发展功不可没，是编目史上的一个里程碑①。

尽管目前口述资料编目方式千差万别，各收藏单位仍处于探索阶段，但是，美国哥伦布大学图书馆的经验告诉我们，在图书馆人力、财力等有限的情况下，采用 MARC 著录是比较可行的方式。尽管 MARC 在提供抄本的全文检索、与网上检索工具以及数字抄本的元数据的融合方面存在天然的缺陷，但是由于其技术门槛较低，不需要对操作人员进行专门的培训，而且便于实现同其他馆藏资源的有效链接等而在美国的许多图书馆中得以采用②。美国费尔班克斯大学（University of Alaska-Fairbanks）在口述资料著录中使用 MARC 也取得了好的效果，“使用 MARC 著录并将口述历史融入图书馆数据系统中，并且对手稿和磁带开展了馆际互借后，流通数据显示，口述收藏的利用率显著提高”③。

（2）都柏林核心元数据（Dublin Core，简称 DC）

DC 元数据由 OCLC 首倡于 1994 年，因创始地在美国俄亥俄（Ohio）首府都柏林而得名。其维护机构为 DCMI——Dublin Core Metadata Initiative。DC 元数据规范最基本的内容是包含 15 个元素的元数据元素集合，用以描述资源对象的语义信息，已成为 IETF RFC 2413、ISO 15836、CEN/CWA 13874、Z39.85、澳大利亚、丹麦、芬兰、英国等国际、国家标准。这 15 个元素是：题名（Title）；创建者（Creator）；日期

---

① 吴丽坤，殷洁. 文献编目理论研究[M]. 北京：中央编译出版社，2013：313.

② Susan C. Wynne. Cataloging Oral Histories：Creating MARC Records for Individual Oral History Interviews. Cataloging & Classification Quarterly，2009，47（6）：561 – 582.

③ Ellen D. Swain. Oral History in the Archives：Its Documentary Role in the Twenty-first Century[J]. The American Archivist，2003（66）：154.

(Date);主题(Subject);出版者(Publisher);类型(Type);描述(Description);其他责任者(Contributor);格式(Format);来源(Source);权限(Rights);标识符(Identifier);语种(Language);关联(Relation)和覆盖范围(Coverage)[①]。

DC元数据已包括由一系列扩展元素、元素修饰词、编码体系修饰词、抽象模型、应用纲要等规范组成的标准体系,成为一般性资源描述、特别是互联网语义信息描述(Semantic Web)的基础性规范。这套体系还在不断发展完善中 DC有简单DC和复杂DC之分。简单DC指的是DC的15个核心元素如题名、主题等。与复杂的MARC格式相比,DC只有15个基本元素,较为简单,而且根据DC的可选择原则,可以简化著录项目,只要确保最低限度的7个元素(题名、出版者、形式、类型、标记符、日期和主题)就可以了。复杂DC是在简单DC的基础上引进修饰词的概念,如体系修饰词(Scheme)、语种修饰词(Lang)、子元素修饰词(Subelement),进一步明确元数据的特性。特别是通过体系修饰词,把MARC的优点和各种已有的分类法、主题词表等控制语言吸收进去。

(3)元数据对象描述(Metadata Object Description Schema,简称MODS)

MODS是美国国会图书馆网络发展部和MARC标准化办公室伙同一些学者共同研发的元数据描述模式,是提取MARC记录中的部分内容,用XML模式定义为一个新的元数据对象。MODS来源于MARC21,是用XML句法规则描述从MARC21中抽出来的元素,目前最新版3.3中共设计有19个主元素和2个根元素。19个主元素是:Title Info(题名信息)、Note(附注)、Name(名称)、Subject(主题)、Type of Resource(资源类型)、Classification(分类)、Genre(体裁形式)、Related Item(相关文献)、Origin Info(来源信息)、Identifier(标识符)、Lan-

① The Dublin Core® Metadata Initiative[EB/OL].[2014-02-21]. http://dublincore.org/.

guage(语言)、Location(馆藏位置)、Physical Description(载体形态描述)、Access Condition(检索环境)、Abstract(摘要)、Table of Contents(目次)、Extension(扩展)、Target Audience(读者对象)、Record Info(记录信息)。根元素是 MODS 和 MODS Collection。

MODS 元数据的特点体现在三个方面:①采用 XML 作为编码语言,灵活性强,不仅能胜任纸质信息处理,而且可以胜任对网络信息资源的处理;②采用语言标签,增加了可读性,简单实用,可以由资源创造者而不是专业编目人员来创建描述记录,能够简单、快速地制作记录;③适用范围广大,可作为各种资源的元数据[①]。

(4)资源描述与检索(Resource Description and Access,简称 RDA)

编目是图书馆最显著的服务标识。传统的编目规则主要是针对印刷品,包括图书、期刊等。而新型的信息资源呈现出多媒体特征,随着信息技术的发展,图书馆要想生存,则必须应对读者的检索需求调整编目规则。RDA 就是在这样的大环境下产生的。作为一种新的编目标准,RDA 最初是在 1997 年多伦多召开的"AACR 基本原则与未来发展"国际会议上提出的,于 2010 年 6 月以工具套件形式正式在网上发布,随后,作为 RDA 基本组成部分的词汇部分于 2011 年 8 月正式发布。RDA 是以《英美编目条例》为基础,以"国际编目原则声明"为原则,并基于书目记录功能需求(FRBR)和规范数据功能需求(FRAD)模型而重新修订,其目的是为各种不同文献类型的资源提供著录与检索的统一使用指南和方法[②]。

RDA 是一个可以应用于图书馆、档案馆和博物馆甚至出版业的编目规则。由于它是对 AACR2 的实质性修订,是 AACR2 的升级版,因此它又被称作 AACR3。RDA 和 AACR 之间的主要区别是结

---

① Metatada Object Description Schema[EB/OL].[2014 - 02 - 23]. http://www.loc.gov/standards/mods/e.

② 吴丽坤,殷洁. 文献编目理论研究[M]. 北京:中央编译出版社,2013:224.

构性方面。RDA 的组织结构是基于书目记录功能需求(Functional Requirements for Bibliographic Records)。这些原则能够确定"用户任务"与书目数据的类型结构关系。尤为重要的是,使用 RDA 还能够兼容任何编码模式,包括 AACR2 规则下创建的现有记录的数据环境。

RDA 由美国图书馆协会、加拿大图书馆协会(Canadian Library Association,简称 CLA)和英国的图书馆和信息专业人士特许机构(Chartered Institute of Library and Information Professionals,简称 CILIP)联合发布。

RDA 的说明和使用指南除了有印刷版的外,还有一个专门的网站——RDA 工具包实现在线订阅。RDA 有专门机构 Joint Steering Committee 负责维护和发展,该机构由来自美国图书馆协会、澳大利亚编目委员会、大英图书馆、加拿大编目委员会、CILIP、德意志国家编目中心和美国国会图书馆的代表组成。

### 4.3.4　口述资料编目新技术

数字时代随着口述资料的数字化生产与存储,各种新型的计算机技术也被广泛运用到编目工作中去。早在十年前,美国已经使用自动语言识别(Automatic Speech Recognition,简称 ASR)技术协助口述历史的编目,尤其是内容揭示类型的编目工作。据统计,其正确率达到 40% 以上[①]。而据美国口述历史协会 2013 年会上各图书馆编目工作先进经验的介绍,这些技术概括起来主要包括元数据管理技术、文档编目技术、数字内容管理体系建立技术以及元数据同步处理技术等。

---

① William Byrne. Automatic Recognition of Spontaneous Speech for Access to Multilingual Oral History Archives[J]. IEEE TRANSACTIONS ON SPEECH AND AUDIO PROCESSING,2004,12(4):420 - 435.

1. 元数据管理技术

(1)元数据嵌入。现代计算机技术已经实现了元数据的嵌入,有的是通过软件自动生成,有的则是通过添加特定的字段来实现。JHOVE 和 OAIS 是嵌入式元数据的典型:JHOVE 是数据库 JSTOR 和哈佛大学图书馆合作的项目,实现了特定格式数字对象的识别、验证和描述①。OAIS 则是美国四大报告之一的 NASA 赞助下开发的一个成功系统,目前已经被国际标准组织(ISO)采用。它着力于数字资料长期保存的技术支持方面,并通过新旧数据的自动比对修正数据标准②。

(2)元数据保存。保存元数据(Preservation Metadata)③是在 OCLC(Online Computer Library Center)和 RLG(Research Libraries Group,现已成为 OCLC 的一员)共同努力下研发的。其目标是"通过元数据字典的支持以及元数据系统的广泛利用来创建一个核心保存元数据集合",并且"能够在统一的数字保存系统中实现对其他编码、存储和管理元数据策略的识别和评估"。

(3)权利管理元数据。权利管理元数据(Rights Management Metadata)④对网络时代数字资料的著作权保护从元数据层面进行了描述和声明。其基本的功能架构分为三个层面:著作财产权的产生与获取、著作财产权的管理、著作财产权的利用。用图表示如下:

① JHOVE[EB/OL].[2014-02-13].http://hul.harvard.edu/jhove/.

② Open Archival Information System(OAIS) Reference Model[EB/OL].[2014-02-13].http://public.ccsds.org/publications/archive/650x0b1.pdf.

③ Preservation Metadata.[EB/OL].[2014-02-13].http://www.loc.gov/standards/premis.

④ Digital Rights Management(DRM) Architectures[EB/OL].[2014-02-14] http://www.dlib.org/dlib/june01/iannella/06iannella.html.

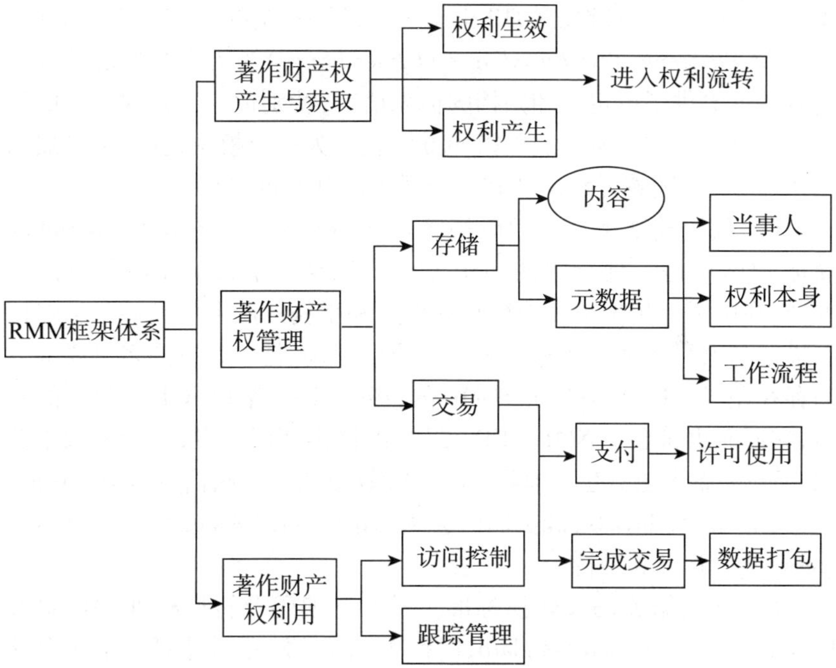


注:此图表依据网站 http://www.dlib.org/dlib/june01/iannella/06iannella.html 内容绘制。

2. 文档编码

文档编码(Document Encoding)能够增加数字资源的有效间隔,它通过程序工具提供对文档内容片断甚至到具体字段的获取。此外,通过编码还可以实现与外部资源的链接。

(1)文本编码倡议。"文本编码倡议(Text Encoding Initiative,简称 TEI)是一个联盟,旨在共同开发和维护标准文本的数字化表现形式。它为机器可读的文本指定编码方法,并提供一套可依据的准则,主要应用在人文科学、社会科学和语言学。自 1994 年以来,TEI 准则被广泛使用的图书馆、博物馆、出版商和个人学者研究和教学的文本在线呈现和保存。TEI 协会是一个由非营利的学术机构组成的会员组织，成员来自世界各地。《TEI 电子文本编码和交换指南》(TEI *Guidelines for Electronic Text Encoding and Interchange*)为再现文本的结构和内容特征提供了可定义和归档的标识语言，特别适应于再现一手的原始资源供研究和分析。这些指导方针呈现为一个模块化的、可扩展的 XML 模式，伴随着详细文档和一个开源许可发布。"①

(2)编码档案著录。编码档案描述(Encoded Archival Description 简称 EDA)②是一种新兴的用于为公司记录和个人文稿等编码的标准，它在国际上越来越多地被收藏档案和手稿的图书馆利用。虽然档案描述与书目文献描述有许多共同的目标，但是二者在许多重要的方面存在差异。EDA 是基于 SGML 的，1998 年随着 EDA 1.0 版本的发布，它同时也符合了 XML。EDA 最初由档案部门研发，尽管发端于美国，但越来越多地引起了国际兴趣。EAD 目前由美国档案协会(Society of American Archivists)和美国国会图书馆(United States Library of Congress)共同管理和维持③。

(3)元数据编码及转换标准。元数据编码及转换标准(Metadata Encoding Transmission Standard，简称 METS)④是专门针对数字化存储而制定的元数据编码和转换规范。图书馆要保存数字资源，应重视这些资源的元数据处理。而数字资源的元数据管理比传统的印刷品和其他物理介质要困难得多。因为就图书而言，不会因为图书馆没有对

---

① Text Encoding Initiative[EB/OL].[2014－02－14].http://www.tei-c.org/Guidelines/index.xml.

② Encoded Archival Description[EB/OL].[2014－02－14].http://www.loc.gov/ead/eaddev.html.

③ Pitti Daniel V. Encoded Archival Description.[EB/OL].[2014－02－14].http://www.dlib.org/dlib/november99/11pitti.html.

④ Metadata Encoding Transmission Standard[EB/OL].[2014－02－14].http://www.loc.gov/standards/mets/METSOverview.v2.html.

书中每一页或者其印制细节作元数据处理而影响研究者对此书的利用和评价；而数字资源则不然，对同一本书的数字版本，如果缺少数字化过程的结构元数据，研究者就难以确定该数字版本的确切来源。为了内部管理的需要，图书馆必须获得适当的技术元数据以定期刷新和迁移数据，确保有价值资源的长期耐用性。

3. 数字内容管理体系

数字化口述资料的管理不仅要求将数字文档以各种不同的形式保存，而且为了便于研究者和公众使用，需要提供搜索和浏览的功能，同时根据访谈参与方的协议及著作权的规定，设置各种使用限制等。美国目前已经有了成熟而完善的系统，即数字内容管理体系（Digital Content Management Systems，简称 DCMS）来一揽子解决上述问题。

（1）内容管理与数字版权管理相融合

内容管理与数字版权管理相融合（CONTENTdm）[①]是一个独立的软件解决方案，它可以解决图书馆数字资源的存储、管理和传播的一系列问题。只要具备下列条件：①一个 Windows 系统支持的数字馆藏管理器，能够实现数据和数字资料的批量存储；②一个专门处理数据、影像存储及编辑的服务器；③一个基于网络的搜索界面和可定制的显示模板；④与 OCLC 的集成产品与编目工作流程融合，并且实现网络资源的收集和保存；⑤为馆藏发展的每一步（从数字化到存储）提供完善的服务。

贝勒大学（Baylor University）是通过 CONTENTdm 管理其口述资料的成功案例。其网站链接为：http://contentdm. baylor. edu/cdm4/index_08buioh. php? CISOROOT =/08buioh。

① CONTENTdm. [EB/OL]. [2014 - 02 - 14]. http://www. contentdm. com/.

(2)绿石

绿石(Greenstone)①是图书馆数字馆藏建设和使用的一系列软件的集合,它提供了信息组织、网络传播、CD—ROM 存贮等的全新方式。Greenstone 由新西兰怀卡托大学(University of Waikato)的"新西兰数字图书馆项目"(New Zealand Digital Library Project)研发,并得到了联合国教科文组织的支持。它是一个开放的、支持多语种的综合管理软件。目前已经更新到 3.07 版,新西兰数字图书馆项目(New Zealand Digital Library Project)虽然使用的仅仅是绿石 2.0 版本,但至今仍不失为应用绿石之典型案例。

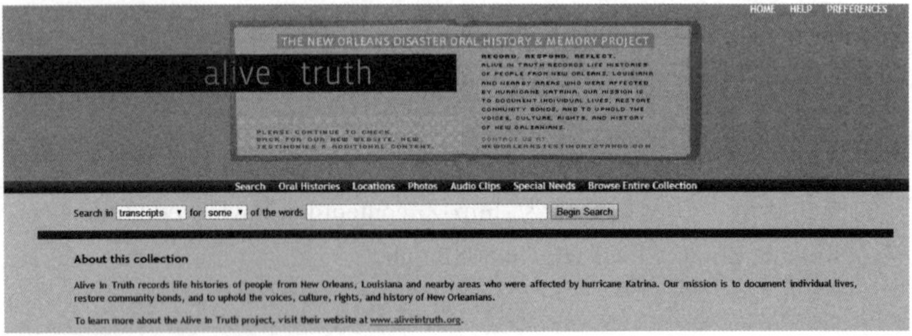


① Greenstone[EB/OL].[2014-02-14].http://www.greenstone.org/.

(3)DSpace

DSpace[①] 是一个开放的数字资源存储系统(Digital Repository System),它以数字化的方式实现对某个机构所有研究资料的获取、存储、索引、保存和重新配置。全世界的研究机构,包括机构存储(Institutional Repositories)的各种学习资料存储机构乃至电子数据管理中心等都在利用 DSpace,目前用户已经超过 1000 家。有人把它形象地比喻为开启数字存储的“万能钥匙”(turnkey),在其官网上也醒目地列出使用 Dspace 的六大理由:拥有全球最大的用户群体和开发团队;免费的开放的资源;全方位满足客户需求的可定制服务;适用于教育、政府、私人以及商业等各类机构;即买即用;能够存储和管理各种类型的数字资源。

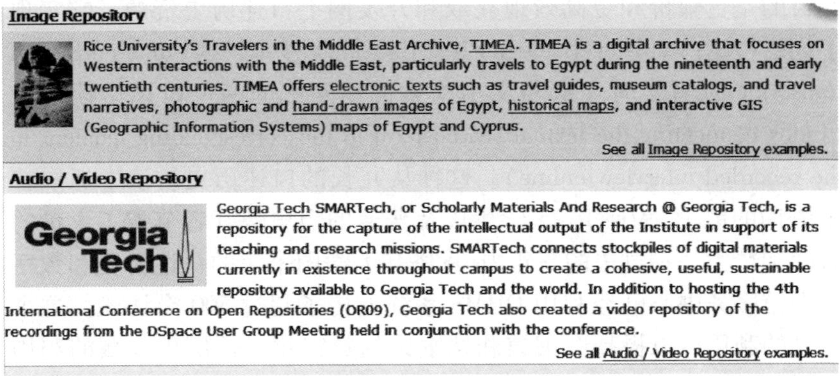


此外,它还是一个开放的、免费的软件平台,用户可以根据需要自定义和扩展。形象地说,DSpace 是一个供软件研发人员、研究者和用户都能贡献各自专长的大社区。在其 2016 年 3 月发布的愿景声明中再次强调:DSpace 将通过优质的开源软件,努力成为实现信息便捷存取的最佳选择。今后将着力于机构库用户的需求,使信息存储更加便捷、灵活且可靠,同时系统的安装和操作将

① DSpace[EB/OL].[2014-02-16].http://www.dspace.org/.

趋于简易化,并通过函数集的方式实现复杂学术信息系统的扩充与融合服务。

Dspace 在图像以及声像方面的便捷存取,使其在口述历史数据管理方面具备显著优势。

4. 元数据同步处理

口述历史元数据同步处理( Oral History Metadata Synchronizer,简称 OHMS)是一个基于网络的系统工具。它允许用户对口述历史访谈记录的任何一个特定语词进行检索。肯塔基大学( University of Kentucky Libraries)图书馆的口述历史和数字图书馆服务中心( The Louie B. Center)在美国“博物馆和图书馆服务研究所”( Institute of Museum and Library Service)支持下,利用政府研究基金开发了 OHMS 系统。其目的是更廉价和更高效地获取和开发网上口述历史资源。它实现了词语检索( word-level search)并提供了同步抄本转换( time-correlated transcript)或者实时生成与文本检索词相匹配的网上口述访谈记录( index connecting the textual search term to the corresponding moment in the recorded interview online)。这种从冗长的口述历史访谈中抓取特定语词的能力,为研究者、学生以及普通的历史爱好者节省了大量的时间和精力。在过去的三年中,肯塔基大学图书馆的口述历史和数字图书馆服务中心已经利用 OHMS 系统上传了超过 500 个访谈。这个工具的利用可以提高图书馆和档案馆的数字化口述历史收藏的利用率,并且为研究者节省大量的时间。

美国国会图书馆下属的美国民俗中心主任佩吉 · 巴尔杰( Peggy A. Bulger)对 OHMS 给予了高度的评价:“它在实现口述历史记录与抄本的同步处理方面取得了突破性的进步。早期的口述历史学家认为抄本更可信,而现代研究者认为讲述者的原话才是最精确的口述文献,而就口头证据而言,没有抄本的协助是非常困难的。而 OHMS 系统使得研究者可以将口述历史作为一个整体,协调地使用口头文档及其抄本。”“在 OHMS 之前,任何的语言与文本的同步系统都是很费力的”,巴尔杰补充说,“近几年来,在口述历史抄本转录领域,没有任何一项进步比 OHMS 更重要。”

目前的研究主要集中在实现 OHMS 与其他大众熟知的内容管理系统的兼容;授权有关机构为更大范围的口述历史资源提供高效的、以用户为中心的检索界面。系统还着力开发多媒体用户帮助指引,包括在特定内容管理系统内使用、安装以及卸载 OHMS[①]。特别需要指出的是,OHMS 不是一个资源库,它只是一个让资源库更人性化的系统。其初衷是通过检索结果与口述历史访谈的同步链接,使得用户能够快捷有效地获取信息。

OHMS 由应用程序(OHMS Application)和浏览器(OHMS Viewer)两部分组成。应用程序是完成系统任务的地方,是后端,是访谈资料输入并产生元数据的 Web-based 应用程序。OHMS 的应用程序过人之处在于:访谈资料输入的同时,抄本(文字稿)和访谈索引自动生成。其结果是令人振奋的,即访谈输入完毕,抄本和索引同时以 XML 文件的形式输出。一旦上载至服务器,OHMS 的所有导出 XML 文件即通过 OHMS 浏览器与内容管理系统实现对接。浏览器则是交互界面,当需要某个口述历史访谈时,浏览器能够传输指令给 OHMS 应用程序,并从相应的 XML 文件中匹配访谈级元数据(interview level metadata)和访谈内部元数据(intra interview level metadata)。

除上述这些技术以外,美国还为我们提供了利用数字图书馆平台参与口述资料管理的成功经验。例如,美国华盛顿大学音乐图书馆和试听中心(University of Washington Music Library and Listening Center)是音频保管的极好范例,它甚至在电影等视频保管方面也积累了丰富的经验。

斯坦福大学图书馆的 LOCKSS(Lots of Copies Keep Stuff Safe)[②]则

① OHMS:Enhancing Oral History Online[EB/OL].[2016 - 11 - 10].http://nunncenter.org/ohms-enhancing-oral-history-online/.

② Lots of Copies Keep Stuff Safe[EB/OL].[2016 - 11 - 10] https://www.lockss.org/.

为图书馆员上传自己文件提供了便捷的平台。它通过标准化的操作软件来实现个人电脑与统一数字化保存的链接，几乎没有其他的任何限制。以其简便、低廉和方便存取赢得了图书馆员的热爱。对于没有条件建立自己网络系统的口述历史工作者而言，这样的平台是简单实用的。他们可以随时上传自己的口述成果，并通过使用权限的控制等实现资源的有效利用。

### 4.3.5 口述资料编目工作的其他问题

1. 馆际协作与资源共享

尽管口述资料跟印刷资料不同，各收藏单位的收藏差异巨大，每个口述项目又都是独一无二的，无法实现编目数据层面的共享，但是抄本和录音、录像等的资源共享还是可以实现的。位于明尼苏达大学的查尔斯·巴贝奇学院档案历史信息处理中心持有关于“计算的历史”方面最大的口述历史收集。中心的档案学家布鲁斯（Bruce H. Bruemmer）早在 1991 年宾夕法尼亚州的费城召开的“美国档案工作者协会”（Society of American Archivists）年会上提交的《口述历史的获取：国家日程》一文，为促进全国范围内口述历史资源的利用给出了五条建议：

（1）为每一个访谈建立包含基本描述字段的 USMARC 记录，并且符合 AMC《档案与手稿规范》；

（2）出台确保 MARC 和 AMC 统一性的指南和手册，供编目人员参考；

（3）为全国的口述历史建立馆际互借机制；

（4）运用新技术增强挖掘口述资源及所含信息的能力；

（5）口述历史界对口述资源充分获取的一致支持。[①]

① Bruce H. Bruemmer. Access to Oral History: A National Agenda [J]. The American Archivist, 1991, 54(4): 494 – 501.

2. 口述资料与其他馆藏资源的融合

口述资料与文字资料存在相互补充与印证的关系,在提供读者利用方面应考虑到相关内容的链接,将口述资料整合到图书馆已有的编目系统(网络)中,与图书馆其他馆藏资源建立"检索链接"或"相互参照",为口述资料的利用创造更大的可能。读者在利用传统文献的时候,有机会出于好奇或者为了获取别样信息而转向口述资料;或者反过来,在利用口述文献的同时,对与之相关的文字资料进行检索和阅读。这对于读者全面了解相关信息、提取核心知识是大有裨益的。

美国的阿拉斯加州费尔班克斯大学是这方面的成功典范。自 20 世纪 90 年代早期开展其"自动点唱机项目"(Project Jukebox Program)以来,通过将口述历史记录纳入图书馆数据库中、为记录编制 MARC 数据、通过馆际互借为远程用户提供口述历史声像资料和抄本等方式,极大地促进了口述历史资料的利用,同时也带动了图书馆其他相关馆藏资源的利用,可谓双赢[①]。密歇根州立大学(Michigan State University,简称 MSU)的国家声音资料馆(National Gallery of the Spoken Word,简称 NGSW),在国家自然科学基金的支持下,也实现了将不同存储点的数字音频整合到一个网络数据库中,将口述资料与图书馆馆藏实现融合并取得了很好的效果。

口述资料与其他馆藏资源融合的实现对编目人员提出了更高的要求。除了要了解和熟悉已有的馆藏系统外,对口述资料的内容揭示尤为重要。而这需要对访谈录音和抄本的深入阅读,除了挖掘人名、地名、机构名等之外,还要进行主题揭示和词表控制,需要参考工具书,做到规范、统一标识。其工作量是可想而知的。

---

① Ellen D. Swain. Oral History in the Archives: Its Documentary Role in the Twenty-first Century[J]. The American Archivist, 2003, 66 (Spring/Summer): 139 - 158.

3. 资料的数字化和网络存储

口述历史资料数字化和网络存储的优势不仅在于突破时空的局限，为任何地域的用户提供获取的可能，而且可以实现关键词检索，并提供文本、照片、图表等的链接。但缺点在于口述历史访谈的利用会打破资料管理者的清规戒律，不受任何限制。许多口述历史工程，如密歇根州立大学的国家声音资料馆（NGSW）、美国国会图书馆的“美国记忆”（American Memory）和“阿拉斯加州费尔班克斯大学自动点唱机项目”（University ofAlaska-Fairbanks's Jukebox）等在声像档案的数字化存储方面提供了很好的范例。

模拟和数字音频的保存也是热议的焦点。2001 年《图书馆发展任务报告》（*Report on the Task Force on the Library Artifact*，2001）指出，由于保存介质的易损坏性，导致音频资料的保存非常困难。有关美国民俗学会（AmericanFolklore Society）收藏的一项调查也显示，多数口述收藏都没有数字化，处于管理混乱、标记不清和法律授权不明的状态。90% 的收藏都没有实现网络存储。

这里最突出的问题是录音磁带和录像带的数字化。使用便携式录音机录制口述资料，即便在数字化异常发达的今天，依然是录制口述资料的一种方式。笔者调研专攻妇女口述史的中国女性图书馆时发现，其资料多来源于学生志愿者采用便携式录音机录制的磁带。为了长期保存和将来利用的需要，应该对其进行数字化。同样录像磁带保藏的时间也有限，建议在录制完成后借助现代数字复制技术将其复制成数字文本，同时保藏磁带母盘和数码复制件。对于已经数字化的录音、图片和文字等资料，也要进行复制并分开保藏，防止丢失和损坏。

从全球范围看，口述资料网上存取是大势所趋。因为它更加方便于用户的使用，可以突破国界，实现全球获取、多媒体的读取、相关资源的超级链接、使用权限分级设置以及强大的检索功能等。诚然，网上存取需要考虑被访者的隐私权等法律事宜，对工作人员也有相应的技术要求，但从口述资料利用的角度，是值得提倡的。针对网络资源

"变化是永恒"的特点,需要在更新资源的同时,及时维护原有的资源,注意保持稳定性,防止下一次访问即宣告"网页不存在"(not found)情形的发生。网络对图书馆口述历史管理和利用的影响是持续而深远的。"它为那些不喜欢去图书馆和档案馆的用户以及那些更倾向于使用口头和可视资料而非文字资料的用户,尤其是对回忆和叙述类资料感兴趣的用户提供了利用的可能"①。

4. 其他问题

首先是分类与排架问题。口述资料的编目在形成目录体系的同时,实体资料的分类和排架问题也非常重要,因为它直接关涉资料能否被读者利用。口述资料的分类应充分考虑使用者的查找习惯。对于口述项目组成部分的访谈,需要对项目有一个统一的类号,再根据访谈记录产生的时间或者主题关联等进行细分。从美国图书馆界的实践看,尚没有统一的操作模式,多根据图书馆的实际而定。无论是《杜威十进制分类法》还是《国会图书馆分类法》都不适用口述资料的分类,中国的《中国图书馆图书分类法》也一样。实践证明,按照项目名称或者"生产者"名称的字母顺利(拼音排序)是比较可行的方法。具体的排架方法有两种:一种是磁带/光盘和抄本放在一起,生成一个检索号;二是分开放置,分别编号,但是二者之间有"互见"信息。无论哪种情况,都需要注意为它们贴上清晰的标签。笔者调研的香港大学图书馆就采用第二种方式,很好地处理了资料的排架问题,读者查找起来非常方便。

其次是各种检索工具的编制问题。从资料利用的角度,编目人员除了依据访谈提纲形成的内容和主题目录外,多数情况下在访谈结束后要生成文本提要以及各种索引系统,包括主题索引、人名索引、时间索引、地点索引、事件索引等。

再有就是各种特殊情形。例如,对于没有生成抄本或者不适宜生成抄本的磁带/光盘等,需要编目员认真倾听或观看试听资料,记录下

① Robert B. Perks. Listening to the Past[J]. History Today,2000(50):36 - 37.

重要的时间节点,并对两个节点之间的内容做一个摘要,这样方便用户选择需要的信息。对于访谈抄本而言,针对项目每一次访谈所生成抄本的主要内容编制一个总体表格对利用者非常方便。有条件的情况下,可以编制对应的索引。这种索引可以在每一份抄本索引的基础上生成索引汇编。

# 5 图书馆口述资料收藏相关法律与伦理

法律与伦理问题贯穿在口述资料收集、整理和提供利用的过程之中。图书馆无论是接受捐赠还是自己“生产”口述资料,其中都必然涉及被访者权益、图书馆的权益、利用者权益等各种利益关系,如何保障和协调好各主体之间的权益关系,单凭经验和自觉是不够的,需要相应的法律和伦理来规制。而且从国内外发展实践看,如何有效规制的问题已经成为当前口述资料挖掘和利用的瓶颈,值得理论研究者和实践工作者去研究和探索。

## 5.1 法律问题

### 5.1.1 法律问题的重要性

早在 1968 年,美国的玛莎·简·查谢特(Martha Jane K. Zachert)在发表将口述历史引入图书馆领域的第一篇论文《口述历史在图书馆员中的运用》时,即突出强调了著作权与法律问题[①]。美国口述历史法律专家约翰. A. 纽安斯曲旺德(John A. Neuenschwander)也指出:“没有法律授权,口述历史访谈就不能被合法地利用、租借、出版或者达到研究者手中。对法律问题的重视永远都不为过,签订一个合理合法的授权协议所耗费的时间和精力永远都无法与口述历史的生产以及它未来的价值相提并论。”“对于口述历史收藏单位而言,在缺少一个授权协议的前提下所从事的任何工作,包括复制、加工、编目和保存等都

① Martha Jane K. Zachert. The Implications of Oral History for Librarians[J]. College and Research Libraries,1968,29(March):77 - 82.

是毫无意义的。”[①]

但是长期以来,法律问题并没有得到口述历史学家和图书馆、档案馆等收藏单位的重视。直到1985年约翰. A. 纽安斯曲旺德的著作《口述历史与法律》(*Oral History and the Law*)出版,法律授权协议的签署、隐私权的保护等问题才走进口述历史的视域。约翰特别强调法律问题融入口述历史各个阶段的重要性,并倡导“预防为先”的法律观念。在每两年召开一次的OHA会议上,他会及时更新相关的案例总结、法律条款以及与口述历史诉讼等方面的相关进展。

20世纪90年代互联网技术的发展和网络的普及,使得图书馆等口述历史收藏单位对法律问题的重视达到了一个新的高度。在1998年的OHA会议上,口述历史的网络传播问题成为关注热点,其中涉及被访者的隐私权保护、声像资料和抄本的网上滥用和篡改以及网络资源的不受监控的任意获取(unmonitored access)等都将导致对访谈失去控制。

另一个关注的重点与权利毫无保留的完全让渡的赠予协议(deed of gift)相关,即没有考虑到电子复制和网络传播等问题而导致的不经被访者及其继承人同意直接将访谈上载到网络可能引发的法律和伦理问题[②]。

2000年,卡伦·布鲁斯特(Karen Brewster)对美国64个收藏口述历史资源的图书馆网站进行了深入分析与研究,旨在掌握作为收藏单位的图书馆如何处理口述历史的网络传播法律问题。结果发现,各个图书馆的情况千差万别。大部分图书馆做了大量工作去确认著作权归属,对于过去的老的访谈资料,也做到了与原被访者重新签署网络获取许可协议,而有的图书馆没有;在著作权声明方面,有的有明确的

① John A. Neuenschwander. A guide to oral history and the law[M]. NewYork: Oxford University Press,2009:13.

② Donald Ritchie. Oral History and the New Century[J]. Oral History Review, 1999,26(Summer/Fall):13.

声明,有的则没有任何声明;著作权的解释条款也不尽统一[①]。

法律问题还直接影响着口述资料的提供利用。因为在口述资料获取方面最头痛的问题往往不在于程序的烦琐,而在于对法律问题的遵守与规避。例如口述资料的著作权、所有权、口述内容所涉及的隐私权以及对他人的侮辱、诽谤等。最理想的状态是,在项目开始时在被访者和访问者之间已经就这些问题签署了协议,最迟也要在图书馆接受捐赠时与捐赠方签署的"赠予协议"中对法律问题进行了妥善的协商与处置。对于访谈的使用限制条款更应该谨慎遵守。

### 5.1.2 基本法律关系

综合图书馆口述资料收藏的四种类型,以及从资料生产到整理编目和提供利用的全部工作环节,其中的法律主体包括资料的"生产者"(机构或个人)、"被访者""访谈员""图书馆等收藏单位"和"用户",他们之间形成了法律关系网络。

由于口述历史还没有大量普及,尚属于新生事物,无论对于讲述者还是口述历史收集者,都缺乏对未来法律风险的预见性和防范意识,再加之已发生的口述历史法律争端甚少,因此,对相关法律问题的重视程度不足,为收藏单位的收藏和提供利用埋下了隐患。尽管口述历史法律争端在现实中并不常见,但是每一个进入收藏单位的口述历史都应该伴随着一个权利声明或协议,否则就成了"孤儿访谈"。为了有效防范法律争端,应着重处理好三对法律关系:

1. 访谈员与被访者

口述资料收集过程中访谈员和被访者之间是一种相互配合的关系,一个好的口述作品的产生需要两者的共同努力。然而,除了合作关系之外,二者之间的法律关系是必须要厘清的,否则会埋下隐患,给资料的保管和利用设置障碍。实践中可以通过访谈员和被访者之间

① Karen Brewster. Internet Access to Oral Recordings: Finding the Issues[EB/OL]. [2000-10-25]. http://www/uaf.edu/library/oralhistory/brewster1.

签署《知情同意书》(legal consent form)来规范双方的权利与义务关系,具体应包括下列条款:

(1)所有权转移:除非特别声明,原始所有者应该是叙述者(narrator,speakers on the recording),通过协议,所有权转移给访谈者、口述历史项目或者收藏单位。

(2)著作权:作品一旦完成即享有著作权。对口述历史而言,作品完成的时间是录音机关掉的瞬间。通过协议将著作权转移给收藏单位对未来的使用者而言是非常方便的,可以省却他们追寻原始著作权人获得使用许可的麻烦。

绝大多数口述历史的著作权归收藏单位,但也有例外。最典型的就是美国政府,它所主办的口述历史项目的全部资料都进入公共领域(public domain)。这意味着研究者可以自由地使用这些资源而无须事先征得同意。然而,需要注意的是,即使进入公共领域的口述历史项目,也必须在知情同意书上事先做出声明。

(3)自愿参与:即声明叙述者参与访谈完全出于自愿。

(4)访谈者和叙述者的后续权利:此条款可以使访谈者和叙述者从著作权使用限制中享受豁免权。"权利的转移并不排除将来我们(访谈者和叙述者的姓名)利用访谈的可能"。

(5)未来使用条款:即对资料的可能用途加以说明,越笼统越好。例如,"可能出版,也可能为历史和学术研究所用,还包括网络传播"。

(6)限制条款:这往往是叙述者提出的限制条件。比如:将访谈封存至叙述者死亡或者其中所涉及的某个人物死亡;匿名;拒绝网络出版等。这些限制从口述历史学家或叙述者的角度来看非常必要,但是就收藏单位而言,会为访谈的管理带来很大的困难。因此应本着就事论事(case-by-case)的出发点来决定是否限制,而且仅限于某些特殊的口述项目。

2. 口述历史项目组与图书馆等收藏单位

这种法律关系在图书馆口述资料收藏的第三个层次——接受馆外口述项目的资料捐赠中得到最明显的体现。如果在第四个层次——图书馆既是口述历史生产者同时又是口述历史收藏单位,或者二者事先已经签订了权利转让协议,则可以直接通过收藏单位与被访者之间签订的协议而实现所有权和著作权的转移。这是最理想的权利转移方式。

举例来说,假设我是口述历史学家,已经与某收藏单位(图书馆或档案馆等)签订了捐赠协议,那么我可以直接和被访者签订一个由收藏单位起草的权利转让协议,将权利义务关系一揽子了清。

相反的,如果我对访谈的归档没有任何打算,则需要两个协议:一是我跟访谈者签订的知情同意书,对使用访谈内容及将来可能的归档进行法律授权和许可。二是我与收藏单位签订的捐赠协议,声明作为合法所有者,将口述历史记录连同相关的著作权转让给收藏单位。

项目组与图书馆等收藏单位的法律关系,可以通过《捐赠协议》(deed of gift)来解决。即通过双方平等协商,将项目组权利的全部或部分转移给收藏单位。具体内容可参考“附录”中《各种授权协议》部分。

3. 图书馆等收藏单位与使用者

口述资料不同于传统的印刷资料,在出版之时已经明确了各项权利归属问题。而且其中还难免涉及隐私权、名誉权等私权问题。因此,收藏单位一方面要在编目和网络存取方面为资料的利用创造条件,另一方面又要从尊重法律、避免纠纷的角度,制定各种限制使用的举措。一般会通过签署《使用许可协议》(permission-to-use)的方式来实现。

香港大学图书馆等的做法是为口述资料设置不同的密级,包括“公开”(open)、“不公开”(closed)和“保密一定期限后公开”(restricted for a period of time)。对于“公开”的口述资料,一般也只能在捐定的阅览室阅览,而不能随意借阅和复制。并且对于其中涉及个人隐私等的部分应采取匿名化处理。

尤为重要的是,随着数字时代的到来,口述资料多实现了网上获取。这时图书馆等收藏单位与使用者之间的关系变得尤其难以控制。

据美国口述历史法律专家约翰. A. 纽安斯曲旺德在 2013 年美国口述历史协会年会上所做的报告,应通过"点击授权许可"的方式来规范使用。即使用者在进入口述资料访问页面时,需要先阅读包含若干条款的《使用须知》,然后选择"接受"或"不接受",如果接受,则可以继续访问,否则将返回到上级页面。诚然,这种使用风险的法律规避是十分脆弱的,它依赖于使用者的法律意识和高度自觉。

与此同时,还需要关注口述资料作为著作权保护对象的"合理使用"(fair use)问题。具体可以参照我国著作权法及相关条例对合理使用的界定。

总之,这三种法律关系的明确界定对于口述历史的收藏都是至关重要的。知情同意书可以是独立的,同时又是每个归档的口述历史访谈所必需的,它从源头上证明了访谈的归属。而那些没有法律授权或授权不明确的口述资料,不仅违反了口述历史工作规范,而且对收藏单位也非常不利,甚至还有可能给口述历史项目组或收藏单位招致诉讼。因此,应谨慎对待此类访谈。尽可能与叙述者或其继承人取得联系,获得合法授权。现实中有的收藏单位则采取拒绝收藏的方式来规避可能的法律风险。同时还需要注意的几点:所有协议都尽量要落实到书面;对任何特殊的情形都加以记录,为后人提供参考;法律授权协议一定要适合所从事的项目;对员工法律培训以及必要的法律咨询工作。

### 5.1.3 主要法律内容——著作权

口述资料与其他智力劳动成果一样,与著作权制度息息相关。从口述资料著作权的产生、权利主体的确定、权利的授予或转让到对口述资料所转化成的文献资料的保存和传播等,无不渗透了著作权保护的精神。同时,著作权制度对口述资料活动的展开也起到了保障和推动作用。因为著作权对任何作品的保护均限于作品中的智力创造,由此产生的经济利益也只能归属于智力劳动的投入者,所以才从根本上保护了智力成果产生的源泉,促使更多智力成果的出现。

就口述资料而言,从其最初的形成到整理后的抄本,再到抄本基础上的演绎作品,直至编辑出版后的正式出版物,这一系列流程中通过著作权法所确定的权利主体均是投入智力劳动的口述人和访谈人。对于只在口述资料活动中提供金钱资助的开发方,则只能通过法律规定或作者的授权、转让方能间接地享受著作权中的部分精神和经济权利。这也正是法律天平在口述资料中的平衡与实现。

正如约翰. A. 纽安斯曲旺德在《口述历史与法律》(1985)一书中所言:“预防性法律总不如诉讼来得费时与昂贵。”①在口述资料和口述历史工作蓬勃发展的今天,尤其是面对我国著作权观念普遍比较淡薄的现状,有必要对口述资料的著作权问题进行深入研究,以期从源头上预防有关纠纷和诉讼的发生。口述资料的著作权保护,实际上就是对口述资料所形成的文字、录音、录像等以“作品”的形式加以保护,并对口述主体及口述资料用户的权利义务关系做出明确规定,对口述资料的收集、整理和利用的全过程依据现行法律的相关规定和原则精神加以规范。其目的是形成口述资料的良性运作环境,为其健康发展提供法律保障。

1. 口述资料的著作权属性

判定口述资料的著作权属性,主要依据 2010 年 2 月 26 日最新修订的《中华人民共和国著作权法》(以下简称《著作权法》)第二条和第三条。第二条规定:“中国公民、法人或者其他组织的作品,不论是否发表,依照本法享有著作权。”第三条规定:“本法所称的作品,包括以下列形式创作的文学、艺术和自然科学、社会科学、工程技术等作品:(一)文字作品;(二)口述作品……”②

从法律条文的规定来看,口述资料是否受我国《著作权法》保护,其关键在于是否符合“作品”的构成要件。《中华人民共和国著作权

① John A. Neuenschwander. A Guide to Oral History and the Law[M]. New-York:Oxford University Press,2009:11.

② 中华人民共和国著作权法[M]. 北京:中国法制出版社,2010:4.

法实施条例》(以下简称《实施条例》)第二条对作品的界定为:"著作权法所称作品,是指文学、艺术和科学领域内具有独创性并能以某种有形形式复制的智力成果。"[①]因此,应从是否为智力劳动成果、是否具有独创性和可复制性等方面来确定口述资料的"作品"属性。

口述资料是智力劳动者在社会实践中产生的具有保存价值和利用价值的真实记录。口述资料从选题到采集、整理的全过程都蕴含着口述人或访谈双方的独特构思,凝聚着口述资料形成者和管理者的辛勤劳动,是人类智慧的结晶,具有精神生产范畴的智力产品的特征[②]。因此,口述资料是具有独创性的智力劳动成果。

可复制性,即是否以某种物质载体加以固定。口述资料是以文字、录音、录像或三者相结合的载体形式固定的资料,具有可复制性。从《实施条例》第四条修订前后的表述,可以看出对口述资料法律保护的历史沿革。1991 年国家版权局发布的《实施条例》称,"口述作品,指即兴的演说、授课、法庭辩论等以口头语言创作、未以任何物质载体固定的作品"[③]。2002 年 9 月 15 日起施行的修订后的《实施条例》改为"口述作品,是指即兴的演说、授课、法庭辩论等以口头语言形式表现的作品"。可以看出,修订后的《实施条例》与《著作权法》对作品的界定实现了更好的吻合。同时从可复制性上明确了口述资料的著作权属性。

2. 口述资料的著作权归属

由于口述资料形成过程中所涉及的主体较多,因此口述资料的著作权归属具有相对复杂性,须针对不同情况,做出具体的区分和界定。

---

① 中华人民共和国著作权法[M]. 北京:中国法制出版社,2010:22.

② 郑松辉. 图书馆口述历史工作著作权保护初探[J]. 中国图书馆学报,2008(185):104 – 110.

③ 本书汇编组. 中国百年著作权法律集成[M]. 北京:中国人民大学出版社,2010:62.

（1）叙述式口述资料的著作权归属

叙述式口述资料多为个人的演讲和教师授课等，即使有人帮助整理口述内容并以文字等形式加以固定，其著作权一般应归口述人个人所有，帮助者只起到记录和辅助作用，可以获得一定的劳务报酬，但不享有著作权。

需要注意的是，部分叙述式口述资料属于职务作品。我国《著作权法》第十六条规定“公民为完成法人或者其他组织工作任务所创作的作品是职务作品”，其著作权归属分为两种情况[①]：

一是著作权由单位享有，作者仅享有署名权和获得奖励的权利。其成立条件是“主要是利用法人或者非法人单位的物质技术条件创作，并由法人或者非法人单位承担责任的工程设计、产品设计图纸及其说明、计算机软件、地图等职务作品或者法律、行政法规或者合同约定著作权由法人或者非法人单位享有的职务作品”。

二是著作权由作者享有，单位享有优先使用作品的权利。优先使用，是指“作品完成2年内，未经单位同意，作者不得许可第三人以与单位使用的相同方式使用该作品。但如果在作品完成2年内，单位在其业务范围内不使用的，作者可以要求单位同意由第三人以与单位使用的相同方式使用其作品，单位没有正当理由不得拒绝。在作品完成2年内，经单位同意，作者许可第三人以与单位使用的相同方式使用作品所获报酬，由作者与单位按约定的比例分配。作品完成的2年期限，自作者向单位交付作品之日起计算”。

就实践来看，叙述式口述资料即使构成职务作品，其著作权也极少归单位所有，一般仍归属口述人所有，单位享有优先使用权。

（2）访谈式口述资料的著作权归属

访谈式口述资料的形成是口述人和访谈人双方互动、相互配合的过程。一般而言，口述人的叙述是口述资料的实质部分，因此口述人理所当然地可以主张著作权。但是，访谈人在访谈过程中所起的作用

---

① 中华人民共和国著作权法［M］. 北京：中国法制出版社，2010：9.

也不容忽视。从受访者（口述人）的确定、访谈提纲和框架的拟定到对访谈内容、访谈深度的把握，以及对口述人的引导等都需要访谈人查阅相关文献资料并投入一系列复杂的智力活动。可以说，访谈式口述资料无论从作品的表现形式（问与答）看，还是从思想内容来看，都是双方共同参与的结果。唐纳德·里奇即指出"访谈是双方共同参与制作的产物"[①]。因此，访谈人也有权主张著作权。

访谈式口述资料"作品"的创作过程，融入了访谈者和受访者的共同劳动，该作品应为合作作品。我国《著作权法》第十三条规定："两人以上合作创作的作品，著作权由合作者共同享有。"[②]即口述资料的著作权归口述人和访谈人共同所有，对权利的占有、使用、收益和处分须遵循民法通则有关"共有"的规定。从操作层面看，可依据《实施条例》第九条的规定："合作作品不可以分割使用的，其著作权由各合作作者共同享有，通过协商一致行使；不能协商一致，又无正当理由的，任何一方不得阻止他方行使除转让以外的其他权利，但是所得收益应当合理分配给所有合作作者。"[③]

这里需要注意的是：口述人所享有的著作权无论从法律规定还是实践操作层面都是没有任何争议的，而对于访谈人的著作权，则需要分情况区别对待。

第一种情形：若访谈为访谈人的个人行为，则著作权归访谈人个人和口述人共同所有。此情形较为简单。

第二种情形：访谈为访谈人的职务行为，则著作权归访谈人的受雇单位和受访者共同所有，访谈者仅享有署名权。因为此种访谈资料的形成过程是有组织、有计划的单位行为，访谈人多为完成单位任务或履行职务而从事访谈工作，并且采访过程中所使用的录音、录像等

① 唐纳德·里奇. 大家来做口述历史——实务指南（第二版）[M]. 王芝芝，姚力，译. 北京：当代中国出版社，2006：15.

② 中华人民共和国著作权法[M]. 北京：中国法制出版社，2010：8.

③ 中华人民共和国著作权法[M]. 北京：中国法制出版社，2010：24.

设备多为单位提供，而且访谈人一般为该单位的工作人员，属于典型的“利用单位物质技术条件创作，并由单位承担相关责任”的职务作品，符合《著作权法》所规定的著作权归单位所有，作者享有署名权并获得一定物质奖励的情形。

但是，需要特别指出的是：在探讨口述资料著作权归属时，不可忘记著作权的私权属性，即允许当事人的意思自治，任何一方均可以通过口头或书面的约定全面或者部分地放弃其著作权中的财产权部分或者将其合法转让给第三人。

3. 口述资料整理和利用过程中所涉及的著作权问题

诚如美国口述历史学家唐纳德·里奇所言，口述资料只有通过整理和利用才能走出“抽屉、柜子和地下室”，为一般学界所用[①]。口述资料形成以后，必须进行整理，对所形成的文字内容、录音、录像等进行必要的加工和处理，例如为录像配备文字字幕、对特定人物和事件进行必要的注释和说明等。尤为重要的是，对口述资料中所涉及的有关个人隐私、国家秘密及历史事件等需要进一步考证并做必要的技术处理。

（1）口述资料整理过程中的著作权问题

口述资料的整理，就是将采集的录音、录像进行合理的剪辑和编排，并转换为文字的过程（访谈所形成的文字资料，在口述工作中称作抄本）。其中录音、录像的剪辑不会对著作权归属产生影响，即归原口述资料的作者所有。但在转换成文字即生成抄本的过程中，则可能会出现著作权归属的变动。此情形发生在访谈式口述资料的访谈人或者叙述式口述资料的整理人对口述资料中所涉及的事实部分进行考证时，如亲临事件发生地，访问相关当事人或查阅相关资料，结合分析口述人叙述的前后逻辑关系等，这些活动的进行，都需要访谈人或整

① 唐纳德·里奇. 大家来做口述历史——实务指南（第二版）[M]. 王芝芝，姚力，译. 北京：当代中国出版社，2006：184.

理人投入大量的脑力劳动[①]。

这些考证结果遂成为抄本的附属作品,并连同抄本一起形成新的作品,但其本身不能脱离原抄本而独立存在。

经过考证而形成的附属作品的著作权相对于其所依附的原口述资料的著作权而言,可能会出现权属的异动。异动情况主要取决于考证工作中口述人是否参与并投入了智力劳动。如果原口述人实质性地参与了考证工作,那么考证后所形成的作品仍然视为合作作品,著作权归双方共同所有;反之,则著作权归访谈人或整理人单方所有。

(2)口述资料利用过程中的著作权问题

口述资料的利用,使得其著作财产权有了实现的可能。对于叙述式口述资料,其著作权归属比较明确,在利用中只要依法行事即可。但是访谈式口述资料由于著作权主体相对复杂、在整理过程中还经常会出现权利归属的异动等情形,因此应当对各种可能的情形加以区别分析。

访谈式口述资料在利用之前,为明确访谈方和口述方的权益,划清各自的权利范围,减少纠纷,在口述资料的抄本形成之后,访谈方须专门拟定授权委托书,连同抄本一道送交口述人。待口述人审查后认为该抄本符合其叙述,就可以签署授权委托书。该授权委托书可以是许可使用合同,也可以是版权转让合同,但一般应具备"编辑和使用的限制""著作权归属""优先使用权""版税问题""该资料预期的处置方式和各类传播方式"以及"电子发行"等事项。

一般而言,在授权委托书中,受访者要许可或转让抄本的复制权、发行权和广播权。另外,以抄本为蓝本而将其进行艺术处理,改编成书出版发行也是口述历史活动的主要目的之一,所以改编权也是开发一方极力争取的权利。对于信息网络传播权、改编权、汇编权及翻译权等权利的许可和转让双方可就各自意思通过谈判进行约定。

---

① 董瑜芳. 试论口述历史中的版权问题[C]//郑成思. 知识产权文丛. 第 11 卷. 北京:中国方正出版社,2004.

4."孤儿"访谈的著作权问题

"孤儿作品"是著作权领域广泛使用的一个术语,是指那些具有独创性可享有著作权然而找不到其作者的作品,它可以是电影、音乐盒带或者照片等。在口述历史领域,则专指那些没有签署权利转让协议的口述作品。无论其以何种媒介表现,任何人对这些未经许可或未签署协议的作品的使用都有侵犯知识产权的风险。正如一个评论员所指出的那样,"这个问题使得一大批文化、艺术及其他领域的作品无人问津"。这个问题的覆盖面之广、影响之巨大迫使美国版权局投入了一项宏大的研究,包括倾听民众的呼声和专业的评论等。

美国历史协会(American Historical Association,简称 AHA)就是其中的评论员之一。它重点关注的是"孤儿作品"问题是怎样延伸到档案领域,从而妨碍了历史学家对原始素材的利用。这些评论都提及了罗纳德·格雷(Ronald Grele)关于他担任哥伦比亚口述历史办公室主任期间,对孤儿作品的处理问题。即使用"诚信努力"(good faith effort)实验的方式来决定是否允许研究者利用这些作品,如果一项研究本身合理而且又努力与被访者或其继承人取得联系,那么这个访谈就可以利用。但是罗纳德·格雷同时指出,"这在 20 年前可行,但现在就难说了"。

"孤儿访谈"问题毫无疑问是个大问题,它可能使得一个珍贵的口述历史项目或者档案无法正常摆放在架子上,或者访谈记录无法进入编目程序。究其来源,它可能来自于一个现已消失的小型口述历史项目,也可能是研究者已经将访谈内容出版,或者是访谈双方错误地认为没必要签署授权协议,等等。无论如何,这些"孤儿访谈"都可能含有珍贵的不可复制的历史信息。

美国版权局报告中所给出的法律建议可以有效地帮助孤儿访谈的所有者避免因侵权而蒙受经济损失:使用者广泛搜集信息,努力与所有者取得联系;注明访谈的来源和出处;非商业目的。

然而,如果出于商业目的的利用,则必须向所有者支付使用费。因为在国家版权局的建议没有上升到正式法律之前,孤儿访谈的持有者有权依据合理使用来决定访谈为“禁止使用”或“限制使用”。

“禁止使用”是最安全的方式，是这也是多数档案机构和图书馆采取的方式。例如爱达荷州历史中心（Idaho State Historical Society），在他们的DNI（do not include）名单中列出了500多个访谈，这些“孤儿访谈”被存放在这里是心存侥幸地认为将来某一天可以与被访者或其亲属签署转让协议。但是在签署协议之前，所有的“孤儿访谈”都不得对公众开放。其他的一些图书馆则采取拒绝收藏“孤儿访谈”的方式来杜绝可能造成的麻烦。

相比较而言，“限制使用”明显处于非主流地位。伊利诺伊春田分校（University of Illinois at Springfield）的档案馆便是其中之一。在其“未转述磁带摘要”（abstracts of untranscribed tapes）中就罗列了一些“孤儿访谈”，并用“限制使用”加以标识。这就意味着虽不能引用或出版，但可以自由地去听这些录音，并可以从中提取有价值的信息。

哥伦比亚特区公共图书馆（District of Columbia Public Library）[①]关于口述历史资源获取的声明则为我们提供了如何使用“孤儿访谈”的绝佳例证。为了丰富档案资源，他们曾经收集了一些“孤儿访谈”，同时他们也坦率地承认在某个依赖义务访谈者的项目中也生产了一些“孤儿访谈”。对于上述两种，图书馆都建议感兴趣的研究者“禁止复制这些口述历史”，因为图书馆不享有合法的著作权。

正如前面所阐释的，“著作权不保护事实——无论是科学的、历史的、传记的还是今天的新闻”。因此，如果一个研究者从“孤儿访谈”中获取某些事实，并服务于创作和出版等是不侵犯著作权的。只有过度引用或完全复制才构成对“孤儿作品”等类似非文学作品的侵权，这是图书馆等部门在决定是否向研究者开放“孤儿访谈”时必须牢记在心的。

除著作权之外，口述资料的法律问题还包括隐私权、名誉权的保

① Oral History CollectionsIn Special Collections[EB/OL][2016-11-09]. http://www.dclibrary.org.

护问题。因为在访谈过程中,被访者的记忆中难免会涉及自己和他人的私生活等敏感问题。需要注意的是,口述内容对隐私权和名誉权的侵犯甚至还会构成诽谤罪。“那些也许遭到受访者冒犯、诽谤或破坏名誉的人,不但会控告受访者,也可能会控告访谈者以及收藏该访谈资料的机构”①。这方面台湾有一个著名的案例,目前为止是台湾口述历史学界最著名的法律争端——温哈熊案。1996 年“中央研究院”近代史研究所研究员刘凤翰等人为前“联勤总司令”温哈熊进行口述历史访问,后来研究院出版《温哈熊先生访谈纪录》(1997)一书,书中内容暗指台湾当局军事防御部门领导俞大维之子俞扬和勾引蒋经国先生独生女蒋孝章,引起旅居海外的俞与蒋子女的强烈不满,二人便于 2001 年 6 月控告温哈熊涉嫌妨害名誉与毁谤死者罪。最终法院以口述历史属于学术自由层次,也是言论的一种为由判决温哈熊无罪。法官认为:“刑法妨害名誉罪章不宜干预口述历史纪录的内容获取,否则将无助于历史原貌的呈现。”②

案件虽然最终以罪名不成立告终,但是却给口述历史界以警醒。无论在访谈中还是在资料的编目等整理阶段,直到资料通过网络、出版等各种方式发布,都需要尊重相关人员的隐私和名誉。正如英国口述历史学家尤(Yow)所说,“公开一个人的私密生活也是一种隐私权的侵犯”③,因此,需要对隐私等敏感问题采取封存和限制使用等必要的保护措施。在设定封存期限时,唐纳德 · 里奇在《大家来做口述历

① 唐纳德 · 里奇. 大家来做口述历史——实务指南(第二版)[M]. 王芝芝,姚力,译. 北京:当代中国出版社,2006:67.

② 廖经庭. 口述历史的伦理与法律问题——从温哈熊事件谈起[EB/OL]. [2013 - 12 - 09]. http://140. 115. 170. 1/Hakkacollege/big5/network/paper/paper17/28. html.

③ Yow Valeric Raleigh. Recording Oral History: A Practical Guide for Social Scientist[M]. London: Sage Publication, 1994: 88.

史——实务指南》一书中所说的“死人是从来不怕中伤的”[①]也因为温哈熊一案而遭到了颠覆，因为其子女仍然会站出来维护权益。

另外，口述资料在诉讼中作为证据使用的相关问题，也是新近出现的热门问题。在2013年美国口述历史协会年会中，来自新西兰的毛利人法官即介绍了他们采纳口述历史证据判决毛利人土地所有权归属的成功案例。

## 5.2 伦理问题

法律的规制是硬性的，具有强制力，但它是最低要求，且无论是成文法还是判例法都不能无所不包、事无巨细；而道德和伦理虽是软性的，但却是更高的标准，可通过行为人的自觉遵守来弥补法律所不能及的空缺。因此，伦理问题是规范口述历史各方利益关系的基石。口述资料收藏工作的伦理规范贯穿于采集、整理和提供利用的每一个工作环节之中。要很好地从道德层面实现口述历史各个阶段的工作，除了依赖职业常识(common sense)、问题意识(sensitivity)、工作经验(institutional precedent)之外，相关职业道德准则(professional codes of ethics)的综合运用也非常重要[②]。

### 5.2.1 伦理规范的内涵及意义

所谓伦理(ethics)，在大多数的字典和一般的用法中，通常和道德(morality)相提并论，两者都涉及对与错的问题，或者什么可行，什么

① 唐纳德·里奇.大家来做口述历史——实务指南(第二版)[M].王芝芝，姚力，译.北京：当代中国出版社，2006：127.

② Nancy Mackay. Curating Oral Histories：From Interview to Archive[M]. California：Left Coast Press，2007：27.

不可行的问题[①]。《韦氏新世界词典》(*Webster's New World Dictionary*)对伦理的定义为“与特定职业或群体相一致的行为标准”。在社会学领域,则具体体现为自愿参与、对参与者无害以及匿名与保密三大原则。口述历史和口头传统等口述资料的采集、整理和利用,与社会学的田野调查方法有着密切的关联。因此也应当遵循这三个原则。

从世界范围来看,口述历史工作伦理问题已经得到普遍重视。1998 年美国口述历史协会的年会即专门讨论了在因特网上使用口述史访谈的问题,内容主要涉及的是伦理方面的问题,包括:保护访谈对象隐私的必要性,声音记录和文稿的误用和篡改,可能导致访谈失去档案控制,以及在未经监控的情况下访问因特网等[②]。作为口述历史工作重要指导性文件的美国口述历史协会的《原则与实践总结》中,其中绝大部分是有关伦理方面的。

而在中国大陆,最早开展口述收藏的汕头大学图书馆工作人员郑松辉和陈俊华也在 2009 年发表论文《图书馆口述历史工作的伦理问题初探》,认为“口述历史伦理是指口述历史活动或行为过程所涉及的道德关系和口述历史工作中所应该遵循的行为准则。它不仅包括口述历史活动主体的道德品质和修养,同时还包括口述历史活动的道德观念、工作模式的道德准则、口述资料整理和利用的社会道德评价等等”[③]。而实际上,它还包括口述资料采集过程中对被访者的尊重等伦理规范。概括说来,图书馆口述资料收藏的伦理问题是指图书馆在接受捐赠或采集、整理和提供利用工作中,工作人员所必须具备的道德修养和应当遵循的伦理规范。

由于伦理问题既重要又模棱两可,大多数的专业学术机构都制定

---

① 艾尔·巴比. 社会研究方法[M]. 邱泽奇,译. 北京:华夏出版社,2005:62.

② 埃伦. D. 斯维恩. 档案馆中的口述史:口述史在二十一世纪所起的文献作用[EB/OL]. [2013 - 11 - 08]. http://www. archives. sh. cn/docs/200802/d-155517. html.

③ 郑松辉,陈俊华. 图书馆口述历史工作的伦理问题初探[J]. 四川图书馆学报,2009(4):67 - 72.

并公布了一套正式的行为规范。如美国民意研究协会(the American Association of Public Opinion Research,简称 AAPOR),作为综合性研究机构,其伦理规范具备重要的参考价值。此外,美国社会学协会、美国心理学协会、美国政治科学协会等都有相应的伦理规范。有关口述资料收藏的伦理规范,可以参考下列网站:

- 口述历史协会(Oral History Association,简称 OHA)http://www.oralhistory.org/
- 美国国家与地方历史协会(American Association for State and Local History,简称 AASLH)http://www.aaslh.org/
- 美国历史协会(American History Association,简称 AHA)https://www.historians.org/
- 美国档案工作者协会(Society of American Archivists,简称 SAA)http://www2.archivists.org/
- 阿拉斯加原住民知识网络(Alaska Native Knowledge Network,简称 ANKN)http://www.ankn.uaf.edu/

### 5.2.2 主要伦理考量

伦理问题实际上是在尽量多地获取、揭示访谈信息与尽可能保护口述历史各方的权利,特别是被访者及他人的个人隐私和人格尊严中取得平衡的问题。而当二者发生冲突时,应贯彻权利保护优先原则。在实际操作层面,应从以下几个方面进行考量:

1. 历史真实与隐私保护

无论是口述历史对历史真相的揭示还是口头传统等资料对民族文化的挖掘,从专业角度都要求“尽可能”接近和还原历史真实。这就要求在资源挖掘方面的全面彻底、资料整理方面的原貌保持以及提供利用方面的充分揭示。然而,当这些从专业角度的“穷尽式的追求”与被访者及他人的隐私权相矛盾时该如何取舍,却是个必须认真权衡和对待的问题。英国学者尤(Yow)认为,“从某种意义上说,口述伦理问题实际就是人文价值观与知识追求的拉锯战”①。这实际上也是伦理规范与专业要求之间的艰难抉择,二者的冲突是必然的。工作人员必须谨记,无论既定目的是否能够达到,都要对被访者及整个社会负责,绝不能为达到研究目的而不择手段。这是口述资料收藏所有伦理规范的根本所在。

为妥善处理二者之间的矛盾,可采取匿名与保密等措施。然而,接受访谈的对象是绝对不可能是匿名的,因为访谈员是从一个可以辨别的研究对象那里收集到相关资料的。但是匿名有程度问题,身份掩盖必须要做得彻底,否则掩盖名字仍然可能从文本中的脉络下去解开这人的真实面目。尽管做了匿名工作,却让读者或有心玩弄媒体者大玩猜谜游戏,乐此不疲。而在隐私权的部分,尽管受访者同意将其所言公开,即便是其自己的私密行为,也应当小心其公开所言的部分是否透露对第三者私密行为的信息,这部分往往是研究者容易忽略的②。而保密则是一种承诺不公开或限制公开的情形,是对能明确辨识匿名者时必须采取的保护措施,具体包括“永远封存”“封存一定年限”等。

2. 可能损害与未来效益

正如法律是在各方利益关系的天平上取得平衡一样,伦理规范也需要在得失权衡中进行取舍。体现在口述资料收藏工作中,即要考虑被访者个人隐私等权益可能遭受的伤害与信息内容的完全挖掘与揭示在未来会产生的社会效益之间的平衡。对此,尤(Yow)建议采用“成本—效益分析法”(cost-benefit analysis)。但是成本与利益具体该怎样核算又该如何衡量却并非易事。连他自己也说“我们往往无法判

① Yow Valeric Raleigh. Recording Oral History: A Practical Guide for Social Scientist[M]. London:Sage Publication,1994:98.

② 王雯君. 口述历史的法律与伦理议题[EB/OL]. [2013-11-22]. http://140.115.170.1/Hakkacollege/big5/network/paper/paper18/25.html.

定或料到自己要付出的代价是什么”①。

“访谈者应当努力在项目目标和被访者观点之间取得平衡。访谈者应当充分挖掘被访者可能的问题,不能满足于肤浅的回答。”②

3. 信息失衡与人道考虑

口述资料收集和保藏工作中,受访者相对于访谈员和收藏机构甚至是未来的研究利用者来说存在着信息失衡的状况。因为无论是作为资料采集代表的访谈员还是拥有充分信息资源的收藏机构以及带着问题去审视被访者的研究人员,就访谈本身而言,都有着信息优势,而被访者则处于弱势地位。

这种信息失衡还导致了访谈关系的不平等。英国口述历史学家尤(Yow Valeric Raleigh)认为“被访者相对于访谈员和资料研究者而言总是处于被支配的不平等权利关系”。因为访谈员和研究者有“知识上的优势”,但是受访者或第三者却是个“信息不对称下的弱势者”③。从这个意义上说,应该出于人道主义的考虑,对受访者的权益进行特别保护,不得强制或引诱受访者说出会伤害他们自身的所谓“实情”。访谈者必须尊重受访者有权利拒绝讨论某些题目;有权对访谈使用加以设限,情况严重时,甚至采取匿名。在搜集口述历史时,对口述资料是否愿意开放利用应事先征得受访者的同意,如果有的受访者不愿意提供或者公开披露更多的个人信息,也只好遵从,访谈者必须向所有的受访者清楚地解说这些自由抉择权。

但需要指出的是,访问者也不是完全意义上的“优势者”,由于口述作品的著作权归访谈员和受访者共同所有,根据权利义务对等原则,相应的法律责任也由双方共同承担。在访谈者接受委托形成职务

① Yow Valeric Raleigh. Recording Oral History: A Practical Guide for Social Scientist[M]. London: Sage Publication, 1994: 91 – 93.

② 美国口述历史协会. 原则与实践总结[EB/OL]. [2013 – 10 – 19]. http://www.oralhistory.org/about/principles-and-practices/.

③ Yow Valeric Raleigh. Recording Oral History: A Practical Guide for Social Scientist[M]. London: Sage Publication, 1994: 107 – 108.

作品的情况下,更应当把相应的权利义务关系交代清楚,以免将来遭受牵连。访问者在实施访谈过程中,若发现被访者言论涉及敏感问题,应当及时加以记录以便访谈结束后做出相应的隐匿处理。在某些情况下,访谈员甚至有权主动停止录音一段时间,这是对访谈双方的保护。

### 5.2.3　各主体的伦理要求

口述资料收藏过程中的各方主体包括访谈者、被访者、访谈的执行机构、收藏单位以及未来的使用者。其中涉及工作伦理的主体有访谈者、访谈执行机构(如口述历史项目组等)和收藏单位。

1. 访谈者基本伦理要求

访谈者是直接面对被访者的人,是"访谈作品"的生产者之一,与被访者共同享有著作权。因此,其工作态度和伦理操守会直接影响信息挖掘程度以及被访者的主观体验等,进而影响访谈效果。具体说来访谈员应妥善处理以下事宜:

(1)事先告知。即将访谈的意图及特定细节告知被访者,包括可能的使用、归档及网络传播等,并对被访者的疑问诚实解答。

这里有个问题值得探讨:真实地告知对方研究目的等,是否会导致被访者(讲述者)的"言不由衷",从而无法达到"直抒其怀"而丧失研究的效度？国外也有学者曾指出,只有让受访者处于暗处,才能实现还原历史真相的目的。这如同组织学中的"霍桑效应"(是指那些意识到自己正在被别人观察的个人具有改变自己行为的倾向)。但英国学者尤(Yow)却持相反的态度:"若要受访者对你真实呈现自己,你也应当真实地对待他们","不要凭借隐蔽受访者对研究的了解,而只是图谋你研究计划的完成",并且他还提供了一个权宜做法:"如果不说出全部,是否会造成对叙事者的伤害？如果不会,你可以有所保留;

如果会,则必须告知详情且尽可能做到不伤害受访者"[1]。

履行告知义务后,访谈员还必须跟被访者签订书面的知情同意书,明确著作权等权利的归属以及访谈将来的可能用途等事宜。这项工作一般应在正式访谈开始之前进行,否则会有"掩盖真实目的套取被访者信息"之嫌疑,这与道德和伦理规范是相违背的。

(2)充分准备。访谈员访谈实施前需做好充分的准备工作。"须确保所提的问题有历史意义,这有赖于充分的访谈前准备和对相关事件的进行深入了解。"[2]

既包括通过"预访谈"和查阅相关文献等对访谈者和访谈内容的事先了解,也包括访谈设备的熟悉与准备以及访谈地点的熟悉、周围环境的了解等。这不仅有利于访谈的顺利开展,而且体现出对被访者的充分尊重。对被访者传记等相关文献的阅读,能帮助访谈员加深对被访者的了解,并能针对性地提出较有深度的问题;而对设备的熟悉和准备,能为访谈节省宝贵的时间,并确保录音、录像等制品的质量(在美国口述历史协会的《原则与实践总结》中也写明,"为了实现长期保存和获取的目标,口述历史学家必须在资金允许范围内选择最佳的录制设备"[3]);而对访谈地点和周围环境的了解则可以避免迟到等不礼貌事情的发生。

同时,访谈员还应该注意着装礼仪,做到端庄得体。在必要的情况下,还应该为被访者准备一些小的礼物或纪念品等。这些细节问题往往不可小视。

(3)客观中立。访谈员在执行访谈的过程中应尊重不同种族、民族、年龄、阶层和性别等的差异,避免在访谈中介入个人偏见。访谈员应讲究倾听的艺术,不轻易打断被访者的讲话,哪怕是对方有明显的

---

① Yow Valeric Raleigh. Recording Oral History: A Practical Guide for Social Scientist[M]. London: Sage Publication, 1994:91.

②③ 美国口述历史协会. 原则与实践总结[EB/OL]. [2013-10-09]. http://www.oralhistory.org/about/principles-and-practices/.

观点和表述错误，也不要纠正。但是对于表达不清楚的问题，可以进一步提问。“应当鼓励讲述者以自己的语言和方式回答问题，阐述观点。访谈者必须尊重受访者拒绝回答某些特定主题的权利、对访谈限制使用的权利以及在某些情况下选择匿名的权利。访谈者应当向被访者清楚地解释这些观点。”“访谈者还必须尊重讲述者在访谈中的权利，并对其独特的讲述风格和语言等心存敬意。口述历史学家必须忠于知识，并恪守职业操守，避免对讲述者所言进行人为的篡改、曲解或加入个人成见。”①

此外，访谈者还应该意识到自己是口述历史项目、学术机构或基金组织的机构代表，除了要遵循机构的政策外，还要为机构的利益考虑。访谈者必须注意避免做出不能实现的承诺，包括超出《知情同意书》（informed consent）和《权利转让协议》（release forms）所规定限制范围的有关访谈解释和展示等方面控制的保证，超出自身控制的有关访谈资料价值的建议以及对讲述者和口述历史学家保持永久关系的承诺等。

2. 访谈执行机构（项目组）的伦理要求

访谈执行机构是负责发起、组织口述项目，统筹各个工作环节的机构，同时也是图书馆口述收藏工作的第三个层次——接受捐赠中最主要的捐赠主体。从国内外实践看，由专门机构发起的口述项目占据了很大的比例。从职业道德和伦理规范的角度，应注意以下几点：

(1)社会责任。口述历史和口头传统的采集都是耗时、耗力、耗资的工作。因此，项目的目标设计和被访者选取等须持审慎态度。执行机构在选取项目时，需要有历史使命感和社会责任感，选取那些能够反映和代表国家和民族的历史与文化的主题，切忌盲目跟风和标新立异。同时还要广泛了解国内外口述工作的开展状况，一则可以掌握口述历史等的主流和态势，确定好的项目主题；二则能够避免重复别人

① 美国口述历史协会. 原则与实践总结[EB/OL]. [2013－10－09]. http://www.oralhistory.org/about/principles-and-practices/.

的项目,造成不必要的浪费。

对于被访者的选择也同样须谨慎进行。既要考虑到其对项目的价值,又要考虑到年龄等的因素,及时抢救记忆资源。切不可搞一些“形式主义”的“面子工程”。

更为重要的是,项目组还要注意口述成果对当地社区的回馈。为弘扬当地的历史与文化、传承民间记忆、保护非物质文化遗产等做出贡献的同时,增强当地居民的文化自豪感和社区归属感,从而达到尊重历史、弘扬文化的目的。

(2)保护意识。口述历史和口头传统等采集工作中必然经常要介入他人的生活甚至要求透漏其私人信息——有些甚至是其亲友伙伴都不知道的信息,而这些信息有被陌生人知道的风险,因此,需要对被访者进行保护。具体保护措施主要体现在自愿参与和不伤害两个方面。自愿参与是指主动向被访者阐明项目的目的和意义等,让其自愿接受采访,而不能违背被访者的意愿强行实施访谈。而不伤害“研究对象”则是人文社会科学研究中普遍恪守的伦理规范。口述资料生产过程中的被访者,从某种意义上说就是“研究对象”,因为通过访谈挖掘的是其记忆资源。研究中对生活细节的披露可能会危及其家庭生活、朋友关系或工作等。这些都可能为其带来心理上的伤害。

需要注意的是,自愿参与和不伤害参与者已经越来越形式化,形成了“知情同意”(informed consent)共识。知情同意的基本要求是:基于自愿参与原则而进入研究的对象,必须完全了解他们可能受到的危害。一方面要确切地告知研究对象研究的性质,另一方面要取得研究对象的口头或书面同意。就是通过事先拟定好一份声明,事实上为研究者起到了规避和免责的作用。

(3)人员培训。为了取得满意的访谈效果,圆满完成项目计划和目标,项目组需要对相关人员进行培训。包括对访谈员的访谈技巧、法律知识、道德准则等的培训,也包括对使用访谈设备的培训,甚至还包括专门针对被访社区的专门信息挖掘与文化背景介绍等。项目操作指南中除了明确对被访者个人隐私等的法律和道德责任外，还要对其文化背景等加以考虑，尤其是那些向来不被重视的社区。而且在被访者明确表示公开内容之前，要绝对保密。对抄本和录音带的使用不仅要遵照被访者的字面意思，还要领会其精髓。还要注意忠实于口述记录，不可依据自己主观的价值制定标准来决定原始口述资料的取舍。除了明显的人名、地名、时间、地点等方面的错讹可以改正外（必要时还得添加注释说明，较好的办法是在访谈时提示受访者自己口头改正），主访者或加工者只能在理顺文法、调理逻辑结构等技术层面上进行整理加工[①]。

（4）归档准备。项目组必须有强烈的归档意识，除了制作与完善各种方便编目“前端控制”的表格外，还必须注意保持访谈录音的原貌，不得轻易对访谈的原始录音或抄本进行编辑和修改等。如果为了某些特定目的不得已而为之，则须注明三 W（When，Why，by Whom），即在什么时间、因为什么原因、由谁做出了编辑或修改。还要注意与图书馆等收藏单位保持密切的沟通与合作，特别是编目人员的合作，尽可能全面地提供编目所需访谈信息。在归档之前，应着重做好三方面的准备，包括法律协议、访谈标记（贴在录音录像带上的）和访谈概要。确保访谈资料能够及时归档并且符合归档要求是口述历史项目组的职责。

3. 收藏机构的伦理要求

图书馆等收藏单位的编目归档工作是连接口述资料生产与利用的桥梁，只有完全、充分的访谈信息及相关背景的揭示以及人名索引、地名索引和目录体系的形成，才能为用户的检索和利用提供门径。而将口述资料纳入图书馆馆藏体系中，为相关资料建立链接与参照，则可以大大提高口述资料的利用效率。

（1）收藏管理。是否接受口述历史收藏是口述历史收藏部门所面

---

① 曹幸穗. 口述史的应用价值、工作规范及采访程序之讨论[J]. 中国科技史料，2002，23(4)：335 – 342.

临的第一个道德考量。因为收藏的目的是为了更好的保存和利用，在美国，如果没有能力对收藏的口述历史进行管理则违反了美国档案协会的道德准则（Code of Ethics）①。

图书馆应充分意识到保存口述资料的复杂性和艰巨性，注意将保存其他类型的资料所运用的先进的技术和管理方法运用到口述资料的管理中。资料的保管也非常重要。必须注意防水、防火、防盗和防损坏。适宜的保存环境是温度在21摄氏度（70华氏度）左右，相对湿度在40%—50%之间，并且使用排酸的盒子或者文件夹来盛装。磁带和磁盘同时注意远离磁场。有的学者建议对磁性介质进行定期维护，至少每年一次②。

除了保持口述资料物理形态完整外，图书馆还要注重在编目、检索等环节对口述历史内容的揭示。要做好充分的备份工作，确保资料安全。在具体的排架方式方面，特别是声像资料和抄本的捆绑存放抑或建立链接分开存放等具体细节，都需要图书馆在参考先进馆做法的同时，结合本馆实际，在实践中不断探索。

而在收藏管理的每一个环节，“存储机构应当遵守被访者与访谈者或赞助机构所签订的协议，不仅限于字面，而且包括其精神。如果不存在任何书面文档（如《知情同意书》或《权利转让协议》），那么存储机构应当尽到诚信的努力联系到受访者以知悉其真实意愿。对于访谈结束后新出现的媒介形式，口述历史相关工作人员应当审慎地考量协议在新媒介中是否适用”③。

（2）正确归档。图书馆应当确立归档原则，并制定严格的编目流程。还应注意对工作人员的培训工作，因为口述资料有其自身特殊

① Nancy Mackay. Curating Oral Histories: From Interview to Archive [M]. California: Left Coast Press, 2007: 33.

② Nancy Mackay. Curating Oral Histories: From Interview to Archive [M]. California: Left Coast Press, 2007: 16.

③ 美国口述历史协会. 原则与实践总结[EB/OL]. [2013－10－09]. http://www.oralhistory.org/about/principles-and-practices/.

性,既不能适应图书等印刷资料的编目规则,也不能按照档案的标准进行,而且在网络时代,对"抄本自动转换"等新技术的利用会大大提高编目效率。

明确归档范围(主要应清楚哪些口述历史资料是不可以接收的,比如"孤儿访谈"等)也是必要的。正如图书馆对印刷资料的选择和取舍一样,应从本馆的馆藏特点以及现有资源情况和人力状况等明确口述资料的收录范围。同时应注意提高归档效率,缩减资料编目和整理时间,尽快为读者提供利用。应熟悉与口述历史收藏有关的法律规定,使各项工作合乎法律规范。

(3)提供利用。图书馆收藏资料的目的终究是为了促进资料的利用。口述资料的采集过程相对文字资料要烦琐和复杂许多,投入的人力等成本也异常巨大,编目和整理工作对图书馆也是巨大挑战。而所有这些,都是服务于资料的利用。图书馆应在尊重隐私、遵守政策、符合法律规范的前提下,无偏见地为口述资料提供获取路径。有条件的图书馆尽量将资料数字化并提供网上获取,至少也应提供网上检索服务。

在提供利用过程中,除了尊重被访者、口述历史收集者、用户乃至口述历史主体的隐私权外,还应当尊重口述历史记录本身的机密性,并依据法律、道德和文化的因素采取必要的限制利用措施。即应根据口述资料自身的特点确定公开的范围和方式,不能为了利用而不加任何限制。因为资料一旦公开后,所产生的侵犯隐私等后果将难以预料和控制。

处理好特殊的矛盾和冲突也是关键。口述资料捐献者的初衷或意图与收藏单位的任务或职业要求相冲突(比如被访者事先做出了拒绝网络传播的声明,那么图书馆或档案馆在数字化过程中即面临此冲突)时,不能单纯遵照法律协议的内容行事,需要道德准则的约束。同时,收藏单位也应守住自己的底线,即馆藏资源的自由开放和平等获取。

确立一套控制口述资料获取和使用的政策也是对图书馆传统工

作流程的一个挑战。对于这种不可复制的独特资源，保存和利用之间存在着天然的冲突关系，而往往保护优先。在具体使用方面，应该建立一个常规机制，限定借阅时间并且安排专门馆员协助等，总之要确保全程可控性。此外，口述资料不适宜采用开架借阅的方式。用户必须获得身份确认并明确表示他们已经阅读了相关"口述资料使用规则"，对资料的所有权及著作权归属都明悉。在口述资料利用方面，图书馆必须注意的是一定要提供复制件而非原件。必要的时候工作人员需要引导和帮助读者对录音机等读取设备的使用，避免因为错误操作导致存储介质的损坏或数据丢失。另外，图书馆应加大口述资料的宣传，利用教育、展览、出版和网络传播等各种方式促进口述资料的利用。

概括起来说，收藏机构的伦理要求应重点关注四个方面：首先是内容审阅。口述历史访谈中所涉及的名誉权、隐私权等法律问题，同样也是道德准则中所关注的问题。即要求收藏单位在资料对外开放之前，应持审慎的态度，对录音带仔细地听，对抄本认真地读，防止信息泄露给他人造成的危害和给口述历史诸方带来的麻烦。其次是用途审查。许多口述历史生产者都认为对口述历史资料的使用应该限制，即对研究者使用目的和方式等进行必要的审查。与此同时，保护讲述者对自己文字的使用收益也是收藏单位的道德要求。因此用户培训非常重要。再次要做到文化尊重。对被访者文化价值的尊重是口述资料为公众使用时非常重要的道德准则。但是尊重的前提是了解，而预防冲突的关键是保持敏感。最后是网络传播须慎重。网络和信息技术是双刃剑，一方面可以促进信息的广泛传播，另一方面就是信息的不当使用。一旦口述历史项目提供了网上获取，那么其声像资料、抄本等都可以通过链接获得，因此收藏单位在上传资源时应持审慎的态度。

总之，法律问题与伦理问题难以两分，其重点不在于问题该怎样解决，而在于如何避免问题的发生。对问题的合理规避，不仅是一种社会责任，更是口述历史、口头传统等口述资料从业者的一种自我保护。尤(Yow)曾经生动地描述了对待法律与伦理问题的审慎态度:“法律与伦理议题就像一只猫进入到狗窝一样地必须小心翼翼”,他同时指出,就算你有了契约或权利让渡书,伤害依然可能会发生,因此,事先的预防以及长期专业伦理的训练与培养是必要的[①]。

① Yow Valeric Raleigh. Recording Oral History: A Practical Guide for Social Scientist[M]. London:Sage Publication,1994:84.

# 6 国外口述资料收藏典型案例

随着口述资料在数字时代的复兴与发展,图书馆在口述历史和口头传统等口述资料的收藏方面也呈现逐渐繁荣之势。尤其是美国、新加坡、新西兰等国家,其在参与图书馆类型之广泛、数量之巨大以及完善的可持续发展机制等方面,为中国的图书馆界提供了很好的借鉴。

## 6.1 口述历史收藏方面的代表

### 6.1.1 美国

1. 总体状况

美国作为现代口述历史复兴的发源地,于 1967 年成立"口述历史协会"(Oral History Association),该协会对全球口述历史界起着统领作用。协会的宗旨是促进口述史学的发展,交换理论与实务经验,促进口述资料的利用,并不断改进相关技术。协会的《原则与实践总结》是口述历史工作的权威性指导文件,其中对于伦理规范的详细规定更是具备很强的理论意义与实践价值。该协会还创办《口述史学通讯》(20 世纪 70 年代更名为《口述历史评论》(*Oral History Review*)。至 20 世纪 70 年代,各行各业都把口述史学方法视为建立自己行业历史的有效手段。

在口述资料收藏方面,最大的一个口述史学项目是由联邦政府资助的对历届美国总统的口述研究。即在每任总统卸任后,就对总统的内阁成员、高级参谋以及亲属进行采访,访谈资料整理完毕后,相应地设立总统图书馆。到目前为止,已经建立了罗斯福、杜鲁门、艾森豪威尔、肯尼迪、约翰逊、尼克松、福特、卡特、里根和布什总统图书馆①。不但有总统图书馆，几乎各州都有口述历史博物馆、图书馆，而且各个大学的图书馆如哈佛、耶鲁、杜克等也有口述历史资料的收藏②。美国国会图书馆开展的“老兵记忆”等口述历史项目也是极为成功的典范，特别体现在数字化存储与网络获取以及法律事宜的处理等方面。

美国可谓是全世界口述历史工作开展最为广泛的国家，除了上述闻名遐迩的项目外，社区和学校（包括中小学）等也广泛开展了各种类型的、大大小小的口述历史项目。其中利用学生作为访谈志愿者开展的项目更是非常普遍，不仅锻炼了学生的语言表达和社交能力，而且对于他们了解本地的历史和文化有着积极的意义。

2. 全球口述历史复兴的助推者——美国班克罗夫特图书馆

史学界通常认为，1948 年哥伦比亚大学艾伦·内文斯（Allan Nevis）在哥伦比亚大学创立口述历史研究中心并第一次使用“口述史”这个概念，标志着现代口述史学的建立③。然而史实证明，成立于 19 世纪 60 年代初的美国班克罗夫特图书馆（Bancroft Library）早在 19 世纪 70 年代就开展了口述历史工作，比哥伦比亚大学口述历史研究中心的成立早了七十余年。班克罗夫特图书馆不仅是美国现代口述史学的诞生地，同时也是现代图书馆开发、收藏、整理、传播口述资料的先行者。作为一个经典案例，它对我们今天的图书馆从事口述资料开发建设也有着重要的参考价值。

在班克罗夫特图书馆萌芽时期，其采集与收藏的文献主要以图书、地图、手册为主。今天的班克罗夫特图书馆馆藏以手稿和口述资料为最大特色。就口述资料采集而言，该图书馆经历了两个阶段：一是 19 世纪 70 至 80 年代的“班克罗夫特口述”（Bancroft Dictations）阶

① 杨祥银. 美国总统图书馆的口述历史收藏[J]. 图书馆杂志，2000（8）：60－62，64.

② 张广智，陈恒. 口述史学[M]. 台北：扬智文化事业有限公司，2003：148.

③ 李向平，魏扬波. 口述史研究方法[M]. 上海：上海人民出版社，2010：1.

段;二是 1953 年复兴并维持至今的口述历史阶段。这两个阶段间隔了半个多世纪。

“班克罗夫特口述”形成于 19 世纪七八十年代。班克罗夫特先生通过访谈获取历史资料的本意是佐助自己的历史写作。特别值得一提的是,班克罗夫特不仅对精英历史人物进行访谈,还渗透到社会底层,包括矿工、商人、工人、农民、大农场主等。这在某种意义上颠覆了美国的口述历史是从“高层人物”访谈开始的说法,如现代口述历史之父艾伦·内文斯在其口述历史奠基之作——《历史之门》(*The Gateway to History*)中对采访对象范围的定位,就要求“有系统地从还活着的美国风云人物口中和文件上,套取他们最近 60 年来参与政治、经济、文化活动的全部记录”[①]。这一关注精英的口述史采访策略,从哥伦比亚大学口述历史研究室成立之初就予以了贯彻。国外有学者认为,在口述历史的兴起阶段,美国和英国的关注点是不同的。前者重视美国白人精英的口述历史,填补文本资料的不足;后者则关注普通劳动人民以及民俗等方面的研究。20 世纪 60 年代以来,英国的社会历史学家对底层历史(history from below)的书写对全世界产生了深刻的影响。代表性的人物和作品是保尔·汤普逊(Paul Thompson)和他 1978 年发表的巨著《过去的声音:口述历史》(*The Voice of the Past:Oral History*)[②]。然而班克罗夫特图书馆的口述资料的采集范围,说明美国早期口述史也有关注下层社会的。到了 19 世纪 80 年代,访谈走进了低潮,直到班克罗夫特系列著作完成,班克罗夫特图书馆采集与收藏口述资料工作的第一阶段——“班克罗夫特口述”宣告终结。“班克罗夫特口述”是图书馆最有价值的藏品之一。1942 年,亨利·劳普·旺格(Henry Raup Wagner)在著作《书之瑰宝》(*Bullion to*

① 里奇. 大家来做口述历史——实务指南(第二版)[M]. 王芝芝,姚力,译. 北京:当代中国出版社,2006:6.

② Alistair Thomson. Four Paradigm Transformations in Oral History[J]. The Oral History Review,1978,34(1):49 – 70.

Books)中,对其做出了高度评价:“今天班克罗夫特图书馆的价值不在于它所收藏的图书,而在于班克罗夫特先生对西部拓荒者个人记忆的采集和对加州要人的访谈所获得的记录以及手稿等原始资料。”①

班克罗夫特图书馆“班克罗夫特口述”阶段结束后,便携式磁带录音机的发明和1948年哥伦比亚大学口述历史研究室的成立使得该图书馆的口述资料采集、收藏又重新复活。1953年,班克罗夫特图书馆的手稿部(Manuscript Division)对艾丽斯. B. 托克拉斯(Alice B. Toklas)进行了一个用录音带录音的采访(tape-recorded interview),标志着口述资料采集工作在班克罗夫特图书馆的复兴。

1954年,加州大学图书馆成立了一个小型口述历史项目——地区文化历史项目(Regional Cultural History Project),并在此基础上成立了班克罗夫特图书馆地方口述历史办公室(ROHO)。班克罗夫特图书馆地方口述历史办公室在成立之后,继续秉承班克罗夫特先生的遗志,进行了大量的口述历史访谈,还在国会图书馆注册登记其口述历史项目。ROHO的官方网站中专门开辟了“重点口述历史项目”(Featured Projects)专栏,列举了包括女权运动和西部矿业开采以及艺术家生活访谈等非常有影响力的口述历史项目,每个项目都按“讲述者”(narrators)姓名编制了索引,并从保护著作权和隐私权的角度设置了“点击授权”环节,实现了口述历史资源有限制地网上获取②。如今的班克罗夫特图书馆设有“马克·吐温的文件和项目”“地方口述历史办公室”“加州大学档案馆”“科技项目历史图画”等机构,既是地区口述历史中心,也是全美最大、最繁忙的特藏馆之一。它拥有大约2000份口述历史访谈资料、60余万册书籍、6000余万本手稿、800多万张照片/图画、4万多份缩微胶片和2万多幅地图。该馆已经成为美国保存

① Henry Raup Wagner. Bullion to Books: Fifty years of Bussiness and Pleasure [M]. Los Angeles, 1942: 251.

② Regional Oral History Office[EB/OL]. [2012 - 06 - 26]. http://bancroft.berkeley.edu/ROHO/projects/index.html.

手稿、善本库和特有资料最多和利用率最高的图书馆之一。据现任馆长查尔斯·贝利·福尔哈伯(Charles Bailey Faulhaber)介绍,班克罗夫特图书馆是美国西部乃至全美收藏西班牙历史的最重要的、最好的图书馆之一,也是拥有墨西哥革命历史收藏最多的图书馆之一。

从某种意义上说,美国早期的口述历史项目是在“班克罗夫特口述”的激发下进行的。乔治. R. 斯图尔特(George R. Stewart)就是早期受其启发而从事口述历史工作的人物之一。他在班克罗夫特图书馆ROHO 的发起以及哥伦比亚大学口述历史研究中心的成立等方面都起到了重要作用。1966 年写给时任 ROHO 负责人的鲍姆女士的一封信中,他介绍了这段经历:“1943 年,我们开始有想法要成立 ROHO 项目。由于我在班克罗夫特图书馆的工作经历以及对艾伦·内文斯著作的阅读,我认为有必要将班克罗夫特先生开创的历史研究方法继续下去。1945 至 1946 年,在我担任图书馆委员会主席期间,就这个事宜与图书馆员和历史界开展商谈。在哈特(J. D. Hart)的激励下,1945 年我们的口述历史工作真正开始。那也正是哥伦比亚大学口述历史项目的筹建时期。”[①]1966 年,鲍姆女士在西部历史协会(The Western History Association)的第 6 届年会上提交了名为《口述历史:班克罗夫特图书馆的传统复兴》(*Oral History:A Revived Tradition at the Bancroft Library*)的论文,认为风靡美国的口述历史,是一百年前“班克罗夫特口述”的复兴。一年之后,即 1967 年,美国成立了全国性的口述历史协会(OHA),为口述历史的学术交流和工作推进提供了平台。鲍姆女士是主要发起人之一[②]。由此可见,班克罗夫特图书馆对口述资料的采集与收藏,不仅起到了美国口述史产生的触发点的历史作用,而且

---

① Gorge R. Stewart to Mrs. Baum, Sept. 24, 1966. 引自:Willa Klug Baum. Oral History:A Revived Tradition at the Bancroft Library[J]. The Pacific Northwest Quarterly, 1967, 58(2):57 – 64.

② 陈俊华. “创造史料”的图书馆:口述历史在地方文献工作中的作用[J]. 图书情报工作, 2007(5):130 – 133.

也成就了班克罗夫特图书馆在美国口述史学创始者的地位。

保存人类文化记忆,这是图书馆永恒的历史使命。但现代图书馆保存人类记忆的方式基本上是被动的,即它不生产文献,而是从浩如烟海的文献中进行选择收藏。在知识生产与消费的过程中,出版机构主导了知识生产的上游环节,图书馆因扮演了知识交流中介的角色,主要处于中游环节上。图书馆不生产知识,只能被动选择、保存现有知识,这与古代图书馆既生产知识也保存知识(如撰写年鉴与史传、编纂各类辞典等)的功能大相异趣。班克罗夫特图书馆对口述资料的采集与收藏则改变了现代图书馆的这种被动方式,它通过主动访谈社会各阶层人士形成了珍贵的口述历史文献。这种介入知识生产并将知识生产与知识保存打通的图书馆实践活动,复活了古代图书馆的文化传统。

### 6.1.2　英国

英国口述史学的发展路向与美国有着显著的不同,它从一开始即关注底层百姓的生活,为他们提供发声的机会。英国艾塞克斯大学社会学教授、英国图书馆国家声音档案馆(British Library National Sound Archive)国家生活故事收藏(National Life Story Collection)的创始人和英国口述历史学会(Oral History Society)官方刊物——《口述史学》的创办者保尔·汤普逊(Paul Thompson)先生的口述史学理论专著——《过去的声音:口述历史》(*The Voice of the Past*:*Oral History*),即鲜明地体现了这一特点。因此,在英国,口述历史被广泛地应用在经济史、劳工史、妇女史和社会史等领域的研究,并有《家庭与劳动》《男女平等》《渔猎生活》等口述史专著相继问世①。

英国口述资料收藏方面比较典型的实例是伦敦经济学院建立的"英国政治与行政口述资料档案馆"(the British Oral Archive of Political

① 杨雁斌.浅谈口述史学的发展与特性[J].国外社会科学,1993(4):76-79.

and Administrative History）和20世纪80年代成立的“英国国家音响档案馆”（National Sound Archive）。后者是英国乃至整个欧洲最负盛名的口述历史收藏中心。它不仅开展广泛的口述资料收藏，而且还实施口述历史访谈。英国图书馆国家声音档案馆是世界上最大的声音档案馆之一，该馆从1983年开始收藏口述历史。它对每个人来说都是无价的公共资源，尤其是那些对它感兴趣的研究者、学生、教师、新闻记者、电台和电视节目制作人、音乐家、地方历史学家、博物馆和图书馆管理员以及社区工作者等。声音档案馆目前已经成为英国口述历史的收藏中心，它不仅开展一系列的口述历史项目，而且举办各种各样的培训班，讲授口述史学理论和方法问题，并与英国乃至世界各地的口述历史学家和团体保持紧密的联系。英国图书馆国家声音档案馆在过去的二十多年中已经组织了一系列的口述历史访谈项目，主要包括国家生活领导者、城市生活、犹太社区的活生生记忆、艺术家生涯、建筑家生涯、法西特收藏、钢厂生活、法律生涯、石油工业口述历史。除此之外，目前正在进行之中的口述历史项目还涉及出版、报纸产业、环保运动和科学团体等方面。1999年英国图书馆国家声音档案馆与英国BBC电台、英国口述历史学会等机构联合开展了英国历史上迄今为止规模最大的口述历史项目——“世纪之谈：BBC千年口述历史项目”。这个项目通过采访来自社会各个行业的人们来记录20世纪的历史，这在世纪之交具有深远的意义①。

### 6.1.3 澳大利亚、新西兰

1. 收藏推动口述史学发展——澳大利亚

澳大利亚口述史学的发展主要归功于图书馆和档案馆的推动。澳大利亚国家图书馆于20世纪50年代率先在澳大利亚开始现代口述历史的搜集工作，不仅是开展口述历史项目的主要机构，而且是澳

① 刘冰. 口述历史的现状与未来[D]. 成都：四川省社会科学院，2009：17－18.

大利亚最主要的口述历史收藏中心，也是南半球最大的口述历史收藏中心。

澳大利亚国家图书馆口述历史收藏主要包括三部分的内容：澳大利亚杰出人士访谈、民俗收藏和社会史收藏。杰出人士的访谈包括商界、政界、新闻界、学术界、宗教界、体育界、艺术界、文学界等领域的杰出人士，其中不乏杰出妇女代表；民俗收藏包括音乐、舞蹈、服饰、节庆等多种多样的文化表现形式，展示了澳大利亚作为移民国家的深厚文化底蕴；社会史收藏则涉及失业、澳大利亚林业、妇女、艾滋病人、战后华裔澳大利亚人和马戏团等，近几年还开展了一些反映澳大利亚普通民众日常生活和工作经历的口述项目。

澳大利亚国家图书馆还组织了一个"声音和记忆：澳大利亚口述史学"研讨会，会上不仅介绍了图书馆当前正在进行的口述历史项目和即将进行的口述历史选题，而且根据研究者的个案研究探讨口述史学自身的方法和理论问题。除了澳大利亚国家图书馆之外，南澳莫托洛克图书馆档案、新南威尔士大学档案馆等也开展和保存口述历史①。

澳大利亚国家图书馆还设有中国历史收藏部，其中收藏有大量口述历史资料。澳大利亚历史学家戴安娜·吉思从 1992 年开始主持澳大利亚华人口述历史项目，采访第一批移居澳大利亚的先行者、华人社区退休政治家、国会成员及华人企业家，采访人数达 80 多人，并最终于 1995 年和 1997 年分别出版了吉思的两部著作——《唐人街那边》和《太空人、丧失的灵魂和龙》②。

2. 立法保障口述收藏——新西兰

新西兰最初的口述资料保存在"新西兰口述历史档案馆"，1991 年档案馆被废除，在亚历山大·特恩布尔图书馆（Alexander Turnbull

① 刘冰. 口述历史的现状与未来[D]. 成都：四川省社会科学院，2009：21－22.

② 刘冰. 口述历史的现状与未来[D]. 成都：四川省社会科学院，2009：26.

Library)内建立了口述史中心[①]。该中心是新西兰最大的口述历史收藏中心,已经保存了将近九千多个小时的口述回忆。口述历史收藏主题涉及人种、社区、宗教多方面,具体采访对象有政治家、医生、邮局工人、流行音乐家、教师、技术人员、家庭主妇等。中心还收藏了大量的关于毛利人(Mario,毛利人占新西兰人口的9%左右)的口述历史记录。口述历史中心不单单是口述历史的贮藏所,也根据新西兰历史的特点开展相应的口述历史项目,提供专业的口述史学培训,包括口述历史访谈技巧、设备使用,以及提供设备租赁服务[②]。

新西兰是目前所知唯一通过立法形式保障口述资料收藏的国家,集中体现在《新西兰国家图书馆法》第10条对口述历史记录的采集、整理和保存的法律条款设置上。

《新西兰国家图书馆法》第10条"向国家图书馆提交口述历史资源"(Provision of Oral Histories to National Library)主要规定了个人和机构向国家图书馆提交口述历史记录、资料的义务。该条文涉及口述资料收藏的有两款。第一款主要明确了口述历史的定义和捐助主体的范围。"口述历史指通过一定录制设备记录的个人回忆和感受,以及由这些记录所衍生的各种类型的信息。"其捐献主体包括个人和机构。"个人,指自然人,包括内阁成员、公司首席执行官以及普通职员和公民";"机构,包括政府机关、学校、公司及其他类型的实体"。

第二款主要规定了国家图书馆接受口述历史捐献的对等义务,即如何处理和对待"附条件的捐助"。"如果口述历史记录属于附条件捐献(如以获取信息为条件),如果有国家图书馆员的书面记录,那么国家图书馆应该遵守这些附加条件。"[③]

---

① 新西兰国家图书馆[EB/OL].[2009 - 09 - 25]. http://www. hudong. com/wiki/% E6% 9…% E4% B9% A6% E9% A6% 86.

② 刘冰. 口述历史的现状与未来[D]. 成都:四川省社会科学院,2009:23.

③ New Zealand Legislation:Acts[EB/OL].[2009 - 10 - 18]. http://www. legislation. govt. nz/a. . . 9/latest/whole. html.

这个条款目的在于鼓励个人提交口述历史记录。当个人向国家图书馆提交口述历史记录的时候,可以以获取其他的馆藏信息为条件,一旦条件经过书面记录,那么条件成立,国家图书馆应提供给提交口述历史记录的个人所需的目的信息。这样,既扩大了口述历史记录的收集范围、数量,也提高馆藏的利用程度,使馆藏能被有需要的读者取用,做到使物尽其用。新西兰国家图书馆的口述历史中心是亚历山大特恩布尔图书馆的一部分,至今已收录有 10 000 件口述历史文献记录。这些记录包括对整个新西兰、太平洋地区的个人访谈,涉及各个种族、各个职业、各种政治背景人物。这些记录多数源自 20 世纪 60 年代,记录内容覆盖了新西兰的社会、文化、社区、政治历史,时间从 19 世纪末期到现在①。

### 6.1.4 其他国家

1. 新加坡

新加坡于 1979 年设立口述历史组,进行口述历史计划。1985 年,口述历史组发展成为口述历史馆,1993 年又改为口述历史中心,负责开展口述历史项目并保管口述历史资料。目前,该中心已出版刊物、试听资料,并开放录音带和访问记录。该中心的资料,颇受英、美、法、澳、日本、加拿大学者的重视②。

中心平均每年采集 600 小时的口述访谈。这些馆藏不仅涵盖了不同的主题与内容,还包括多种语言和方言。为了扩充馆藏,中心还利用访谈资料开展各种活动来推广口述历史,例如举办音像展示、展览、喜剧以及出版物等。近几年,中心开始新的角色定位,除了充当口述史料的采集者和责任人外,还定期组织关于口述史方法的研讨会和

---

① 林晋宝.《新西兰国家图书馆法》对我国图书馆立法之借鉴意义[J].图书与情报,2010(6):72 - 75,121.

② 沈怀玉.口述史料的价值与应用[C]//中国近现代史史料学国际学术讨论会论文集.北京:新华出版社,2004:133 - 160.

工作坊，并为感兴趣的学校和机构提供咨询服务[①]。

新加坡口述历史中心开始是作为国家档案馆的一个口述历史单位而闻名的。它的任务是搜集那些能够弥补文字资料缺陷的记录，为历史的全面理解增加色彩和生命力。该中心实际承担了收藏口述历史的职能，负责将收集到的访谈录音加以编目、保存和传播，同时也为学校口述历史项目提供专业的指导。正是在口述历史中心的影响下，一些大学历史系都开设了口述史学课程，很多学生也通过口述历史个案研究来撰写毕业论文。该中心所出版的《记忆与回忆：新加坡国家档案馆口述史工作手册——通过口述史记录国家的历史》系统地介绍了口述历史项目从规划到实施到资料管理的整个工作流程，并通过形象的图表形式描述。

2. 西班牙

西班牙口述史学的发展主要归功于大学和档案馆的推动。口述史学走进大学最初发端于巴塞罗那大学，时至今日几乎所有的大学、私人研究所和基金会都有口述史学团体。

巴塞罗那城市历史档案馆从 20 世纪 80 年代开始设立了口述资料部，进行了一系列的口述历史访谈的实施以及口述资料的搜集工作，其中很重要的一部分是关于西班牙内战的访谈。尤为重要的是，该档案馆还特别重视口述资料与相关文献资料的融合，在采集口述历史的同时，注重对相关文字资料的采集。为了推动西班牙国内和国际口述历史学界同行的交流，1989 年巴塞罗那大学和巴塞罗那城市历史档案馆共同创办了西班牙语版口述史学刊物——*Historia, Anthropolog-fa y Fuentes Orales*。

① 新加坡国家档案馆. 记忆与回忆：新加坡国家档案馆口述史工作手册——通过口述史记录国家的历史［M］. 北京：中国档案出版社，2011：6.

## 6.2 口头传统收藏方面的代表

与口述历史的复兴和繁荣相一致,口头传统也随着联合国教科文组织对非物质文化遗产保护的重视,日益在世界各国得到重视。国外的“口头传统”研究始于20世纪三四十年代,西方许多国家很早就开始成立专门机构,搜集、保存和研究各种口头样式的文化遗产,例如,美国国会图书馆与芬兰文学学会分别建立了具有世界影响的口头文学资料库和口头传统资料库,尤其是哈佛大学威德纳学院图书馆的“帕里口头文学特藏”更是树立了口头文化搜集、保存、开发、应用和研究的范例。

### 6.2.1 芬兰

1. 芬兰文学学会口传文学资料库

位于芬兰首都赫尔辛基的芬兰文学学会(Finish Literature Society)(有学者翻译为“文学学会”)[①]是一个国际研究机构,是国家记忆机构和文化组织。主要由民俗档案馆、文学档案中心、图书馆(是专门致力于文学和文化研究的研究型图书馆)、出版社、芬兰文化交流中心、研究部和行政管理与财务部组成,其最基本职能是研究和促进芬兰的口头传统、芬兰语言和文学。

自芬兰文学学会成立以来,口传文学资料的搜集一直是该学会的核心任务,口传文学资料库有手稿资料、声像资料、摄影资料等部门,堪称是世界上最大的口头传统也兼及口头传统与书写传统之间的关联资料库,由515公尺的手稿笔记库、14 500小时的录音资料库、950小时的录像资料库以及110 000幅图片资料库组成(据1997年的数据

① 芬兰文学学会[EB/OL].[2013-09-06].http://www.finlit.fi/english/society/index.htm.

统计)。民俗档案收藏了差不多跨越 2 个世纪的口头传统。大约有 3 万人参与收集口头传统资料。考虑地理因素,收藏主要集中于芬兰和邻国卡累利阿。收藏主要包括口头传统、民俗音乐、民族表达(ethnological descriptions)、传记和回忆录。

芬兰文学学会口传文学资料库(the Folklore Archive of the Finish Literature Society)是世界上最大的口头传统资料库。该资料库是研究芬兰民间口头文学及相关课题的资料中心,涵盖的资料有手抄本、录音资料和图像资料,可提供给有关学者、研究机构、媒体和有兴趣的个人。资料库的研究人员和工作人员也承担着研究项目,并参与国际性的合作研究,制作卡片索引、分类归档,发行了与民间口头传统相关的一系列出版物,如文选、导读、目录索引、音像制品等。

2. 土尔库大学口传文学档案馆

土尔库大学口传文学档案馆(the TKU Archive at the University of Turku)是以科研项目为导向的口头传统资料库,成立于 1964 年,在规模上仅次于芬兰文学学会口传文学资料库。是由芬兰土尔库大学民俗学系与比较宗教学系两个系联合,将其在田野调查工作及其相关研究中所获得的相关资料归档并保存,并辅助于声像研究与教学的一个成功案例。第一批录音调查磁带是由著名的资深学者劳里·杭柯在 20 世纪 50 年代搜集的,随后逐步形成了以科研项目为导向的口头传统资料库。该库搜集的资料包括口述资料及其复制资料、手稿、录音记录以及各类田野笔记,录音资料、磁盘、录音带、微缩磁盘和视觉资料(录像带、摄影照片、胶片)等。各类资料按年代排序,大量的声像资料都采用了数据库手段进行分类、索引,实现了计算机系统化管理,并在国际互联网上建立了自己的网站(芬兰语与英语)。

截至 1998 年年底,该档案馆已经搜集了 6684 个录音磁带(约 1 万小时)、703 个录像带、7845 个胶片和 4652 幅照片。总体上大约有 2 万个档案。多年来,该库也为"世界民俗学者组织"(the Folklore Fellows Network)暑期国际高级研讨班(FFSS)培养各国口头传统研究人才做出了巨大的贡献,因而也使得芬兰成为世界口传文学研究的重地。

### 6.2.2　美国

1. 美国国会图书馆“美国民俗中心”

美国国会图书馆（Library of Congress）“美国民俗中心”（the American Folklife Center，简称 AFC）是 1976 年由美国国会创立的，旨在通过特定的项目进行研究、文档、档案保存、参考咨询服务、现场表演、展览、出版物和培训等，以实现“保存和再现美国民俗”的目的。

AFC 是美国国会指定的国家民俗保存和研究中心，以持续收集和记录美国的生活与传统文化，为子孙后代研究和使用为己任，并利用美国国会图书馆先进的保护设施保管其无与伦比的收藏。

美国民俗中心档案馆（the American Folklife Center Archive），成立于 1928 年，隶属于美国国会图书馆的音乐部（Music Devision），是目前保存美国乃至全世界民族志材料最全的机构之一。其收藏囊括了从 19 世纪至今的数百万条目的民族和历史文档记录。这些收藏中包括口头传统资料、口述历史资料以及体现各种文化表达的资料，并且为研究人员提供了便捷的检索途径和利用方式①。

2. 哈佛大学威德纳图书馆“帕里口头传统中心”

威德纳图书馆（Widener Library）是哈佛大学图书馆系统中的中心馆，建成于 1915 年，是仅次于美国国会图书馆的世界第二大图书馆，现有藏书 320 万册②。该图书馆是为了纪念哈佛校友哈里·威德纳而建立的，他生前酷爱收藏图书，是哈佛研究生，出身名门，不幸死于泰坦尼克号遇难。他的母亲为了纪念他，捐资盖了这座驰名的图书馆。该馆专门为帕里当年在南斯拉夫搜集到的资料开辟了“帕里特藏中心”（Parry's Collection），这里保存着大约 1500 小时的歌手演唱录音和

---

① 美国国会图书馆. 美国民俗中心[EB/OL]. [2013 - 12 - 24]. http://www.loc.gov/folklife/aboutafc.html.

② Widener Library History[EB/OL]. [2013 - 12 - 26]. http://hcl.harvard.edu/libraries/widener/history.cfm.

大量的调查笔记和口述记录文本。后来洛德和他的助手与南斯拉夫科学院合作,出版了几大卷《塞尔维亚—克罗地亚英雄归来歌》。这是个旷日持久的项目,其遴选、归类、整理、音写、翻译、出版一整套的工作程序,为我们国家的史诗工作提供了可资借鉴和效仿的样板[①]。

① 朝戈金. 问业哈佛央视国际[EB/OL]. [2013 - 12 - 25]. http://www.cctv.com/folklore/special/C12689/20040802/100639.html.

# 7　我国图书馆口述资源建设路径与展望

## 7.1　积极借鉴国外经验

早在20世纪80年代,美国公共图书馆口述历史研究专家帕尔默(Joseph W. Palmer)就在调查基础上总结出制约图书馆开展口述收藏的主要原因:资金和人力的不足;口述资料质量的不确定性;志愿者的招募和培训难度大;口述资料的利用率低;抄本转换率低等。尽管如此,图书馆界仍普遍认为,“我们抢救了很可能永久消逝的信息,为子孙后代生产出了有价值的资源”①。

这一矛盾的状况目前在中国的图书馆界也有着鲜明的体现。一方面,图书馆界已经逐渐意识到了开展口述收藏工作的价值与意义,另一方面又由于各种原因而难以深入、广泛地开展此项工作。因此,总结各国图书馆的成功做法,为中国图书馆提供借鉴在现阶段有着特殊的意义。

### 7.1.1　调动各方力量

口述资料收藏是一项庞大的工程,需要社会各界的普遍参与和支持。尤其应当注意与图书馆所在地从事口述项目的机构及个人保持密切的关系,通过各种途径吸引其将资料捐赠给图书馆。

由于人力、物力、财力等各方面的限制,图书馆口述资料收藏中很重要的一部分来源于馆外机构或个人的“生产”。口述方法作为田野

① Joseph W. Palmer. Oral History in Public Libraries[M]. University of Illinois, Graduate School of Library and Information Science,1984:31.

调查的一种,越来越多地被社会学家、民俗学研究者等所采用,口述历史作为书写人类历史的重要方式也普遍得到历史学家的重视。因此,在图书馆的外部,存在着一个庞大的口述资料的挖掘队伍,他们可能是系统的、有组织的机构,也可能是以获得研究资料为目的的个人研究者。图书馆应该积极地跟这些机构和个人取得联系,通过洽谈和签订法律协议等方式,成为他们的"资料存储地"。这不仅有利于图书馆的资源建设和发展,而且也是保存当地历史和文化资源的需要。帕尔默在对美国图书馆进行问卷调研后也指出:"图书馆口述历史项目的多少、执行情况如何等往往与当地的某个机构有关。如果当地存在一个活跃的推动口述历史项目的机构,那么口述历史项目在图书馆便能得到很好的开展。"①

美国的班克罗夫特图书馆在这方面为我们提供了宝贵的经验。尽管其口述访谈主要集中于美国西部的重大人物和历史主题,但考虑到自身访谈能力有限,图书馆决定突破机构局限,动员社会力量参与口述历史访谈,在图书馆设立了"磁带捐献中心"(Donated Tapes Collection)。他们鼓励各个行业有历史使命感的访谈爱好者自行录制访谈音像磁带,然后捐献给图书馆。众多有价值的信息通过这种方式得以保存。其中包括安妮 · 洛夫蒂斯(Anne Loftis)和奥德里 · 格德(Audrie Girder)对日裔美国人关于二战集中营的访谈,圣何塞州立大学教授罗伯特. E. 莱文森(Robert E. Levinson)对深陷淘金热的犹太人后裔的采访,旧金山州立大学学生乔治 · 尤尔特(George Ewart)对激进的农业工人领袖的采访等。甚至闻名遐迩的由综合亚洲资源项目(Combined Asian Resources Project)执行的一百多个亚裔美国人的访谈也存放在了该中心。这些访谈尽管都没有对应的抄本,从某种程度上削弱了被研究者利用的便捷程度,但是人们可以通过移动声像记录编目系统(Motion Picture-Sound Recordings catalogue)实现对访谈资料

① Joseph W. Palmer. Oral History in Public Libraries[M]. University of Illinois, Graduate School of Library and Information Science,1984:29.

的主题和访谈题名的检索①。

另一个典型案例是芬兰口头传统资料库，它可以堪称世界上最大、最全的口头传统资料库，在资料搜集方法、口传文学资料库建设、口头文化传承和保护等方面有着成功经验。1935 年，在纪念芬兰民族史诗《卡勒瓦拉》一百周年之际，芬兰口头传统资料库率先建立了全国范围内第一个口传文学搜集者的协作网，截至 1997 年约有 3 万名收集者对该库的资料建设做出过贡献。在其网页中，规定了“芬兰民俗档案”的基本职责是通过各种途径搜集芬兰的口头传统、个人陈述和个人记忆，他们还通过组织全国性的收藏比赛来促进相关资料的收藏②。

就中国图书馆而言，可以借鉴美国班克罗夫特图书馆以及芬兰口头传统资料库的建设经验，网罗社会各界力量，为所有捐赠者成立类似“图书馆之友”的俱乐部，保障他们由于捐赠活动所享有的一系列权益。如授予捐赠荣誉证书、优先使用所捐赠的口述资料及馆藏其他口述资源、电子邮件形式定期接收图书馆口述资料更新的相关信息以及免费参加“图书馆之友”俱乐部组织的各项活动（口述历史工作研讨会）等，并编辑印发《简讯》等材料，向成员免费邮寄和网上传递。这样使他们获得归属感，从而愿意将资料捐献给图书馆。这里需要特别指出的是，图书馆接受捐赠时一定要签署书面的法律协议，明确资料的著作权、所有权的归属等事宜。

### 7.1.2　开辟资金来源

资金问题是困扰全世界图书馆口述资料收藏的主要问题之一，没有充足的资金支持，图书馆无论是接受捐赠还是自身生产口述资料都

---

① Willa K. Baum. History on Tape：The Regional Oral History Office at the Bancroft Library. [J]. California History Quarterly，1975，54(1)：77 – 84.

② SKS Folklore Archives[EB/OL]. [2013 – 10 – 09]. http://www. finlit. fi/english/kra/index. htm.

难以为继。1988 年在美国档案协会的年会上，还设专题就口述历史资金问题展开讨论，但遗憾的是，并没有形成大的研究趋势。

实践方面，帕尔默的调查也显示，由于资金短缺，美国多数开展口述收藏项目的图书馆不能聘用专业的访谈员，“一般由志愿者或者图书馆员来担任，或者采取二者结合的方式”，“公共图书馆面临资金短缺和服务升级的困境，因此口述历史项目的开展更多地会依赖志愿者以及外部资金的支持”①。因此，从长远发展来看，图书馆应该广泛争取各方面的资金支持，并且注意“投入—产出”的控制与核算，确保资金的利用效率。在美国，成功的项目多有外部资金支持，如哥伦比亚大学的口述历史项目的资金全部来源于个人、企业及各种基金会，其中尤其以班克罗夫特基金最为著名。而且，许多项目是在政府支持下开展的，例如历届总统图书馆的口述历史项目则是在联邦政府资助下开展的。

班克罗夫特图书馆则通过成立俱乐部来筹集资金，由于意识到图书馆发展所面临的资金问题，1946 年，时任馆长哈蒙德（Hammond）和他的同事们组织了名为“班克罗夫特图书馆之友”（Friends of Bancroft Library）的俱乐部，人数控制在 2000 人，为图书馆发展提供精神和资金支持，俱乐部一直延续至今。图书馆每年为俱乐部成员颁发纪念品，主要是印刷精美的班克罗夫特图书馆口述资料藏品简介，还定期出版反映班克罗夫特图书馆动态的刊物 *Bancroftiana*。此外，为了鼓励历史研究，将班克罗夫特开创的深度挖掘历史素材、重塑历史的研究传统继续发扬下去，俱乐部还设立了“休伯特·豪·班克罗夫特奖”（Hubert Howe Bancroft Award）。在每年召开的年会上为“在历史研究与记忆保存方面有突出贡献”的个人颁发这一奖项，获奖者中有图书

---

① Joseph W. Palmer. Oral History in Public Libraries[M]. University of Illinois, Graduate School of Library and Information Science, 1984:29.

馆员、作家、口述历史学家和收藏家等[①]。

此外,图书馆还应当充分利用自身口述资源,在遵守法律与相关伦理的前提下,出版图书、出售访谈抄本等,将所得收入用于"反哺"口述资料的收集与整理。位于加州大学伯克利分校的班克罗夫特图书馆,手稿收藏十分丰富,令许多研究者趋之若鹜。人们将这些手稿誉为"霉变手稿之矿"(a mine of musty manuscripts)。为了方便读者对馆藏资源的利用,图书馆编辑出版了《地方口述历史中心访谈目录(1954—1979)》《地方口述历史中心访谈目录(1980—1998)》和《班克罗夫特图书馆收藏手稿指南》,为图书馆赢来不菲的收入。此外,马克·吐温的往来通信、未发表的手稿、笔记以及已完成但迄今仍未面世的作品的出版等也是补充图书馆资金的重要途径。图书馆如今已经拥有自己的出版社——班克罗夫特图书馆出版社(Bancroft Library Press)和书店(Bancroft Library Store),并在图书馆网站中公布出版图书目录和提供网上售书服务[②]。正式出版物之外,抄本也为图书馆开辟了财源。对于研究者而言,基于访谈内容逐字逐句转录而成的抄本更加方便于存储和阅读。班克罗夫特图书馆由于其口述资料在还原美国西部历史方面的不可替代性,其抄本的利用率非常高。故抓住这一商机,提供抄本出售服务,供全国各个图书馆和私人研究者购买。

但是争取到资金只是导致项目成功的一个方面,投资机构对口述历史所达成目标的指引、项目的整体规划、人文学科学者的指导,以及大众的参与等也起着重要作用,而图书馆对项目的整体控制则是其中的关键。

① The Hubert Howe Bancroft Award. [EB/OL]. [2012-06-02]. http://bancroft.berkeley.edu/info/bancroftaward.html.

② The Bancroft Library[EB/OL]. [2012-06-26]. http://bancroft.berkeley.edu/events/bancstore/specialpub.html.

### 7.1.3 促进资源利用

众所周知,收集口述资料实属不易。从“投入—产出”的角度,图书馆应为已经纳入收藏的资料提供完备的检索路径,促进资源的利用。图书馆口述资料的用户主要包括学生、谱系学家、学者和当地的历史迷等。具体的利用方式除了录音/录像带及抄本的阅览之外,还应包括:出版图书(特别是插图本)、小册子、宣传册,举办各种展览,提供参考资料(教室/电台),为旅游团体提供咨询服务等①。

帕尔默认为,“多数图书馆的口述历史项目都没有实现其应有的价值。除了资金、人力等因素外,相关知识的缺乏导致的目标不明确、不现实,工作流程不专业、没有为资料的利用提供充分的准备等,都极大地阻碍了口述历史价值的发挥”。从国内外口述资料利用的现实状况来看,影响其价值发挥的因素主要包括:①抄本是否转录(相对于录音、录像而言,抄本阅读和使用更为方便);②是否编制完备的索引体系;③图书馆设备能否满足用户的需要;④口述资料的保藏状况是否适当等(即便是采取了适当的保藏,磁带仍不能作为长久的保存媒介,需要统一配置服务器)等。而决定访谈价值的最根本的因素在于访谈员的水平以及访谈主题的选择②。

但是,在资料利用方面,也不乏成功的案例。班克罗夫特图书馆也有一些值得我们借鉴:一是对资料的“批判式利用”。基于对历史原貌的尊重和对自身资料的客观评价,班克罗夫特图书馆在口述资料的提供利用方面形成了与利用者互动的民主开放的局面,即所谓的“批判式利用”(critical use)。无论对于访谈的原始录音还是对于完整的抄本,利用者都可以提出批评意见和修改建议,但必须提供确凿证据

① Joseph W. Palmer. Oral History in Public Libraries[M]. University of Illinois, Graduate School of Library and Information Science, 1984:26.

② Joseph W. Palmer. Oral History in Public Libraries[M]. University of Illinois, Graduate School of Library and Information Science, 1984:28.

和准确信息来源,以便图书馆工作人员进行修改。利用者还可以推荐与某个访谈相关的未来访谈,甚至可以提供资金线索①。二是设立专门奖学金。为促进图书馆资源的利用,班克罗夫特图书馆为加州大学致力于研究班克罗夫特图书馆资源的研究生设立了专门奖学金,每年资助2名同学。资助范围涵盖学费和基本生活费。在这一资助下,无数的学者从"霉变的手稿矿"中寻到了众多"宝贝"。事实上,班克罗夫特图书馆由于其收藏内容之广和形式之丰富,为我们理解过去乃至我们所生存的时代提供了活灵活现的生动资源。这也真正实现了班克罗夫特先生对图书馆的定位——"不仅是资料的存储地,而且是促进知识发展的场所"以及"为学术研究服务,包括现在和将来"的图书馆服务宗旨②。

而芬兰文学学会口传文学资料库为了促进资源的利用,不仅整理出版各种研究专题的口传题材,而且还建立资源共享模式,在各地少数民族口头传统搜集者之间搭建"协作网",发挥资源共享和科研项目带动的优势,推进少数民族口传文化的研究。特别是世界各地学者利用网络无偿使用其绝大多数资料的模式,无形中加大了口传文化的研究,为进一步深入研究口传文化奠定了坚实的基础。

### 7.1.4 提供立法保障

口述资料的采集、整理和利用的各个环节都存在着著作权、隐私权等法律保障的问题,可以通过各种授权协议加以规制。但是,将口述资料收藏作为图书馆的一项义务纳入立法层面,则可以从根本上保障资源的充分挖掘与获取。这方面可以参考新西兰的成功经验。

新西兰充分认识到开展口述历史资源采集工作是国家图书馆文

① Willa K. Baum. History on Tape: The Regional Oral History Office at The Bancroft Library. [J]. California History Quarterly, 1975, 54(1): 77 - 84.

② Robert. H. Becker. The Bancroft Resources: The Bancroft library—Then and Now[J]. California Historical Quarterly, 1973, 52(3): 267 - 271.

献收藏的组成部分,认为口述历史资料与传统史学所习用的文献档案、传记日记、笔记杂考、方志家谱、报纸杂志等资料相比,有着独特的学术价值。因此,上升到国家层面通过立法的方式促进口述资料的馆藏建设。《新西兰国家图书馆法》第10条即专门就口述资料收藏做出规范,规定个人和机构有义务向国家图书馆提交口述资料,并明确附条件捐赠行为中对捐赠方所增设条件的法律保障,“如果口述历史记录以个人形式在这样的条件下(如以获取信息为条件)提交给国家图书馆,前提条件是必须用书面形式记录下来,那么馆长、王室或其代理机构必须遵守这些条件”①。即当个人向国家图书馆提交口述历史记录的时候,可以以获取其他的馆藏信息为条件,经过书面记录,将来一旦条件成立,国家图书馆应提供给提交口述历史记录的个人所需的信息。这样,既扩大了口述历史记录的收集范围、数量,也提高馆藏的利用程度,使馆藏能被有需要的读者取用,可谓物尽其用。

我国2011年2月25日第十一届全国人民代表大会常务委员会第十九次会议审议通过、2011年6月1日起施行的《中华人民共和国非物质文化遗产法》也规定了文化机构的相关职责。首先在第二条明确了非物质文化遗产的概念和类型:“本法所称的非物质文化遗产,是指各族人民世代相传并视为其文化遗产组成部分的各种传统文化表现形式,以及与传统文化表现形式相关的实物和场所。”非物质文化遗产的类型包括:“(一)传统口头文学以及作为其载体的语言;(二)传统美术、书法、音乐、舞蹈、戏剧、曲艺和杂技;(三)传统技艺、医药和历法;(四)传统礼仪、节庆等民俗;(五)传统体育和游艺;(六)其他非物质文化遗产。”②不难看出,图书馆口述资料收藏重要组成部分的口头传统,与非物质文化遗产之间是形式逻辑上的“相交”关系,对于二

① Nation Library of New Zealand[EB/OL].[2009-12-19].http://www.natlib.govt.nz/collec…history-centre.NU16.

② 全国人大常委会法制工作委员会行政法室.中华人民共和国非物质文化遗产法解读[M].北京:中国法制出版社,2011:23-25.

者重合的部分，理所当然地适用《中华人民共和国非物质文化遗产法》。

该法第三十五条规定了公共文化机构的责任："图书馆、文化馆、博物馆、科技馆等公共文化机构和非物质文化遗产学术机构、保护机构以及利用财政性资金举办的文艺表演团体、演出场所、经营单位等，应当根据各自业务范围，开展非物质文化遗产的整理、研究、学术交流和非物质文化遗产代表性项目的宣传、展示。"[①]公共文化机构的功能之一，就是要收集、加工、整理、科学管理具有一定价值的实物、文献等资源，以便公众参观、学习、使用。图书馆作为公共文化服务体系的重要组成部分，承担着保存人类文化遗产、开展社会教育、传播公共知识和信息以及开发智力资源的重要职责。图书馆可以通过各种形式来落实保护非物质文化遗产义务，比如关注并采购有关非物质文化遗产的图书、音像资料；开辟专区，将馆藏中的有关非物质文化遗产的部分集中展示；组织专门力量，摘录、分析、研究馆藏中有关非物质文化遗产的资料，进行系统性的再加工；举办有关非物质文化遗产的报告、展览等。

而 2003 年 10 月 17 日在巴黎通过的联合国教科文组织《保护非物质文化遗产公约》更是明确指出，非物质文化遗产的"保护"，指采取措施，确保非物质文化遗产的生命力，包括这种遗产各个方面的确认、立档、研究、保存、保护、宣传、弘扬、承传[②]。其中的"保存、保护"，除了指采取技术措施、提供资金扶持等对"非遗"的传承外，很大程度上也体现出了图书馆等资料收藏机构的职责。与我国毗邻的蒙古国政府从 1999 年至 2006 年开始实施"国家扶持传统民间艺术工程"，1999 年至 2000 年在联合国教科文组织的帮助下，建成了"蒙古口头遗

① 全国人大常委会法制工作委员会行政法室. 中华人民共和国非物质文化遗产法解读[M]. 北京：中国法制出版社，2011：100.

② UNESCO 保护非物质文化遗产公约[EB/OL]. [2013 - 09 - 25]. http://unesdoc.unesco.org/images/0013/001325/132540c.pdf.

产试听文献工程”，对六百多位非物质文化遗产传承人进行了录音录像[①]。

针对非物质文化遗产保护，国内外的保护模式有两类：一类是以公权力适度干预，帮助改善非物质文化遗产的生存环境；另一类则是设立私权加以保护，比如以知识产权或者特别权利的方式将非物质文化遗产的支配权赋予特定的民事主体。而后一种模式不仅在法律逻辑上不自恰，而且从我国的长远利益着眼也是有害的，因此，应当由作为公法或行政法的《非物质文化遗产保护法》承担主要保护功能[②]。因此，伴随着《非物质文化遗产法》的出台，对图书馆等机构口述资料的收藏应参照公法保护，而知识产权、人格权、隐私权等则可以借助民法、知识产权法等私法加以保护。

## 7.2 探索有中国特色的口述资料馆藏建设路径

作为有着悠久历史积淀和丰厚文化底蕴的文明古国，又是《诗经》《论语》等口述作品的源生国，口述资料在中国的发展有着稳固的发展基础和厚重的历史渊源。加之多民族聚居、非物质文化遗产项目众多等特征，为口头传统等口述资料的采集、整理提供了天然的宝贵源泉。作为人类记忆公共大脑的图书馆，无论在硬件设施还是服务理念等方面都处于较高的水平，这些为图书馆口述资料的收藏创造了发展契机。近十几年来，以汕头大学图书馆、首都图书馆、湖南图书馆为代表的高校和公共图书馆，纷纷进行口述历史等口述资料的保藏工作，特别是2012年国家图书馆在联合国教科文组织“世界记忆”工程实施

① 全国人大常委会法制工作委员会行政法室. 中华人民共和国非物质文化遗产法解读[M]. 北京：中国法制出版社，2011：213.

② 郭禾. 对非物质文化遗产私权保护模式的质疑[J]. 中国人民大学学报，2011(2)：28－33.

20周年之际推出的"中国记忆"口述资源项目,在全国图书馆界起到了很好的引领和示范作用。正如崔永元所说,"口述历史的春天来了",图书馆界口述资料收藏的春天也悄然来临。在这种良好发展态势的大背景下,也存在诸多发展的困境和问题,因此,探索一条适合中国国情和图书馆发展实际的口述资料馆藏建设路径显得尤为重要。

### 7.2.1　以国家图书馆为龙头,形成全国性馆藏网络体系

调研结果表明,少数高校图书馆、省级公共图书馆和社会机构已经开展了"记忆"和口述史项目,如清华大学图书馆的"清华记忆"、首都图书馆的"北京记忆"、上海图书馆的"上海年华"、湖南省图书馆的"抗战老兵口述史"、长春图书馆的"百年长春"、山西社科院历史研究所的"山西抗战口述史"和中国传媒大学口述史资料馆等。港澳台地区也有类似项目开展,如香港康乐及文化事务署和香港赛马会携手推动的"香港记忆"、香港民政事务局发起的"香港口述历史库藏计划"、澳门基金会支持的"澳门记忆"和台湾图书馆的"台湾记忆"等[①]。

这些图书馆多依据自身的馆藏特征及地域优势开展口述资料收藏工作,但也存在着选题交叉重复的情形。如国家图书馆"中国记忆"项目已经对冯其庸进行了全面、系统的口述访谈,并形成了专题,但中国作家协会下属的中国现代文学馆仍把冯老的采访列为作家口述影像记录的拍摄重点。这种缺乏统一协调的分散作业,一方面造成项目执行方的重复投入和浪费,使得原本就耗时、费力、费钱的口述资料采集工作不能实现人力、物力、财力的有效配置与利用;另一方面则会引起讲述者(受访者)的疲劳与厌倦,尤其对于那些年事已高的长者。如前所述,图书馆的口述资料收藏分为三个层次:自身生产、与机构合作和接受捐赠。现实中其他个人和社会机构为研究等需要开展了大量的口述访谈工作,如清华大学社会学家郭于华教授有关底层穷苦百姓

---

① 田苗,汤更生.中国记忆项目的构想与实践[J].国家图书馆学刊,2015(1):3-8.

生活的深度访谈、独立电影导演赖子(赖恩典)以纪录片的方式拍摄“抗战老兵口述历史”、大连大学李小江教授的“20世纪(中国)妇女口述史”等,他们的资料目前处于散落状态,缺乏统一的组织与管理,部分早期用录音带录制的口述资料,甚至还存在重复刷录的情形,有的则由于没有及时转录、备份和格式转换等,永远不能播放了。

针对这一现状,建议国家图书馆在“中国记忆”项目实施基础上,会同中华口述历史研究会等机构,在资源配置、共建共享以及业务规范的制定等方面发挥作用。国家图书馆中国记忆项目自2012年实施至今,已对超过200位各界人士进行了口述史访问,获得视频资源总时长近600小时,并出版多部著作且形成了“东北抗日联军专题”“明代渤海积善堂手卷专题”“冯其庸专题”等代表性专题,在实践中积累了丰富的口述资料收藏经验,并努力形成各项工作规范,如《口述史料采访规范》《中国记忆项目文献采集分级标准》《影像资源采集规范》《中国记忆项目资源编目标引规范》(其中包括原有专题文献搜集整理标准,非遗项目采集和发布标准,口述史料、影像史料采集标准等)、《中国记忆项目资源服务与开发规范》《中国记忆项目口述史访问伦理规范》(访问者版和受访者版)、《中国记忆项目资源建设技术标准》《中国记忆项目资源建设著作权、隐私权及法律问题说明》以及《中国记忆项目资源编目、保存与服务标准》(正在编写中)等。此外,还制定了《中国记忆项目选题申报指南》《中国记忆项目接受文献捐赠及入藏资源管理与使用办法》《中国记忆项目专题项目管理办法》《中国记忆项目合作与共建办法》《中国记忆项目著作权解决办法》等业务指导规范,并汇编形成《中国记忆项目工作手册》[①]。

依据访谈前准备、访谈实施、资料整理、资源发布和推广利用的图书馆口述资料收藏流程,可将其中所涉及的主要工作规范梳理如下:

(1)采集原则,即确定受访者的原则。需要依据图书馆自身的人

① 田苗,汤更生.中国记忆项目的构想与实践[J].国家图书馆学刊,2015(1):3-8.

力、物力和财力条件,以及图书馆的服务对象和地域文化特征等划定采访主题,再在此基础上依据受访者的年龄等特征确定采访顺序,年龄越长,次序越先。

(2)访谈规范,即访谈实施过程中需要遵守的业务规范。包括访谈员如何提问和引导、访谈地点的选取、灯光要求、访谈过程中噪音的处理。

(3)入藏规范,即资料入藏、抄本转录、编目标引等工作规范,是图书馆传统的业务核心在口述资料收藏工作中的集中体现。为了统一编目的需要,资料入藏规范需要提前至访谈实施之前,即拟订未来编目所需的相对固定的款目,包括专题名称、文件名称(制定统一规范的命名规则)、完成时间(拍摄起止日期)、责任者(口述史采访者和受访者、影像史项目负责人等)、素材类别(视频、图片、文档等)、数量(或时长)、格式等主要信息①。在访谈结束后及时对全部素材进行详细登记,并添加说明文档。

(4)转录规范。录制完成后的抄本转录是一项非常重要的工作,尤其对于习惯文字阅读的读者而言。转录过程中是是否要完全忠实于讲述者,不做任何的整理和修改?对于其中的语气词等是否保留?方言问题?这些都需要有统一的规范。香港大学图书馆所藏口述资料,在每一个存档单元的封面都有方言跟普通话对照表,方便不同语言习惯的人利用资料。2015 年 12 月在中国传媒大学崔永元口述历史中心举办的首届"口述历史在中国"国际研讨会上,来自澳门的邓耀荣还专门就口述历史中的方言问题做了学术报告,其核心观点是在录制完成后及时制作方言和普通话对应表。抄本转录过程中对于讲述中涉及时间、地点、事件、人名、作品名,要及时与受访人沟通落实,并参考相关资料进行仔细核实。完善的抄本转录还应当借助书籍和各种资料做好校注。

(5)标引规范。关于编目标引,应参考国外图书馆的做法和经验,

① 宋本蓉,田苗. 中国记忆学者口述资源库建设的实践——以冯其庸先生为个案[J]. 图书馆,2015(12):23 -26.

新加坡1995年建成和投入使用口述资料电脑管理系统[①]。元数据标准选取、元数据嵌入和转换标准等都需要尽快出台全国性的统一规范,提供统一的编目与查询标准。唯此,口述资料的全国联合编目和资源共享方能实现。

(6)利用规范。口述资料的利用方式除了图书馆的传统查阅之外,还包括书刊发表出版、音像制品出版、广播电视媒体播放和网络上传等,须遵守相应的实体利用规范和网络利用规范。但需要强调的是,所有的利用方式都必须以事先约定和法律协议为依据,遵守伦理规范、尊重知识产权。

(7)法律与伦理规范。法律和伦理规范是贯穿口述资料从采集到整理到提供利用全过程都必须遵守的重要规范。包括对受访者的义务、对公众的义务、对项目赞助方的义务以及尊重他人、尊重隐私、不诽谤、不虚夸等基本伦理道德。法律规范主要涉及著作权、限制获取、名誉侵权和法律合同四个方面。

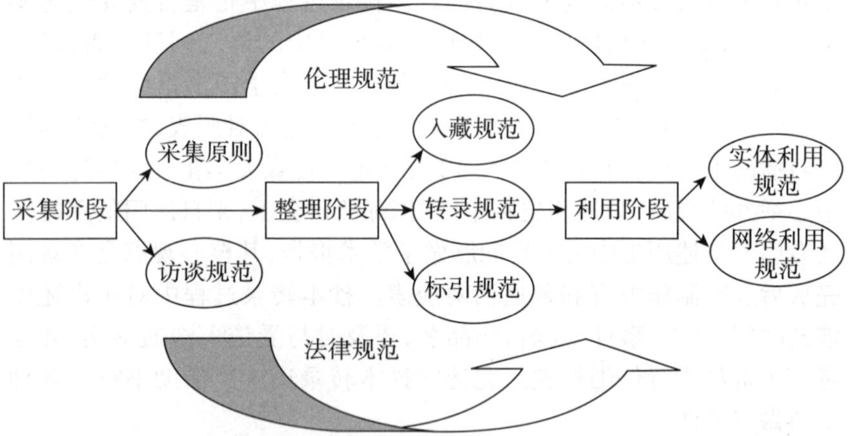


图7-1 法律与伦理发生机理流程图

---

① 张惠萍.新加坡口述档案及对中国的启示[J].兰台世界,2010(15):9-10.

在资源共建共享方面，国家图书馆也已迈开步伐。2015 年 5 月，“中国记忆”项目中心发布《中国记忆项目“中国图书馆界重要人物专题”资源共建工作手册》（征求意见稿），是全国图书馆界共同开展记忆资源抢救与建设的首份公开倡议。2015 年 12 月，“中国记忆”项目中心联合全国图书馆界各相关单位共同启动了“中国图书馆界重要人物专题”资源建设工作，对我国现当代图书馆学家和为我国图书馆事业发展做出过突出贡献的人士进行口述史访谈，并收集照片、信件、笔记、日记、手稿、音视频资料、出版物（包括非正式出版物）等相关文献，形成专题资源，为相关领域历史研究积累第一手资料。这是我国首次在全国范围内开展针对图书馆界重要人物的记忆资源建设工作，将为我国图书馆事业和相关学科的永续发展提供重要的文献资源储备和精神动力源泉。选题申报主体为全国各级、各类图书馆，以及图书馆学、情报学等相关学科的教学与科研单位。倡议主要包括五项内容：①面向读者、面向社会征集记忆资源，纳入馆藏体系，并主动开展抢救性采访工作；②对馆藏记忆资源进行摸底，并汇总成馆际记忆资源联合目录；③将馆藏记忆资源向读者提供服务，并利用各种传播手段进行推广；④组建工作队伍，培养记忆资源采访加工、编目、服务等专门人才；⑤探索建立记忆资源建设的馆际沟通与合作机制，最终形成全国图书馆界记忆资源共建共享平台①。

此倡议得到了近 30 家图书馆的响应，包括北京大学图书馆、武汉大学图书馆、中山大学图书馆等高校图书馆，首都图书馆、湖南省图书馆等业已开展口述资料收藏工作的公共图书馆，以及广西、青海、宁夏、新疆等少数民族口述资源丰富的省级图书馆。这是中国记忆工程自 2012 年实施以来，第一个全国规模的大型倡议，其产生的联动效应是非常巨大的，全国各级各类图书馆可以在此基础上共建共享其他口述资源项目，并形成长效机制。

---

① 全国图书馆界共同开展记忆资源抢救与建设倡议书. [EB/OL][2016-09-12]. http://www.nlc.gov.cn/cmptest/tjztwz/201512/t20151231_111924.htm.

从口述资料收藏的长远、可持续发展来看，图书馆需要同政府、立法部门配合，与档案管理等部门协作，积极调动全民参与，挖掘资源，形成机制，才能真正意义上实现对口述资料的有效挖掘与保藏。

### 7.2.2 挖掘“非遗”资源，建设“非物质文化遗产口述资料库”

依据2003年10月联合国教科文组织通过的《保护非物质文化遗产公约》第二条规定，“非物质文化遗产”(intangible cultural heritage)是指“被各社区群体、有时为个人视为其文化遗产组成部分的各种社会实践、个人表述、表现形式、知识、技能及相关的工具、实物、手工艺品和文化场所”[①]。非物质文化遗产承载着国家、民族的文化生命密码，是人类文化的“活化石”。其典型特征是世代相传，并在各社区和群体适应周围环境以及与自然和历史的互动中，被不断地再创造，为这些社区和群体提供认同感和持续感，从而增强对文化多样性和人类创造力的尊重。《公约》还列举了“非物质文化遗产”所包含的主要内容：口头传统和表现形式，包括作为非物质文化遗产媒介的语言；表演艺术；社会实践、仪式、节庆活动；有关自然界和宇宙的知识和实践；传统手工艺。

我国拥有丰富的非物质文化遗产资源，截至2016年4月，国务院公布了四批共1372个国家级非遗名录，文化部命名了四批共1978名国家级代表性传承人。然而随着老龄化进程，对非遗的保护和抢救刻不容缓。不用说偏远地区，就首都北京而言，形势也极不乐观。如北京“聚元号”弓箭第十代传人杨福喜就曾说，在他还没有掌握他的父亲、第九代传人杨文通的“三个绝活”时，父亲就逝世了；流传了四五百年的京西幡乐，如今能演奏的艺人年龄最小的也超过了50岁。而伴随着清王朝的消亡，全国范围内精通满语语音、口语、方言并且能够传授的专家也只剩下北京市文史研究馆馆员、爱新觉罗氏嫡系后裔——

① 王文章. 非物质文化遗产概论[M]. 北京：文化艺术出版社，2006：443.

爱新觉罗瀛生一个人了[①]。其他地方这样的例子更是不胜枚举。甘肃陇东的皮影，新中国建立初期可以演一百多个剧目，现在即便是最好的艺人也只能演20个剧目[②]；徐州市唯一会拉软弓京胡的老艺人去世后，这门手艺就彻底失传了[③]。

面对这一严峻形势，图书馆应发挥引领示范作用，积极建立非遗保护中心，汇集文字、实物、口述等各种资料，并同档案馆、博物馆等相关部门一道，对重点、濒危、具有科学价值的非物质文化遗产项目进行保护和抢救，对非遗传承人实施口述访谈，对工艺流程进行录音、录像，形成完整的口述文献。非遗传承人作为活态文化传承的载体，不仅使那些靠口传心授传承下来的文化得以生存和延续，也使文化遗产在传承中得以拓展和丰富，从而被赋予更多的生命活力。“尽快地抢救和记录、整理那些有代表性的民间艺术家鲜活的口述史、记录下他们精湛的技艺、展示他们美轮美奂的艺术创作，让全社会尤其是青年一代真实地了解我们的传统文化，已经无可争议地成为我们保护工作的迫切任务之一”，正是在这样的时代需求和文化使命感召下，《中国民间艺术传承人口述史》丛书由中央编译出版社出版，以独特的视角对非遗保护工作做出了贡献。2009年年底，该丛书入选“经典中国国际出版工程”书目，部分卷本入选“中国农村书屋”工程，2010年，中央编译出版社出版这套丛书的英文版并在国际发行[④]。

通过口述的方式记录“非遗”是区别于纵向传承的横向保护，有利于在广大民众中引起重视、产生反响，其意义是无比深远的。图书馆对“非遗”口述成果的集中收集、整理和推广利用，是多媒体时代图书馆的职责所在和发展所需。对已经整理和记录的口述资料，图书馆可

① 殷芳. 瀛生：唯一的满语口语传人[J]. 人物，2009(7)：13.

② 我国非物质文化遗产保护的喜与忧[N]. 人民日报海外版，2007-06-05.

③ 周庄. 保护非物质文化遗产刻不容缓——我市保护非物质文化遗产现状分析[EB/OL]. [2016-09-12]. http://www.cnxz.com.cn.

④ 《中国民间艺术传承人口述史》丛书出版新闻发布会. [EB/OL]. [2016-10-13]. http://www.chinaich.com.cn/class03_detail.asp? id=1888.

以依托自身的文献资源体系和数字网络优势,建立专门的“非物质文化遗产口述资料库”。从全国范围来看,成都图书馆最先建立了“非物质文化遗产数字博物馆——蜀风雅韵”。该馆于 2009 年 3 月与成都市政协文史学习委员会(后更名为成都市政协文化和文史资料委员会)共同商议决定,开展成都市非物质文化遗产传承人口述史整理工作,耗时 6 年之久,先后对不同类别 31 个非遗项目的 49 名传承人进行深度访谈,采录和整理了他们的学艺经历、师从情况、技艺内容等,掌握了大量鲜活的一手资料①。

考虑到“非遗”具有鲜明的地域特征,应充分调动各地方图书馆,借鉴徐州市档案馆的经验,建立自己的口述资料库②,收藏本地的非物质文化遗产口述资料,形成特色馆藏,并与各类典籍、家谱、地方志等文字资料相互补充佐证。

建议由国家图书馆或图书馆学会牵头,按专题分类分级形成全国性资源网络,各地图书馆根据收藏与整理口述资料的实际状况,按专题进行分类上载。图书馆通过口述方式与“非遗”联姻,是一项既能促进“非遗”的保护与传承,又能对图书馆进行宣传与推广的双赢举措。与传统收藏相比,“非物质文化遗产”中的多数项目具有“表演性”,地方图书馆可以利用“非遗”口述资料收藏,结合文字记录对“非遗”进行“复原性展演”。2013 年 10 月在美国俄克拉荷马召开的美国口述历史协会年会上,就有来自杜克大学图书馆的同仁们分角色扮演其某个口述历史访谈项目的人物,吸引了不少参会者驻足、观望。尤其在搜索引擎数字资源挤压下的传统图书馆,面临着发展的困境,“非物质文化遗产口述资料库”的建设无疑为图书馆贴上生动立体的“文化名片”,为其厚重的文化记忆与承载使命增添亮丽的色彩。

---

① 陈爱蓉. 图书馆对非物质文化遗产口述档案的建立、保护与传承利用探讨[J]. 四川图书馆学报,2016(4):61 –64.

② 刘亚青. 独辟蹊径 探索新路:徐州市档案馆建立口述档案[J]. 档案与建设,1999(11):44.

### 7.2.3 扶持少数民族地区图书馆，建立各民族口头传统资料库

在我国广袤的疆域内，以"大杂居、小聚居"的形式，分布着55个少数民族。绝大多数少数民族有自己的语言，但没有自己的文字。全国55个少数民族中，有自己文字的只有24个[①]。

近年来，在地区文化部门与图书馆牵头组织下，少数民族文献与口述资料的收集与建设工作得以逐步开展。例如，在我国少数民族分布类别最多的云南省，在历史上形成了极其丰富的少数民族口述资料，内容涉及各民族政治、哲学、历史、宗教、文艺、伦理、科技和民俗诸多方面，讲述者由土司、喇嘛、毕摩、东巴、和尚、巫师、长老等旧社会统治阶级和民间艺人等构成，具有浓郁的地域色彩和巨大的历史价值[②]。

2010年3月，云南省率先开展了民族口述资料的采集工作，成为国家试点地区，掀开了国内少数民族口述资料建设的序幕。2016年，云南省档案局派出的档案征集人员对哈尼族历史文化研究者、文献资料掌握者、非物质文化遗产传承人、民族文化最具代表性人物以及在哈尼族民族历史发展进程中做出过重大贡献的人物，共选取12人进行了口述访谈，从不同侧面反映了新中国成立后哈尼族政治、经济、文化等社会发展变迁的轨迹[③]。之后，云南省档案局多次派出口述历史采集工作组，相继走访了临沧市耿马、沧源、双江，普洱市澜沧、西盟、孟连等2市6县，收集了大量的丰富的口述资料[④]。值得一提的是，在云南，部分民间组织也加入到口述资料采集的队伍，开展对零散分布于各个区域的、隶属特定领域的历史文化的口述工作，如少数民族传

---

① 吕型伟. 和谐——民族精神的灵魂[J]. 教育发展研究，2006(12)：12－15.

② 谭文君，陈文娟，董甜甜. 基于非物质文化遗产的云南少数民族口述历史档案抢救问题研究[J]. 云南档案，2013(7)：38－39.

③ 李孔燕. 省档案局开展哈尼族口述历史档案采集工作[J]. 云南档案，2016(6)：7.

④ 布婷婷，孙丽娜. 省局完成佤族、拉祜族口述历史档案采集工作[J]. 云南档案，2013(9)：7.

统医药、日常语言如歌谣、谚语、诗词戏剧、巫祝等[①]。

在其他少数民族地区，人类学与民族学研究者也积极投入到少数民族口述资料建设中，他们深入乡间地头，利用访谈等田野调查方法收集珍贵的民族记忆。如青海的桑植白族老人有关桑植白族本主信仰"土司"记忆的叙述，并以此为基础描述了土司政治视角下民族关系从"冲突"到"融合"的变动过程，成为破解桑植白族本主信仰口述史中民族关系的重要参考资料[②]。学者还通过口述资料的收集，梳理了德昂族浇花节在近几十年的流变过程，详细了解"德昂族泼水节"与傣族泼水节之间差异并通过浇花节实现德昂族民族性建构及民族身份表达是其建构的主要动因[③]。此外，四川省攀枝花市彝族支系倮濮人的传统习俗、武陵山区少数民族的语言、服饰、手工技艺、音乐与舞蹈、贵州省不广为人知的"肉莲花"体育舞蹈及其他珍贵的民族记忆资源都通过口述的方式得以挖掘和保护。特别是在民族音乐方面，通过口述方法获取了少数民族民歌民乐的诸多材料，以王洛宾为代表，他深入西北少数民族，通过口述的方法，经过自身改编，为我们留下了很多传唱不衰的经典民歌。这种实践还带动了相关的理论研究。乔建中在《口述史:尝试与体验》中提出运用口述史方法来开展音乐创作的理论与方法，并对河北屈家营音乐会会长林中树口述史料进行了搜集与整理工作[④]。臧艺兵尝试将口述史方法引入民族音乐学领域，论文主

---

① 戴翥，周红黎，岳崇俊. 云南少数民族医药口述文献研究探讨[J]. 云南中医学院学报，2012(5):15－18.

② 陆群. 土司政权与民族关系——基于桑植白族本主信仰的口述史分析[J]. 青海民族研究，2015(2):27－31.

③ 李晓斌，段红云，王燕. 节日建构与民族身份表达——基于德昂族浇花节与傣族泼水节的比较研究[J]. 中南民族大学学报(人文社会科学版)，2012(4):64－69.

④ 乔建中. 口述史:尝试与体验[Z]. 2014年中国传统音乐学会第18届年会会议手册，2014.

体的材料是由音乐人姚启华及其妻子的口述史文本构成[①]。杨晓的研究团队对蜀中琴人展开口述文本的资料搜集与整理工作[②]。在少数民族舞蹈以及祭祀等重大仪式方面,口述访谈也发挥着独特的价值和优势。

在文化大发展、大繁荣的今天,图书馆作为公共记忆的存储机构和公共服务的提供机构,以国家图书馆为首的公共图书馆,尤其是少数民族地区图书馆,应抓住历史契机,积极投身少数民族历史记忆资源的抢救工作,建立独具特色的少数民族口述资料库。遗憾的是,实践中,只有少数图书馆从事了这项工作。目前为止,做得最完善的是吉首大学图书馆。吉首大学作为武陵山区唯一一所具有地方性、民族性特色的综合性大学,利用其独特的区位优势在武陵山区少数民族信息资源建设中起着核心和主导作用。吉首大学图书馆自 1959 年建馆以来,一直致力于民族文献资源的开发与利用,形成了包括口述资料在内的特藏体系。2011 年吉首大学图书馆少数民族口述历史研究获教育部人文社会科学研究青年基金项目与湖南省高等学校科学研究项目立项[③]。该馆的专业技术人才配置合理,目前已基本实现口述资源的数字化采集、整理和网络传播,形成了吉首大学武陵山区民族口述历史数据库。该数据库下设"论文资源库""音视频资源库""照片资源库""传承人物资源库"四个子库,各子库之间、口述历史资料与其他数字资源库之间能实现关联检索与跨库连接,最终形成数字资源全面、检索便捷的数字系统,并实现了全文检索[④]。

在借鉴吉首大学图书馆先进经验的同时,建议各图书馆,尤其是

① 臧艺兵. 民歌与安魂——武当山民间歌师与社会、历史的互动. 北京:商务印书馆,2009:36.

② 杨晓. 蜀中琴人口述史[M]. 北京:生活·读书·新知三联书店,2013.

③ 彭燕. 少数民族口述历史数据库建设与研究——以武陵山区少数民族口述历史数据库为例[J]. 图书馆,2014(5):119-121.

④ 吉首大学图书馆[EB/OL]. [2016-12-23]. http://lib.jsu.edu.cn/webs/list/notice/728.html.

民族地区的公共图书馆和高校图书馆，充分利用数字技术，广泛调动各类资源，配合国家图书馆形成各类业务规范和标准，建立自身的少数民族特色口述资料库，并成为国家口述资料库的重要节点，实现数据的上传下载和共建共享。在信息采集阶段，考虑到自身的能力局限，各图书馆应面向社会征集民族口述文献，尽可能将散落在民间的口述访谈集中到图书馆进行收藏，并借助现代化技术手段将其纳入图书馆特色资源建设工作。

从国家层面，少数民族口述资料库的建设要有宏观规划和顶层设计，做到点面结合，重点突出。从面上，应涵盖所有的少数民族；从点上，应区分轻重缓急。由于少数民族分布于不同区域，民族地区地理环境复杂，相关工作量之大可想而知。而且要涉及民族生活的方方面面，包括民族历史、伦理道德、生产劳动、宗教祭祀、文学艺术、风俗习惯等①。对于需要大量的不同区域的人员参与的民族口述资源挖掘，对包含业务规范和操作标准的顶层设计方案有着更迫切的需求，主要包括采集、保藏和利用等的内容、目标、流程控制等。

此外，图书馆应打破业务壁垒，同档案馆与博物馆等文化单位联合，各自发挥其自身优势，不断丰富和拓展民族口述资料库的内容。图书馆信息资源具有系统性优势，所含的知识信息数量多、学科全、理论性强，是知识的结晶；档案馆信息资源则突出其源头性，是人类社会各项实践活动的原始记录，是对客观事物的直接反映，可靠性强，具有历史凭证作用；博物馆信息资源的突出特征则体现在实物性，博采广征、综汇万物，能给予公众立体化的实物展示②。三类机构各具特色，在民族口述资料库建设中应相互配合、取长补短，最大限度实现资源的共建、共享和共赢。尤其是在网络环境下，应加强馆际合作、实现网

① 王贵宏．贵州省黔东南州非物质文化遗产保护与文化旅游发展研究［D］．武汉：华中师范大学，2015．

② 张慧璞．论图书馆、档案馆的资源共享与共同发展［J］．山东档案，2007（4）：59－60．

络共享,通过资源整合、集成平台搭建、联合服务等方式构成全面而强大的少数民族口述历史数字化服务体系,为公众提供更多、更好的公共文化产品。而这些不仅仅是提升少数民族口述历史资源的数字化服务水平的需要,更是时代赋予图书馆、档案馆、博物馆等公共文化服务机构的神圣职责。

### 7.2.4 多举并进,促进口述资料库的推广与利用

口述历史的文献价值被学术界所接受并成为国外很多图书馆馆藏文献的组成部分,在某种程度上说是得益于图书馆的积极推动和努力。20 世纪 90 年代以来,世界各国开始将口述历史数字化项目作为发展互联网文化信息资源的主要策略,数字化技术在保存口述历史方面已取得引人瞩目的成就。对图书馆而言,口述历史和口头传统等口述资料是馆藏信息资源的有力补充,并与文字资料并驾齐驱、相互补充,越来越成为图书馆文献收藏的重要组成部分[①]。随着数字技术的发展,世界各国开始将口述历史数字化项目作为发展互联网文化信息资源的主要措施。1992 年,联合国教科文组织开始启动"世界的记忆"项目,目的是保存口述历史的记录以及图书馆和档案馆的珍贵文件,在世界范围内推动历史文化的数字化保护。如"日本记忆"中,日本国立国会图书馆将口述历史文化数字化,建立了口述历史文化数据库,该库基于 UBLINCORE 格式建成,上载速度快,图像质量优良,说明文字简明扼要,适合大众浏览[②]。新加坡口述历史中心的经验是在每完成一项访谈后,中心整理受访者的访谈摘要和目录索引,印刷成册供公众参考,还在此基础上出版了许多刊物和试听资料[③]。美国口述

① 彭燕,田进婷. 基于数字环境下的少数民族口述历史保护研究[J]. 四川图书馆学报,2012(1):94 -97.

② 张志清. 日本国立国会图书馆的古籍建设和服务[EB/OL]. [2015 -10 -26]. http://www.docin.com/p-19491987.html.

③ 张惠萍. 新加坡口述档案及对中国的启示[J]. 兰台世界,2010(15):9 -10.

历史学家 Nancy 在其系列图书《社区口述历史工具箱》中将馆藏口述资料的运用概括为电影(Film)、互动网络(Interactive Website)、图书(Book)、剧院展演(Theater)、寻访(Walking/Driving Tour)和展览(Exhibit),并在每种利用方式下列举实例[①]。用图表表示为:

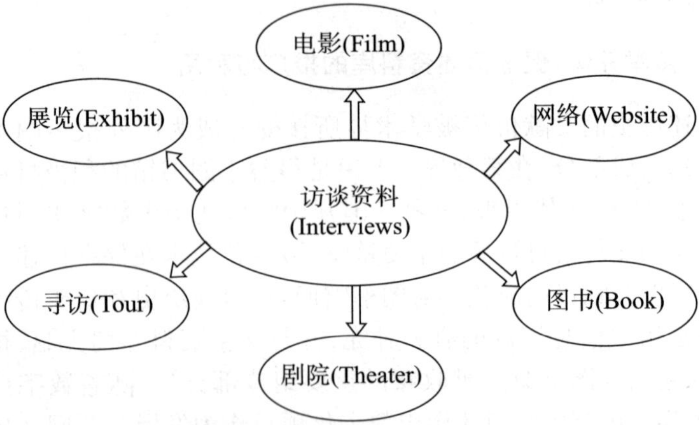


图 7－2　访谈资料使用范围

针对我国图书馆口述资料馆藏建设现状,结合读者的利用实际,建议采取实体利用和网络传播相结合的线上线下同步方式,多举并进,促进口述资料的推广与利用(如图 7－3 所示)。

(1)编辑书刊。编辑出版是口述资料走进公众视野的主要途径之一,同时也是最为有效的方式之一。美国自 20 世纪 80 年代强调自下而上的书写人的历史之后,一系列关注普通人的口述历史项目纷纷开展,访谈结果也以书籍的形式得以出版发行。例如位于美国肯塔基州的四个大学联合开展阿巴拉契亚口述历史项目,出版了《我们的阿巴拉契亚:一段口述历史》一书;有关印第安人历史的口述历史项目,南达科他州大学出版了《成为印第安人》一书;还有斯塔兹特克尔的《街

① Nancy MacKay, Mary Kay Quinlan, Barbara W. Sommer. Community Oral History Toolkit. Volume 5. [M] California: Left Coast Press, 2013: 114.

道分界线——来自一个美国城市的报道》《艰难时代——经济大危机口述史》等，至今仍得到许多读者的喜爱。在国内，较为著名的口述历史出版物当属唐德刚先生对多位名人所做的口述历史回忆录，如《李宗仁回忆录》《胡适口述自传》《顾维钧回忆录》《张学良口述历史》。国家图书馆"中国记忆"项目中心也在口述资料基础上出版了《中国记忆丛书》，如《丝绸中的记忆》《大漆中的记忆》等。

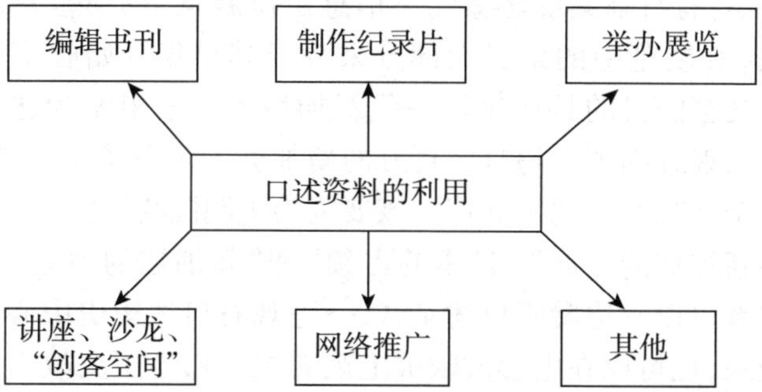


图7－3　口述资料利用方式

除了以书的形式出版外，杂志和报刊也是不错的选择。台湾《传记文学》从创刊起就秉承着"提倡传记文学，保存近代史料"的宗旨大量连载以口述访谈为基础的回忆录，《传记文学》因此也成为名人留伟绩的重要阵地。

（2）制作纪录片。口述访谈过程中会积累大量的影像资料，在此基础上可以制作纪录片。纪录片的制作方式可以是只以受访者为主角，不按照脚本剪裁；还可以通过对话方式开展，完整呈现访谈过程。国内口述历史纪录片中较有影响力的是崔永元制作的《我的抗战》，该部口述历史纪录片在酝酿伊始便将其定位为"让年轻人听爷爷奶奶讲过去的故事"[①]。《我的抗战》通过对同一历史事件不同采访者的采

① 赵璟一.新历史主义视角下的口述历史纪录片研究[D].武汉：华中师范大学，2014.

访,使所搜集的内容更加全面、具体,从宏观层面去表达微观人物丰富的生命细节[①]。崔永元和他的团队用了八年时间,采访了数百个老人,收集口述历史影像数万分钟,记录影像数万分钟,整理出版的《我的抗战》只是他们收集众多的口述历史的冰山一角。

(3)举办展览。进入21世纪以来,“信息定位型展览”取得蓬勃发展,即根据一定的主题,以相关文献进行故事串联,多媒体集中再现,让参观者有身临其境之感[②]。“信息定位展览”的典范是新加坡国家档案馆,其展览中的素材大部分来源于其早年开始收集的口述历史。这个展览的目的是让年轻一代新加坡人了解祖辈为建设这个国家所经历的艰难困苦。超过三百万的新加坡人观看了这个展览,其中学生群体全部观看了此次展览。该展览的主题围绕“第二次世界大战后数十年新加坡的发展”“日本的占领”和“新加坡的独立”三方面展开。参观者可以一边聆听口述录音,一边观看口述历史中心收集的访谈文稿摘录,也可以在电影放映屏上观看根据口述历史故事由演员情景再现演出的戏剧,这是展览中最有特色地方,充分体现了科技与人文展览的完美结合。观众可坐在可移动椅子上移动观看按年代顺序排列的六个展厅,这六个展厅饰以根据口述录音制作的插画和移动的图画[③]。随着科技的进步,越来越多的文化机构与技术手段被引入进展览中,大多数展览都强调展览与观众形成互动,从而增强观众的视觉体验效果。

(4)讲座和“创客空间”。通过讲座和沙龙的方式,将口述历史档案中有意义的东西挖掘出来供公众品鉴,为扩大影响力和提高文化品位,也可设在咖啡厅、书吧以读书分享会的形式进行分享。例如成都

---

① 崔永元. 我的抗战[M]. 北京:中国友谊出版公司,2012.

② 陶学锋,许潇笑. 从“无形”到“有形”——杭州手工艺活态展示馆保护和传承非物质文化遗产的实践[J]. 国际博物馆(中文版),2011(1):59-68.

③ 毛建军. 新加坡国家档案馆公众教育的启示[J]. 北京档案,2012(2):34-35.

图书馆曾邀请十余位技艺传承人的精彩讲座让市民重拾记忆，寻找过去生活的影子，其中“川剧”代表性传承人晓艇老师在讲述学艺过程中的学习经历、点滴积累和丰硕成果的同时，不断用自己的唱腔和身段来展现川剧的绝美，观众既欣赏了他的演技也领略了其中蕴含的灿烂的川剧文化，并从中知晓了川剧的起源、发展和兴衰，川剧生存的状况以及她本人从艰辛带徒到现在发展壮大的经历等，起到了很好的宣传作用和互动效果[①]。图书馆还可以利用自身拥有的各种口述资料、图文资源携手那些留下宝贵口述历史的讲述人开辟工作室，举办各种沙龙，介绍相关工艺品，鉴赏和分享其制作流程，甚至为有兴趣学习非遗技艺的市民开辟周末技艺培训班，DIY 自己设计和喜爱的工艺品，带动更多的人融入保护传统文化的队伍中来，在不知不觉中实现民族记忆的传承。

创客空间是为有共同兴趣的人提供聚会、社交和展开合作的空间，是图书馆发挥公共空间作用的新体现。这一方式可运用到口述资料的推广，用“创客空间”收集与展示口述资料，宣传传统文化。一方面宣传了图书馆的公众形象，充分发挥了图书馆的公共空间作用；另一方面又通过口头传统等口述资料的“还原”“再现”，促进了传统文化的传承与传扬。例如有关剪纸的非遗口述资料，图书馆可以开辟专门的“口述资料阅览室”，提供相应的剪纸工具和材料，通过大屏幕播放，以及邀请口述被访者（剪纸艺人）现场演示等方式，吸引读者利用口述资料。对于渴望了解或学习传统技艺的人而言，这样的方式与传统的文字资料相比，有着显著的优势。

（5）网络推广。网络时代数字化革命为口述资料的推广与利用带来巨大影响和深刻变革。它不仅改变了口述资源的采集、整理、保存方式，更拓展了其分享与呈现模式。借助于网络媒介的数字化口述资料，可以翻过图书馆围墙，通过微信等自媒体渗透到每个人身边，更能

---

① 王民平. 精神的家园——中国成都国际非物质文化遗产节[M]. 成都：成都传媒集团 · 成都时代出版社，2008：4.

逾越国界，实现国际交流与传播。目前在美国从事口述资料收藏的图书馆网站中，基本都能实现口述资料的检索，如国会图书馆、杜克大学图书馆等。英国大英图书馆是较早开展口述历史资料收集的机构之一。据大英图书馆口述史馆馆长罗伯特·珀克斯（Robert Perks）介绍，他们有一个庞大的口述历史采集计划，其中“国家生活故事”是这个计划中的一个重要项目。这个项目最早以采访大屠杀中犹太人幸存者的选题展开。目前，大英图书馆已收集 460 个系列的口述历史资料，大约有 35 000 个访谈[①]。这些资料都实现了网络检索与传播。

中国大陆图书馆虽然投身口述资料收藏工作较晚，但是绝大多数图书馆的口述项目都建立了专门的数据库。比如国家图书馆的中国记忆项目已经建立了实验网站，并对“我们的文字”“蚕丝织绣”“中国当代音乐家”“大漆髹饰专题”“中国年画”“东北抗日联军专题”等资料进行了分类展示，涵盖了文字、图片和视频。还实现了与文字资料的有效链接，通过点击各专题下的“文献目录”按钮，可显示“现代中文文献目录”“外文文献目录”“古籍目录”和“考古报告资料目录”[②]，为感兴趣的研究者提供了全方位的资料支撑。这一模式对其他图书馆起到了很好的带动和示范作用。

另外，特别需要注意的是网络环境下口述资料传播的法律与伦理问题。可通过“点击授权协议”等方式赋予不同的用户不同的使用权限，以及为有法律瑕疵的访谈资料设置加密和封存期限等方式，有效规避法律风险。诚然，最理想的状态是，图书馆拥有口述资料的所有权、使用权、著作权和信息网络传播权等，在源头上切断风险，再配合对用户的使用限制，可实现资源的安全利用。

---

① “中国记忆”遇上“英国故事”：中英专家共议“口述史”[EB/OL].[2015-09-09]. http://gb.cri.cn/42071/2015/09/09/8171s5096268.htm.

② 中国记忆项目实验网站[EB/OL].[2016-09-12]. http://www.nlc.gov.cn/cmptest/tjztwz/201512/t20151231_111924.htm.

# 参考文献

## 中文

**著作：**

[1] 梁启超. 中国历史研究法[M]. 南京:江苏文艺出版社,2008.
[2] 方允璋. 图书馆与非物质文化遗产[M]. 北京:北京图书馆出版社(今国家图书馆出版社),2006.
[3] 游明元. 留住渐渐远去的歌——非物质文化遗产保护与图书馆的地域性[M]. 北京:中国科学技术出版社,2009.
[4] (法)皮埃尔·布迪厄,(美)华康德. 实践与反思——反思社会学导引[M]. 李猛,李康,译. 北京:中央编译出版社,2004.
[5] (美)唐纳德·里奇. 大家来做口述历史——实务指南(第二版)[M]. 王芝芝,姚力,译. 北京:当代中国出版社,2006.
[6] (英)保尔·汤普逊. 过去的声音——口述史[M]. 覃方明,渠东,张旅平,译. 沈阳:辽宁教育出版社,2000.
[7] 戴逸. "漫谈"口述历史[G]//戴逸. 戴逸自选集. 北京:中国人民大学出版社,2007.
[8] 杨祥银. 与历史对话——口述史学的理论与实践[M]. 北京:中国社会科学出版社,2004.
[9] 胡述兆. 图书馆学与资讯科学大词典[M]. 台北:汉美图书公司,1995.
[10] 朝戈金. 中国西部的文化多样性与族群认同——沿丝绸之路的少数民族口头传统现状报告[M]. 北京:社会科学文献出版社,2008.
[11] 尹虎彬. 古代经典与口头传统[M]. 北京:中国社会科学出版社,2002.
[12] 李明德,许超. 著作权法[M]. 北京:法律出版社,2003.
[13] 韦之. 著作权原理[M]. 北京:北京大学出版社,1998.
[14] 刘跃进. 大学形式逻辑教程[M]. 北京:北京理工大学出版社,1996.
[15] 邢海燕. 土族口头传统与民俗文化[M]. 兰州:甘肃人民出版社,2008.
[16] 定宜庄,汪润. 口述史读本[M]. 北京:北京大学出版社,2011.
[17] 定宜庄. 老北京人口述历史[M]. 北京:中国社会科学出版社,2009.
[18] 定宜庄. 最后的记忆:十六名旗人妇女的口述历史[M]. 北京:中国广播电视出版社,1999.

[19] 杨祥银. 口述史学[M]. 台北:杨智文化事业公司,2004.
[20] 刘小萌. 中国知青口述史[M]. 北京:中国社会科学出版,2004.
[21]《光明日报》书评周刊. 口述中国:口述与文献,谁能还原历史[M]. 中国社会科学出版社,2004.
[22] 周新国. 中国口述史的理论与实践[M]. 北京:中国社会科学出版社,2005.
[23] 当代上海研究所. 口述历史的理论与实务——来自海峡两岸的探讨[M]. 上海人民出版社,2007.
[24] 中国大百科全书编委会. 中国大百科全书·图书馆学情报学档案学[M]. 北京:中国大百科全书出版社,1993.
[25] 张舜徽. 中国文献学[M]. 上海:上海古籍出版社,2009.
[26] 张家璠,阎崇东. 中国古代文献学家研究[M]. 桂林:广西师范大学,1996.
[27] 王锦贵. 中国历史文献目录学[M]. 北京:北京大学出版社,1994.
[28] (元)马端临. 文献通考(影印本)[M]. 北京:中华书局,1986.
[29] 踪凡. 中国古文献概论[M]. 北京:北京大学出版社,2010.
[30] 王士禛撰;湛之点校. 香祖笔记[M]. 上海:上海古籍出版社,1982.
[31] 鲁迅文集全编委员会. 鲁迅文集全编[M]. 北京:国际文化出版公司,1995.
[32] (美)威尔伯·施拉姆威廉·波特. 传播学概论[M]. 陈亮,周立方,李启,译. 北京:新华出版社,1984.
[33] 麦克卢汉. 理解媒介[M]. 何道宽,译. 南京:南京大学出版社,2000.
[34] (美)沃尔特·翁. 口语文化与书面文化:语词的技术化[M]. 何道宽译,北京:北京大学出版社,2008.
[35] 李俊. 信息方式与人格倾向[M]. 广州:华南理工大学出版社,2012.
[36] 张广智. 克利奥之路:历史长河中的西方史学[M]. 上海:复旦大学出版社,1989.
[37] (清)章学诚. 章氏遗书. 卷18. 周筤谷别传[M]. 吴兴刘氏嘉业堂,1922.
[38] (清)章学诚. 文史通义·外篇三·又与永清论文[G]//续修四库全书·史部·史评类. 第448册[M]. 上海:上海古籍出版社,2002.
[39] 陆德明. 经典释文(卷二十四)[M]. 北京:中华书局,1998:345.
[40] 梁启超. 新史学[G]//梁启超. 饮冰室合集·第九集. 北京:中华书局,1989.
[41] (法)石泰安. 西藏史诗和说唱艺人[M]. 耿昇,译. 北京:中国藏学出版社,2005.
[42] (古希腊)亚里士多德(Aristoteles). 范畴篇　解释篇[M]. 方书春,译. 北京:

生活·读书·新知三联书店,1957.

[43] 王国维. 王国维文集. 第四卷[M]. 北京:中国文史出版社,1997.

[44] 陈直.《史记新证》自序[G]//陈直. 史记新证明. 天津:天津人民出版社,1979.

[45] (印度)阮冈纳赞. 图书馆学五定律[M]. 夏云,王先林等,译. 北京:书目文献出版社(今国家图书馆出版社),1988.

[46] (美)杰西. H. 谢拉. 图书馆学引论[M]. 张沙丽,译. 兰州:兰州大学出版社,1986.

[47] (苏)O. C. 丘巴梁. 普通图书馆学[M]. 徐克敏等,译. 北京:书目文献出版社(今国家图书馆出版社),1983.

[48] 刘国钧. 图书馆学要旨[M]. 上海:中华书局,1934.

[49] 卢震京. 图书馆学辞典[M]. 北京:商务印书馆,1958.

[50] 北京大学图书馆学情报学系,武汉大学图书情报学院. 图书馆学基础[M]. 北京:商务印书馆,1980.

[51] 顾敏. 图书馆学探讨[M]. 新竹:枫城出版社,1981.

[52] 王子舟. 图书馆学基础教程[M]. 武汉:武汉大学出版社,2003.

[53] 程亚男. 图书馆与社会[M]. 北京:书目文献出版社(今国家图书馆出版社),1993.

[54] 杜定友. 图书馆通论[M]. 上海:商务印书馆,1925.

[55] 汪长炳. 图书馆与社会[G]//中国图书馆学会. 百年文萃——空谷余音. 北京:中国城市出版社,2005.

[56] 吴建中. 转型与超越:无所不在的图书馆[M]. 上海:上海大学出版社,2012.

[57] 杜定友. 图书馆学概论[M]. 北京:商务印书馆,1935.

[58] Charles H. Busha, Stephen P. Harter. 图书馆学研究方法:技术与阐述[M]. 北京:书目文献出版社(今国家图书馆出版社),1987.

[59] 卢荷生. 中国图书馆事业史[M]. 台北:文史哲出版社,1986.

[60] 新加坡国家档案馆. 记忆与回忆:新加坡国家档案馆口述史工作手册——通过口述史记录国家的历史[M]. 北京:中国档案出版社,2011.

[61] 陈墨. 口述历史门径实务手册[M]. 人民出版社,2013.

[62] 李向平,魏扬波. 口述史研究方法[M]. 上海:上海人民出版社,2010.

[63] 肖珑,赵亮. 中文元数据概论与实力[M]. 北京:北京图书馆出版社(今国家图书馆出版社),2007.

[64] 吴丽坤,殷洁. 文献编目理论研究[M]. 北京:中央编译出版社,2013.
[65] 中华人民共和国著作权法[M]. 北京:中国法制出版社,2010.
[66] 本书汇编组. 中国百年著作权法律集成[M]. 北京:中国人民大学出版社,2010.
[67] (美)艾尔·巴比. 社会研究方法[M]. 邱泽奇,译. 北京:华夏出版社,2005.
[68] 张广智,陈恒. 口述史学[M]. 台北:扬智文化事业有限公司,2003.
[69] 全国人大常委会法制工作委员会行政法室. 中华人民共和国非物质文化遗产法解读[M]. 北京:中国法制出版社,2011.
[70] 陈国强. 简明文化人类学词典[M]. 杭州:浙江人民出版社,1990.
[71] 王文章. 非物质文化遗产概论[M]. 北京:文化艺术出版社,2006.
[72] 杨晓:蜀中琴人口述史[M]. 北京:生活·读书·新知三联书店,2013.
[73] 崔永元. 我的抗战[M]. 北京:中国友谊出版公司,2012.
[74] 仇学琴,蒋文中. 云南民族文化探源[M]. 北京:中国社会科学出版社,2006.
[75] 杨巴蒂斯塔·维柯. 新科学[M]. 朱光潜,译. 北京:人民文学出版社,1997.
[76] 臧艺兵:民歌与安魂——武当山民间歌师与社会、历史的互动[M]. 上海:商务印书馆,2009.
[77] 王民平. 精神的家园——中国成都国际非物质文化遗产节[M]. 成都:成都传媒集团·成都时代出版社,2008.

**期刊论文:**

[1] 朝戈金. 民俗学视角下的口头传统[J]. 广西民族学院学报(哲学社会科学版),2003,25(3).
[2] 金久红. 从《史记》采撰特点看司马迁的史学思想[J]. 北方论丛,2006(4).
[3] 曹幸穗. 口述史的应用价值、工作规范及采访程序之讨论[J]. 中国科技史料,2002,23(4).
[4] 杨祥银. 当代美国口述史学的主流趋势[J]. 社会科学战线,2011(2).
[5] 中国女性图书馆. 中国女性图书馆妇女口述历史项目介绍[J]. 中华女子学院学报,2012(3).
[6] 王杉圣. 浅谈口述资料的搜集与整理[J]. 新疆地方志,2007(3).
[7] 陈三井. 口述历史的理论及史料价值[J]. 当代,1998(125).
[8] 布鲁斯·斯代夫. 口述史的性质、意义、方法和效用[J]. 北大史学,1999(6).
[9] 钟少华. 中国口述史学漫谈[J]. 学术研究,1997(5).
[10] 杨立文. 论口述史学在历史学中的功用和地位[J]. 北大史学,1993(6).

[11] 郑松辉.海外口述历史进程及其对大陆图书馆的启示[J].教育资料与图书馆学,2005,43(2).
[12] 宋雪芳,许世莹.抢救过去的记忆:口述历史应用在图书馆之探析[J].教育资料与图书馆学,2003,40(4).
[13] 王铭铭.口述史、口承传统、人生史[J].西南民族大学学报(人文社科版),2008(2).
[14] 定宜庄.口述传统与口述历史[J].广西民族学院学报(哲学社会科学版),2003(3).
[15] 杨述兴.固定后的口述作品[J].电子知识产权,2009(4).
[16] 胡鸿保,定宜庄.口述与文献的融通:满族史研究新体验[J].黑龙江民族丛刊,1999(3).
[17] 杨祥银.传播声音:口述历史学家和叙述形式——美国口述历史协会第33届年会在阿拉斯加召开[J].国外社会科学,2000(2).
[18] 杨祥银."档案学家与口述历史"刍议[J].档案与建设,2000(10).
[19] 杨祥银.妇女史、口述历史与女性主义视角[J].浙江学刊,2004(3).
[20] 杨祥银.关于口述史学基本特征的思考[J].郑州大学学报(哲学社会科学版),2010,43(4).
[21] 杨祥银.口述史学:理论与方法——介绍几本英文口述史学读本[J].史学理论研究,2002(4).
[22] 杨祥银.当代中国口述史学透视[J].当代中国史研究,2000(3).
[23] 杨祥银.美国总统图书馆的口述历史收藏[J].图书馆杂志,2000(8).
[24] 杨祥银.试论口述史学的功用和困难[J].史学理论研究,2000(3).
[25] 左玉河.方兴未艾的中国口述史研究[J].中国图书评论,2006(5).
[26] 左玉河.近年来的中国口述历史研究[J].中国科技史杂志,2009,30(3).
[27] 邓启耀.信息时代的口述叙录——口传文化与口述史研究概述[J].民间文化论坛,2004(6).
[28] 纳日碧力戈.作为操演的民间口述和作为行动的社会记忆[J].广西民族学院学报(哲学社会科学版),2003,25(3).
[29] 杨洁.妇女口述史国际学术研讨会综述[J].历史研究,1999(2).
[30] 曹幸穗.口述史的应用价值、工作规范及采访程序之讨论[J].中国科技史料,2002,23(4).
[31] 刘维荣.美国总统图书馆的口述历史收藏[J].山东图书馆季刊,2002(4).

[32] 刘晓莉.图书馆开展口述历史工作的意义及其方法[J].图书馆论坛,2005(8).
[33] 刘晓莉.我国图书馆建设口述历史数据库之探讨[J].大学图书情报学刊,2006,24(1).
[34] 陈俊华.图书馆开发口述历史资源探索[J].图书情报工作,2006,50(6).
[35] 郑松辉.口述历史及其在现代图书馆资源建设中的作用[J].四川图书馆学报,2006(1).
[36] 马晓辉.口述历史与图书馆特色馆藏建设[J].大学图书情报学刊,2007,25(4).
[37] 左皓劼,张涛也.值得填补的空白——谈图书馆的口述史料资源[J].图书馆理论与实践,2007(6).
[38] 李乃冰.口述历史——图书馆资源建设的新探索[J].图书馆学研究,2008(9).
[39] 赵维景.口述历史:图书馆特色馆藏建设的新领域——以兵团屯垦资料中心为例[J].科技创新导报,2012(12).
[40] 蔡屏.国外口述历史资源采集流程的共性对我国图书馆的启示——以 James Gleeson 和唐德刚的采访实践为例[J].图书馆,2011(2).
[41] 蔡屏.我国图书馆在现有条件下开展口述历史工作的局限[J].图书馆建设,2012(1).
[42] 王天红.口述历史:国家图书馆关注的新领域[J].图书与情报,2006(5).
[43] 李梦楠,孟云剑.图书馆的口述历史工作研究[J].图书馆建设,2012(10).
[44] 尹培丽.口述资料与文献的关系[J].图书馆学刊,2012(10).
[45] 王子舟,尹培丽.口述资料采集与开发的先行者——美国班克罗夫特图书馆[J].中国图书馆学报,2013(1).
[46] 金文坚.口述历史在地方文献工作中的意义及实践[J].图书馆论坛,2006,26(4).
[47] 陈俊华."创造史料"的图书馆——口述历史在地方文献工作中的应用[J].图书情报工作,2007,51(5).
[48] 郑松辉,高晓军.口述历史与图书馆地方文化研究关系探讨[J].四川图书馆学报,2008(4).
[49] 郑松辉.口述历史:侨批研究的新视角[J].广东技术师范学院学报,2010(1).

[50] 彭燕.民族口述历史:少数民族高校图书馆地方文献亟待拓展的领域[J].高校图书馆工作,2011,31(2).
[51] 彭燕.武陵山区土家族口述历史文化资源的传承与抢救研究[J].图书馆学研究,2011(3).
[52] 张卫.口述历史收集与整理工作的意义与注意事项——以咸宁县地方文献收集为例[J].图书馆建设,2011(3).
[53] 刘杭.口述历史:地方文献工作之新视野与新拓展——以浙江图书馆为例[J].图书馆,2010(1).
[54] 陈俊华.口述历史——图书馆史研究的新途径[J].大学图书馆学报,2007(4).
[55] 胡筱华.应用口述历史的方法进行高校图书馆史研究刍议[J].图书馆工作与研究,2011(12).
[56] 白君礼.馆史研究中口述历史的几个问题[J].图书馆建设,2011(7).
[57] 王杏利,张歆杰.高校图书馆馆史资料搜集与辨考——以西北农林科技大学图书馆馆史史料搜集为例[J].陕西农业科学,2011(5).
[58] 顾烨青.中国近现代图书馆学人史料建设:现状与展望[J].大学图书馆学报,2010(3).
[59] 苏全有.我国图书馆史研究中的史料问题[J].新乡学院学报(社会科学版),2010,24(4).
[60] 郑松辉,陈俊华.图书馆口述历史工作的伦理问题初探[J].四川图书馆学报,2009(4).
[61] 郑松辉.图书馆口述历史工作著作权保护初探[J].中国图书馆学报,2010,36(185).
[62] 尹培丽.口述资料及其著作权问题探究[J].图书与情报,2011(3).
[63] 陈俊华,高晓军.METS在口述历史数字化保存中的应用研究[J].图书馆学研究,2010(12).
[64] 乔菊英.网络环境下高校图书馆口述历史资源的收藏和开发探讨[J].图书与情报,2009(3).
[65] 李若云.流媒体技术在图书馆口述历史数据库中的应用[J].现代情报,2009,29(8).
[66] 王惠玲.补白、发声、批判、传承:香港口述历史的实践[J].郑州大学学报(哲学社会科学版),2010(4).

[67] 林发钦. 澳门口述历史研究的回顾与思考[J]. 郑州大学学报(哲学社会科学版),2010(4).
[68] 陈秀慧. “创造资讯”的图书馆:口述历史的应用[J]. 图书与资讯学刊,1999(30).
[69] 刘玉太. 真实是“口述历史”的生命[J]. 党史文汇,2006(9).
[70] 郭于华. 口述历史:有关记忆与忘却[J]. 读书,2013(10).
[71] 郭于华. 倾听无声者的声音[J]. 读书,2008(6).
[72] 巴莫曲布嫫. 口头传统·书写文化·电子传媒:兼谈文化多样性讨论中的民俗学视界[J]. 广西民族研究,2004(2).
[73] 巴莫曲布嫫. 口头传统与书写传统[J]. 读书,2003(10).
[74] 徐鸿琳. 口述历史的意义和价值——以《荷马史诗》为例[J]. 知识经济,2009(13).
[75] 尹虎彬. 口头诗歌传统与表演中的创作问题——荷马与荷马史诗研究的启示[J]. 海南师范学报,1997(1).
[76] 冯文开. 口头诗学情境中荷马史诗研究谫论[J]. 民间文化论坛,2013(4).
[77] 叶舒宪. “学而时习之”新释——《论语》口传语境的知识考古学发掘[J]. 文艺争鸣,2006(2).
[78] 金久红. 从《史记》采撰特点看司马迁的史学思想[J]. 北方论丛,2006(4).
[79] 杜定友. 研究图书馆学的心得[J]. 中山大学图书馆周刊,1928(1).
[80] 柯平. 重新定义图书馆[J]. 图书馆,2012(5).
[81] 王福.《2050 年高校图书馆尸检报告》引发的若干思考[J]. 情报资料工作,2010(2).
[82] 李炳穆. 迎接新千年到来的图书馆[J]. 图书情报工作,2001(1).
[83] 黄宗忠. 对图书馆定义的再思考[J]. 图书馆学研究,2003(6).
[84] 罗式胜. 图书馆社会学新探[J]. 四川图书馆学报,2000(2).
[85] 肖燕. 发展中的困境与困境中的发展[J]. 图书馆理论与实践,1991(4).
[86] 吴晞. 图书馆与人文关怀[J]. 图书馆,1999(1).
[87] 黄宗忠. 图书馆学体系的沿革与重构[J]. 图书与情报,2003(3).
[88] 郑恒雄,宋建成. 图书馆界的巨人:慰堂先生专访[J]. 台湾图书馆学会会报,1987(41).
[89] 刘金狗,黄得时. 台北图书馆沧桑谈[J]. 图书馆馆刊(台大),1972(2).
[90] 丁樱华. 淡江大学图书馆:从克难坡到第三波的图书馆[J]. 成功大学图书馆

馆刊,1998(1).

[91] 释自衍采访,黄惠珍整理. 台湾地区佛教图书分类法的前辈:李世杰居士[J]. 佛教图书馆馆讯,1995(1).

[92] 张春贞. 高校图书馆应重视馆史的编撰[J]. 中国现代教育杂志,2005(3).

[93] 胡筱华. 应用口述历史的方法进行高校图书馆史研究刍议[J]. 图书馆工作与研究,2011(12).

[94] 梁建洲. 我对文华图专校史资料中一些异载的看法[J]. 图书情报知识,2010(1).

[95] 杨雁斌. 浅谈口述史学的发展与特性[J]. 国外社会科学,1993(4).

[96] 林晋宝.《新西兰国家图书馆法》对我国图书馆立法之借鉴意义[J]. 图书与情报,2010(6).

[97] 郭禾. 对非物质文化遗产私权保护模式的质疑[J]. 中国人民大学学报,2011(2).

[98] 胡立耘. 基于口述历史的图书馆延伸服务[J]. 图书馆,2015(12).

[99] 张晓红. 口述科技史料与图书馆特藏建设[J]. 大学图书情报学刊,2014(4).

[100] 张晓红. 口述历史——中医药院校图书馆资源建设的新领域[J]. 中华医学图书情报杂志,2014(4).

[101] 全根先. 口述史、影像史与图书馆文献体系建设[J]. 图书馆界,2015(2).

[102] 冯光敏. 口述文献在地方高校图书馆特色资源建设中的作用初探——以滇东南区域为例[J]. 文山学院学报,2015(4).

[103] 符艺. 口述影像在公共图书馆视障服务中的应用与思考[J]. 图书馆论坛,2014(8).

[104] 唐纳德. A. 里奇,刘陆先. 口头语与书面语:图书馆口述历史[J]. 图书馆,2015(12).

[105] 王兰伟. 理论与实践——图书馆口述历史工作探索[J]. 图书馆,2015(12).

[106] 欧阳宁. 浅析高校图书馆史中口述史的研究[J]. 科技信息,2014(10).

[107] 杨丹. 区级公共图书馆开展口述历史工作的意义及实践——以顺德图书馆为例[J]. 科技情报开发与经济,2014(15).

[108] 郝天晓. 少儿图书馆开展口述历史工作的新探索[J]. 科技情报开发与经济,2014(2).

[109] 赵惠. 试论图书馆口述历史资源的后期整理[J]. 管理观察,2014(17).
[110] 任文香. 书人 · 书事 · 书史:以河南师范大学图书馆馆史馆志著述为例[J]. 高校图书馆工作,2014(1).
[111] 赵大志. 图书馆参与口述文献发掘工作探析——以攀枝花市为例[J]. 图书馆工作与研究,2014(3).
[112] 邢幸. 图书馆访谈式口述历史文献的版权问题刍论[J]. 图书馆学刊,2014(1).
[113] 王小平. 图书馆口述历史数据库建设中的版权问题研究[J]. 湖北理工学院学报(人文社会科学版),2014(3).
[114] 祖红波. 图书馆口述文献工作中的版权法律风险及其规避[J]. 晋图学刊,2015(2).
[115] 冯云. 我国图书馆口述历史研究综述[J]. 图书馆工作与研究,2015(2).
[116] 王惠玲. 香港经验分享——口述历史档案库的创建兼论图书馆的角色[J]. 图书馆,2015(12).
[117] 夏勉. 新形势下图书馆员在口述历史工作中的角色定位——以湖南图书馆开展口述历史工作为例[J]. 河南图书馆学刊,2015(7).
[118] 谭文君,陈文娟,董甜甜. 基于非物质文化遗产的云南少数民族口述历史档案抢救问题研究[J]. 云南档案,2013(7).
[119] 李孔燕. 省档案局开展哈尼族口述历史档案采集工作[J]. 云南档案,2016(6).
[120] 布婷婷,孙丽娜. 省局完成佤族、拉祜族口述历史档案采集工作[J]. 云南档案,2013(9).
[121] 戴翥,周红黎,岳崇俊. 云南少数民族医药口述文献研究探讨[J]. 云南中医学院学报,2012(5).
[122] 陆群. 土司政权与民族关系——基于桑植白族本主信仰的口述史分析[J]. 青海民族研究,2015(2).
[123] 李晓斌,段红云,王燕. 节日建构与民族身份表达——基于德昂族浇花节与傣族泼水节的比较研究[J]. 中南民族大学学报(人文社会科学版),2012(4).
[124] 徐义强. 仪式、象征与宗教艺术遗产——红河哈尼族叫魂仪式的人类学考察[J]. 民族艺术研究,2012(5).
[125] 杨曦宇. 古村落非物质文化遗产的挖掘及保护——以历史文化名村迤沙拉村为例[J]. 大众科技,2011(11).

[126] 杨秀芳. 土家族体育非物质文化遗产保护与发展研究——以贵州“肉莲花”为例[J]. 品牌,2014(4).

[127] 乔建中. 口述史:尝试与体验[J]. 2014 年中国传统音乐学会第 18 届年会会议手册,2014.

[128] 何家国. 侗族琵琶歌歌手“现代性”选择——基于民间歌手口述的研究[J]. 凯里学院学报,2012(5).

[129] 赵书峰. 口述文本在民族音乐学研究中的作用与意义——以中国少数民族音乐研究为例[J]. 云南艺术学院学报,2014(3).

[130] 包金花. 蒙古族曲艺类非物质文化遗产文献化整理研究[J]. 内蒙古民族大学学报(社会科学版),2015(2).

[131] 侯儒. 赫哲族“伊玛堪”说唱艺术的历史溯源——以传承人尤文兰口述史为例[J]. 知与行,2016(9).

[132] 潘革. “非遗”档案数字化与图书馆建设[J]. 图书馆学刊,2011(3).

[133] 欧阳佩瑾. 民族“口碑文献信息”之传承与搜集[J]. 农业图书情报学刊,2010(7).

[134] 黄琴,华林,侯明昌. 论亟待保护抢救的云南民间少数民族口述历史档案[J]. 档案学通讯,2009(1).

[135] 马波粉. 我国口述档案保护机制的建立研究[J]. 黑龙江史志,2011(21).

[136] 马风燕. 县级图书馆在非物质文化遗产保护中的角色定位初探[J]. 图书馆理论与实践,2011(9).

[137] 王尧. 基于 OPAC 系统的少数民族数字资源整合研究——以武陵山地区为例[J]. 图书馆学刊,2015(7).

[138] 黄存勋,张瑞菊. 少数民族口述历史档案有序化建设的宏观探索[J]. 贵州民族研究,2015(11).

[139] 赵局建,康蠡,杜钊. 构建云南少数民族口述档案数据库的若干思考[J]. 云南档案,2011(11).

[140] 张慧璞. 论图书馆、档案馆的资源共享与共同发展[J]. 山东档案,2007(4).

[141] 赵生辉,朱学芳. 图书、档案、博物信息共享空间的理论模型与建设思路初探[J]. 图书馆论坛,2014(10).

[142] 彭燕,朱慧玲. 少数民族口述历史的挖掘与数字化保存模式研究——以武陵山区土家族为例[J]. 图书馆学研究,2012(10).

[143] 彭燕,田进婷.基于数字环境下的少数民族口述历史保护研究[J].四川图书馆学报,2012(1).
[144] 张惠萍.新加坡口述档案及对中国的启示[J].兰台世界,2010(15).
[145] 万平,林琳,马丽.发挥院校合作优势　加强川剧传承保护——以《川剧老艺术家口述史》(成都卷)编撰为例[J].四川戏剧,2014(5).
[146] 陈爱蓉.图书馆对非物质文化遗产口述档案的建立、保护与传承利用探讨[J].四川图书馆学报,2016(4).
[147] 王宇英.影像记忆:口述历史的介入与超越——崔永元《我的抗战》研究[J].现代传播(中国传媒大学学报),2012(8).
[148] 任贵祥.法国历史文献档案的搜集、保管、利用及启示[J].中共党史研究,2009(8).
[149] 陶学锋,许潇笑.从“无形”到“有形”——杭州手工艺活态展示馆保护和传承非物质文化遗产的实践[J].国际博物馆(中文版),2011(1).
[150] 左玉河.中国口述史研究现状与口述历史学科建设[J].史学理论研究,2014(4).
[151] 刘秋洁.口述史学之我见——以唐德刚《胡适口述自传》为例进行分析[J].美与时代(下旬),2013(8).
[152] 李艳.唐德刚与《李宗仁回忆录》[J].安徽文学(下半月),2009(3).
[153] 彭燕.少数民族口述历史数据库建设与研究——以武陵山区少数民族口述历史数据库为例[J].图书馆,2014(05).
[154] 彭燕.关于图书馆加强民族口述历史文献开发利用的几点思考——以武陵山经济协作区为例[J].情报杂志,2010(9).
[155] 彭燕.西部口述历史文献资源的开发与永久性保存机制研究——以湖南湘西土家族苗族自治州为例[J].图书馆,2010(4).
[156] 田苗,汤更生.中国记忆项目的构想与实践[J].国家图书馆学刊,2015(1).
[157] 宋本蓉,田苗.中国记忆学者口述资源库建设的实践——以冯其庸先生为个案[J].图书馆,2015(12).
[158] 张惠萍.新加坡口述档案及对中国的启示[J].兰台世界,2010(15).
[159] 殷芳.瀛生:唯一的满语口语传人[J].人物,2009(7).
[160] 刘亚青.独辟蹊径　探索新路:徐州市档案馆建立口述档案[J].档案与建设,1999(11).

[161] 吕型伟. 和谐——民族精神的灵魂[J]. 教育发展研究,2006(12).

**网络资源:**

[1] 听"她"的故事　抢救"她"历史:中国女性图书馆妇女口述历史项目经验分享会侧记[EB/OL]. [2012-08-15]. http://www.china-woman.com/rp/main?fid=open&fun=show_news&from=view&nid=83494.

[2] "妇女口述历史国际研讨会"在京举行[EB/OL]. [2013-07-15]. http://acwf.people.com.cn/n/2013/0715/c99013-22198698.html.

[3] 赵伸. 浅谈修志口述资料特性及运用[EB/OL]. [2011-10-27]. http://www.bjdfz.gov.cn/ShowNewsLevel3.jsp? NewsID=2093.

[4] 北京多赢时代文化传媒有限公司侵犯著作权[EB/OL]. [2008-10-24]. http://www.315wm.com.

[5] 全国首例口述作品网络侵权案宣判[EB/OL]. [2008-09-10]. http://www.chinawriter.com.cn.

[6] 口述历史[EB/OL]. [2010-11-20]. http://zh.wikipedia.org/zh-cn/%E5%8F%A3%E8%BF%B0%E6%AD%B7%E5%8F%B2.

[7] 国家图书馆启动"中国记忆"文化工程. [EB/OL]. [2012-02-25]. http://roll.sohu.com/20120225/n335832950.shtml.

[8] 王雯君. 口述历史的法律与伦理议题[EB/OL]. [2004-11-22]. http://140.115.170.1/Hakkacollege/big5/network/paper/paper18/25.html.

[9] 图书馆服务宣言[EB/OL]. [2014-03-10]. http://www.lsc.org.cn/c/cn/news/2010-12/21/news_5091.html.

[10] 朝戈金. 问业哈佛[EB/OL]. [2004-08-02]. http://www.cctv.com/folklore/special/C12689/20040802/100639.shtml.

[11] 崔永元成立基金会力推"口述历史"[EB/OL]. [2013-12-23]. http://news.xinhuanet.com/gongyi/2013-08/08/c_125134622.html.

[12] 莫让千年口传成历史绝唱[EB/OL]. [2013-06-21]. http://oralhistory.wzu.edu.cn/.

[13] 埃伦. D. 斯维恩. 档案馆中的口述史:口述史在二十一世纪所起的文献作用[EB/OL]. [2008-02-25]. http://www.archives.sh.cn/docs/200802/d-155517.html.

[14] 廖经庭. 口述历史的伦理与法律问题—从温哈雄事件谈起[EB/OL]. [2013-12-09]. http://wenku.baidu.com/link? url=R0iZnGzIUi0h7gMfRr97cjSJpbcL

8YUNw5FKtKDSBjDzwX6fr4JzBbKmzT5FZJvstPvXnRAXGWmYsw27esRNj79aDEn1JucHVRS4g14zv-.

[15] 张志清. 日本国立国会图书馆的古籍建设和服务[EB/OL]. [2015-10-26]. http://www.docin.com/p-19491987.html.

[16] “中国记忆”遇上“英国故事” 中英专家共议“口述史”[EB/OL]. [2015-09-09]. http://gb.cri.cn/42071/2015/09/09/8171s5096268.htm.

[17] 中国记忆项目实验网站. [EB/OL]. [2016-09-12]. http://www.nlc.gov.cn/cmptest/tjztwz/201512/t20151231_111924.htm.

[18] 周庄. 保护非物质文化遗产刻不容缓—我市保护非物质文化遗产现状分析[EB/OL]. [2016-09-12]. http://www.cnxz.com.cn.

[19]《中国民间艺术传承人口述史》丛书出版新闻发布会. [EB/OL]. [2016-10-13]. http://www.chinaich.com.cn/class03_detail.asp? id=1888.

[20] 吉首大学图书馆[EB/OL]. [2016-12-23]. http://lib.jsu.edu.cn/webs/list/notice/728.html.

[21] 全国图书馆界共同开展记忆资源抢救与建设倡议书[EB/OL]. [2016-09-12]. http://www.nlc.gov.cn/cmptest/tjztwz/201512/t20151231_111924.htm.

**报纸文章：**

[1] 钟少华. 口述历史是活的史料[N]. 中国图书商报,2004-02-06.

[2] 朝戈金. 口头传统:人文学术新领地[N]. 光明日报,2006-05-29.

[3] 杨祥银. 口述史学的兴起:从“档案实践”到“新社会史转向”[N]. 中国社会科学报,2011-02-17.

[4] 杨祥银. 记忆是可信的吗——口述史学研究的记忆转向[N]. 人民日报,2011-03-03.

[5] 杨祥银. 口述史学研究之新进展[N]. 北京日报,2002-01-21.

[6] 朝戈金. 口头传统:人类表达文化的根[N]. 中国民族报,2005-11-18.

[7] 朝戈金. 创立口头传统研究的“中国学派”[N]. 人民政协报,2011-01-24.

[8] 尹虎彬. 多学科视野下的口头传统研究[N]. 中国社会科学报,2009-11-15.

[9] 尹虎彬. 互联网时代的口头传统[N]. 社会科学报,2011-07-21.

[10] 刘军. 瑞士的“多元文化图书馆”[N]. 光明日报,2004-05-27.

[11] 丁东. 口述历史为什么受欢迎[N]. 中国图书商报,2005-06-16.

[12] 定宜庄. 倾听无声的群落发出的声音[N]. 中华读书报,2006-05-24.

[13] 我国非物质文化遗产保护的喜与忧[N]. 人民日报海外版,2007-03-05.

**学位论文：**

[1] 颜佩贞. 台湾档案典藏单位口述历史馆藏整理与运用[D]. 台湾：政治大学,2009.

[2] 刘冰. 口述历史的现状与未来[D]. 成都：四川省社会科学院,2009.

[3] 王贵宏. 贵州省黔东南州非物质文化遗产保护与文化旅游发展研究[D]. 武汉：华中师范大学,2015.

[4] 杨承雪. 当前赫哲族精神文化的保护与传承研究[D]. 哈尔滨：东北林业大学,2013.

[5] 赵璟一. 新历史主义视角下的口述历史纪录片研究[D]. 武汉：华中师范大学,2014.

**会议论文：**

[1] 沈怀玉. 口述史料的价值与应用[C]//中国近现代史史料学国际学术讨论会论文集. 北京：新华出版社,2004.

## 英文

**著作：**

[1] Louis Starr. Oral History[M]//Encyclopedia of Library and Information Science. New York: Marcel Dekker, 1977.

[2] Jan Vansina. Oral Tradition as History[M]. Wisconsin: The University of Wisconsin Press, 1985.

[3] Method, Theory and Practice of Oral History and Oral Testimony[M]. Chicago: Precedent Publishers, 1975.

[4] Paul Thompson. The Voice of the Past[M]. London: Oxford University Press, 1978.

[5] Edward D. Ives. The Tape-Recorded Interview: A Manual for Field Workers in Folklore and Oral History [M]. Knoxville: The University of Tennessee Press, 1974.

[6] Priscilla Karant. Storylines: Conversational Skills Through Oral Histories[M]. Boston: Heinle & Heinle Publishers, 1988.

[7] Cynthia Stokes Brown. Like It Was: A Complete Guide to Writing Oral History [M]. New York: Teachers &Writers Collaborative, 1988.

[8] Valerie Raleigh Yow. Recording Oral History: A Guide for the Humanities and Social Sciences (2nd)[M]. Walnut Creek: Altamira Press, 2005.

[9] Della Pollock. Remembering: Oral History Performance[M]. New York: Palgrave Macmillan, 2005.

[10] Paula Hamilton, Linda Shopes. Oral History and Public Memories[M]. Philadelphia: Temple University Press, 2008.

[11] Donald A . Ritchie. Doing Oral History: A Practical Guide(2nd)[M]. New York: Oxford University Press, 2003.

[12] Thomas L. Charlton, Lois E. Myers, Rebecca Sharpless. Handbook of Oral History [M]. Lanham: Altamira Press, 2006.

[13] Robert Perks, Alistair Thomson. The Oral History Reader[M]. London: Routledge, 1998.

[14] Donald A Ritchie. The Oxford Handbook of Oral History[M]. New York: Oxford University Press, 2011.

[15] Willa K. Baum. Transcribing and Editing Oral History[M]. Tennessee: American Association for State and Local History, 1977.

[16] David K. Dunaway, Willa K. Baum. Oral History: An Interdisciplinary Anthology [M]. Altamira Press, 1996.

[17] Allen Smith. Directory of Oral History Collections[M]. Phoenix. New York : Oryx Press, 1988.

[18] Elizabeth A. Sudduth. Special Collections in College and University libraries [M]. American Library Association, 2005.

[19] Matthew Miskelly. Directory of Special Libraries and Information Centers. 39edition [M]. Gale Cengage Learning, 2011.

[20] Joseph W. Palmer. Oral History in Public Libraries[M]. University of Illinois, Graduate School of Library and Information Science, 1984.

[21] Joseph W. Palmer. A Guide to Local History, Oral History, and Audiovisual Local History Resources in Public Libraries and Historical Societies of Cattaraugus and Chautauqua Counties [M]. New York: School of Information and Library Studies, 1985.

[22] Nancy Mackay. Curating Oral Histories: From Interview to Archive[M]. California: Left Coast Press, 2007.

[23] John A. Neuenschwander. A Guide to Oral History and the Law[M]. NewYork: Oxford University Press, 2009.

[24] Barbara W. Sommer, Nancy MacKay, Mary Kay Quinlan. Community Oral History Toolkit. Volume 2[M]. California: Left Coast Press, 2013.

[25] Jean-Pierre Wallot, Normand Fortier. Archival Science and Oral Sources[M]//Robert Perks, Alistair Thomson. The Oral History Reader. New York: Routledge, 1998.

[26] Marion Matters. Oral History Cataloging Manual[M]. Chicago: The Society of American Archivists, 1995.

[27] Yow Valeric Raleigh. Recording Oral History: A Practical Guide for Social Scientist [M]. London: Sage Publication, 1994.

**期刊论文:**

[1] Raphaël Ndiaye. Oral Culture and Libraries [J]. IFLA Journal, 1988, 14.

[2] Eugene Pfaff. Oral History: A New Challenge for Public Libraries[J]. Wilson Library Bulletin, 1980(5).

[3] Berman Leo H. Oral History as Source Material for the History of Behavioral Sciences[J]. Journal of the History of Behavioral Sciences, 1967, 3(1).

[4] Elizabeth Bauer. Prytanean Oral History[J]. The Journal of Library History, 1971, 6(2).

[5] Alice M. Hoffman. Oral History in Great Britain[J]. The Journal of Library History, 1972, 7(3).

[6] Larson Mary A. Potential, Potential, Potential: The Marriage or Oral History and the World Wide Web [J]. The Journal of American History, 2001, 88(2).

[7] Ellen D. Swain. Oral History in the Archives: Its Documentary Role in the Twenty-first Century [J]. The American Archivist, 2003(66).

[8] Martha Jane K. Zachert . The Implications of Oral History for Librarians[J]. College and Research Libraries, 1968, 29(March).

[9] Elizabeth I. Dixon. The Implications of Oral History in Library History[J]. The Journal of Library History, 1966, 1(1).

[10] Estelle Brodman. Education and Attidudes of Early Medical Librarians to Their Work: A Discussion Based on the Oral History Project of the Medical Library Association [J]. The Journal of Library History, 1980, 15(2).

[11] Diane McKenzie. The Oral History Program: Ⅰ. Personal View of Health Science Librarianship and the Medical Library Association [J]. Bull Med Libr Assoc, 1998, 86(2).

[12] Diane McKenzie. The Oral History Program: Ⅱ. Personal View of Health Science Librarianship and the Medical Library Association[J]. Bull Med Libr Assoc, 1998,86(3).

[13] Diane McKenzie. The Oral History Program: Ⅲ. Personal View of Health Science Librarianship and the Medical Library Association[J]. Bull Med Libr Assoc, 1998,86(4).

[14] Robin M. Featherstone. Library Roles in Disaster response: an Oral History Project by the National Library of Medicine [J]. J Med Libr Assoc,2008,96(4).

[15] Thomas Kevin B. Cherry. The North Carolina Libraries Centennial Oral History Project [J]. North Carolina Libraries,2004(Fall).

[16] Joseph H. Murphy. An Astronomy Library's Oral History Initiative: What an Observatory Librarian is Doing to Preserve a Telescope's History [J]. Issues in Science & Technology Librarianship,2007,51.

[17] David M. Bynog, Jane Zhao. Telling Our Own Story: Fondren Library's Oral History Project[J]. C&RL News,2010(5).

[18] Willa Klug Baum. Oral History: A Revived Tradition at the Bancroft Library[J]. The Pacific Northwest Quarterly,1967,58(2).

[19] Willa K. Baum. Oral History, the Library, and the Genealogical Researcher[J]. The Journal of Library History,1970,5 (4).

[20] Willa K. Baum. History on Tape: The Regional Oral History Office at The Bancroft Library [J]. California History Quarterly,1975,54 (1).

[21] Richard A. Bartlett. Some Thoughts After the Third National Colloquium On Oral History [J]. The Journal of Library History,1969,4(2).

[22] Charles T. Morrissey. Oral History and Local History: Opportunities for librarians [J]. The Journal of Library History,1969,4(4).

[23] Mary Jo Pugh. Oral History in the Library: Levels of Commitment [J]. Drexel Library Quarterly,1979,15 (4).

[24] Frank Lee. Oral History and Libraries [J]. Public Library Quarterly,1989,9(3).

[25] A. A. Alemna. Towards a New Emphasis on Oral Tradition as an Information Source in African Libraries [J]. Journal of Documentation,1992,48(4).

[26] John Abdul Kargbo. Oral Traditions and Libraries[J]. Library Review,2008,57 (6).

[27] Vann Sarah K. Directory of Oral History Tapes of Librarians in the United States and Canada [J]. Journal of Library History,1987,22 (3).

[28] Regina Greenwell. Oral History Collections of the Presidential Libraries[J]. The Journal of American History,1997,84(2).

[29] Joseph W. Palmer. Multimedia Oral History Projects in Public Libraries: A Sampling of Successful Ventures [J]. Public Library Quarterly,1983,4(3).

[30] Joseph W. Palmer. Public Libraries as Oral History Centers: An Evaluation [J]. Collection Building,1993,5(3).

[31] Robyn Russell. From the Trapline to the Library: Alaskan Oral History Origins [J]. The Oral History Review,2002,29(2).

[32] Amy L. Cohen, Yona Diamond Dansky. Creating a Vedio Library: An Oral History Project [J]. Perspectives,1992,10(1).

[33] Janet Hauck. A Library Oral History Project at Whitworth College [J]. ALKI: The Washington Library Association Journal,2002(12).

[34] Willie L. Mckether, Melissa Jeter. Doing More With Less: How a Library Expand Its Oral History Collection[J]. Behavioral & Social Sciences Librarian,2011(30).

[35] Digby Hartridge. Oral History Librarianship[J]. Rhodesian Librarianship,1973,5 (1).

[36] Augustine W. C. Msiska. An Attempt to Establish an Oral History Project in the University of Zambia Library, Lusaka Campus [J]. The American Archivist, 1987,50(1).

[37] Giese Diana. Chinese Australian Oral History: A Project of the National Library of Australia [J]. Asian Libraries,1999,8(3).

[38] Jennifer Coombes. Talking Art and Drawing Words: Paper and Oral History Collections in the National Gallery of Australia's Research Library [J]. Australian Academic & Research Libraries,2009,40(4).

[39] Corinne Manning. "My Memory's Back!" Inclusive learning disability Research Using Ethics, Oral History and Digital Storytelling[J]. British Journal of Learning Disabilities,2009,38.

[40] Fiona Blackburn. Geeking Out: Quick and Easy Oral History [J]. Aplis,2011,24 (1).

[41] John Pedini. In Their Own Words: Videotaping Oral History[J]. Trends in Law

Library Management and Technology,1998,9(3).
[42] Bruce H. Bruemmer. Access to Oral History:A National Agenda [J]. The American Archivist,1991,54(4).
[43] Samuel Gustman. Supporting Access to Large Digital Oral History Archives [J]. JCDL,2002(2).
[44] William Byrne. Automatic Recognition of Spontaneous Speech for Access to Multilingual Oral History Archives[J]. IEEE Transactions on Speech and Audio Processing,2004,12(4).
[45] Susan C. Wynne. Cataloging Oral Histories:Creating MARC Records for Individual Oral History Interviews[J]. Cataloging & Classification Quarterly,2009,47(6).
[46] Trevor James Bond,Michael Walpole. Streaming Audio with Synchronized Transcripts Utilizing SMIL[J]. Library High Technology,2006,24(3).
[47] Kimberly Weatherford Stevens,Bethany Latham. Giving Voice to the Past:Digitizing Oral History[J]. OCLC Systems & Services,2009,25(3).
[48] Caroline Daniels. Providing Online Access to Oral Histories:A Case Study[J]. OCLC Systems & Services,2009,25(3).
[49] Karim Tharani. From Abstraction to Action:Safeguarding Oral Tradition Using Digital Libraries [J]. The International Journal of Religion and Spirituality in Society,2011,1(2).
[50] Howard Levin. Authentic Doing:Student-Produced Web-Based Digital Video Oral Histories[J]. The Oral History Review,2011,38(1).
[51] Romeny,Joseph B. Oral History,Law,and Libraries[J]. Drexel Library Quarterly,1979,15(4).
[52] Wright A. J. legal Aspects of Oral History Collections:A Report to the Oral History Committee of the Medical Library Association [J]. Information Analyses, 1989,70.
[53] Mary A. Larson. Potential,Potential,Potential:The Marriage of Oral History and the World Wide Web [J]. The Journal of American History,2001(9).
[54] Jeremy J. Beck,Libby Van Cleve. Speaking of Music and The Counterpoint of Copyright:Addressing Legal Concerns in Making Oral History Available to The Public [J]. Duke Law & Technology Review,2011(5).
[55] Kathleen M. Blee. Evidence,Empathy,and Ethics:Lessons from Oral Histories of

the Klan [J]. The Journal of American History,1993,80(2).

[56] Valerie Yow. Ethics and Interpersonal Relationships in Oral History Research [J]. Oral History Review,1995,22(1).

[57] Tracy E. K' Meyer, A. Glenn Crothers. "If I See Some of This in Writing, I' m Going to Shoot You": Reluctant Narrators, Taboo Topics, and the Ethical Dilemmas of the Oral Historian[J]. Oral History Review,2007,34(1).

[58] Tony E. Adams. A Review of Narrative Ethics[J]. Qualitative Inquiry,2008,14.

[59] Ulla Savolainen. Forum: Focusing on Oral History and Ethics[J]. Journal of the Finnish Anthropological Society,2009,34(2).

[60] Erin Jessee. The Limits of Oral History: Ethics and Methodology Amid Highly Politicized Research Settings [J]. The Oral History Review,2011,38 (2).

[61] Zheng Songhui. Developing Oral History in Chinese Libraries[J]. The Journal of Academic Librarianship,2008,34(1).

[62] Estelle Brodman. Education and Attidudes of Early Medical Librarians to Their Work: A Discussion Based on the Oral History Project of the Medical Library Association [J]. The Journal of Library History,1980,15(2).

[63] Leonard Kniffel. Remembering September 11[J]. American Libraries,2002(8).

[64] Robin M. Featherstone. Library Roles in Disaster response: An Oral History Project by the National Library of Medicine [J]. Journal of the Medical Library Association,2008,96(4).

[65] Linnea S. Martin. Pin the Tales on the Donkay: The Life of Libraries by Don Krummel as Told to Linnea Martin [J]. Library Trend,1999(3).

[66] Jane Simon. Women' s Status within Libraries 1950s to 1980s [J]. Australian Library Journal,1997(3).

[67] Shawn Purcell. The New York State Library Oral History Project [J]. The Bookmark,1989(4).

[68] Ronald J. Grele. On Using Oral History Collections: An Introduction[J]. The Journal of American History,1987,74(2).

[69] Clive Cochrane. Public Libraries and the Changing Nature of Oral History [J]. Audiovisual Librarian,1985(11).

[70] Marsha Maguire. Cataloging Unpublished Oral History Interviews and Collections, OLAC,2004.

[71] Donald Ritchie. Oral History and the New Century[J]. Oral History Review, 1999,26(Summer/Fall).

[72] Alistair Thomson. Four Paradigm Transformations in Oral History[J]. The Oral History Review,2007,34(1).

[73] Robert . H. Becker. The Bancroft Resources:The Bancroft library—Then and Now [J]. California Historical Quarterly,1973,52(3).

**网络资源:**

[1] New Zealand Legislation:Acts[EB/OL]. [2009-10-18]. http://www. legislation. govt. nz/a…9/latest/whole. html search = tsactnational + library_resel&p = 1# dlm191962 Schedule 1 Provisionsof Second Codicil to Will of Alexander Horsburgh Turnbull.

[2] Port Washington Public Library Oral History[EB/OL]. [2013-06-06]. http:// www. pwpl. org/text/ oralhistory. Html.

[3] World of Mouth. [EB/OL]. [2012-05-28] http://en. wikipedia. org/wiki/Word-of-motth.

[4] Veterans History Project[EB/OL]. [2012-08-22]. http://www. loc. gov/vets/.

[5] Library of Congress. Library Voices:Oral History Project Tells Tales of the Institution[EB/OL]. [2003-06-10]. http://www. loc. gov/loc/lcib/0306/voices. html.

[6] Yale University Library Announces Grant from Andrew W. Mellon Foundation to Support Oral History American Music Project [EB/OL]. [2012-07-25]. http:// www. library. yale. edu/librarynews/2008/06/library_announces_grant_from_m. html.

[7] World Library and Information Congress:78th IFLA General Conference and Assembly[EB/OL]. [2011-12-05]. http://unesco. org/webworld/mdm/en/index_ mdm. html.

[8] Memory of the World Programme[EB/OL]. [2012-08-20]. http://www. unesco. org/webworld/mdm/en/index_mdm. html.

[9] Standards For Multicultural Public Library Service [EB/OL]. [2013-10-18]. http://uir. unisa. ac. za/bitstream/handle/10500/1683/03chapter3. pdf.

[10] Guidelines for Multilingual Materials Collection and Development and Library Services [EB/OL]. [2013-10-18]. http://www. infolink. org/diversity/guidelinesformultilingual. pdf.

[11] The Canadian guidelines, A World of Information: Creating Multicultural Collections and Programs in Canadian Public Libraries [EB/OL]. [2013-10-18]. http://www.lac-bac.gc.ca/obj/005007/f2/005007-210.1-e.pdf.

[12] Multicultural Communities: Guidelines for Library Services [EB/OL]. [2013-10-18]. http://www.mela-blog.net/archives/1119.

[13] Responding to Our Diversity: Multicultural Service Guidelines for Victoria Public Libraries [EB/OL]. [2013-10-18]. http://www4.ncsu.edu/~jdgaffne/diverse.pdf.

[14] Samuel Gustman. Supporting Access to Large Digital Oral History Archives [EB/OL]. [2014-01-29]. http://dl.acm.org/citation.cfm? id=544224.

[15] Virginia Danielson. Stating the Obvious: Lessons Learned Attempting Access to Archival Audio Collections [EB/OL]. [2000-12-02]. http://www.clir.org/pubs/reports/pub96/access.html.

[16] The Dublin Core ® Metadata Initiative [EB/OL]. [2014-02-21]. http://dublincore.org/.

[17] Metatada Object Description Schema [EB/OL]. [2014-02-23]. http://www.loc.gov/standards/mods/.

[18] OHMS: Enhancing Oral History Online [EB/OL]. [2011-01-30]. http://nunncenter.org/ohms-enhancing-oral-history-online/.

[19] Karen Brewster. Internet Access to Oral Recordings: Finding the Issues [EB/OL]. [2000-10-25]. http://www/uaf.edu/library/oralhistory/brewster1.

[20] Principles and best practice [EB/OL]. [2013-10-09]. Oral History Association. http://www.oralhistory.org/about/principles-and-practices/.

[21] Regional Oral History Office. [EB/OL]. [2012-06-26]. http://bancroft.berkeley.edu/ROHO/projects/index.html.

[22] 芬兰文学学会[EB/OL]. [2013-09-06]. http://www.finlit.fi/english/society/index.htm.

[23] 美国国会图书馆美国民俗中心[EB/OL]. [2013-12-24]. http://www.loc.gov/folklife/aboutafc.html.

[24] Widener Library History [EB/OL]. [2013-12-26]. http://hcl.harvard.edu/libraries/widener/history.cfm.

[25] SKS Folklore Archives [EB/OL]. [2013-10-09]. http://www.finlit.fi/english/

kra/index. htm.

[26] The Hubert Howe Bancroft Award[EB/OL]. [2012-06-02]. http://bancroft. berkeley. edu/info/bancroftaward. html.

[27] The Bancroft Library[EB/OL]. [2012-06-26]. http://bancroft. berkeley. edu/events/bancstore/specialpub. html.

[28] Nation Library of New Zealand[EB/OL]. [2009-12-19]. http://www. natlib. govt. nz/collec...history-centre. NU16.

[29] UNESCO 保护非物质文化遗产公约[EB/OL]. [2013-09-25]. http://unesdoc. unesco. org/images/0013/001325/132540c. pdf.

**会议论文:**

[1] John Mcllwaine, Jean Whiffrin. Collecting and Safeguarding the Oral Traditions: An International Conference[C]. A Satellite Meeting of the 65th IFLA General Conference, Khon Kaen, 1999.

[2] Juliet Ludbrook. Planning and Managing an Oral History Collection[C]. The 2nd National Alia Local Studies Conference, Guildford WA, 1999-11-12.

[3] Marsha Maguire. Cataloging Unpublished Oral History Interviews and Collections [C]. OLAC Conference, Montreal, Canada, 2004-10-(1-3).

[4] Susan C. Wynne. Cataloging Individual Oral History Interviews [C]. OLAC Conference, Macon, Georgia, 2010-10-16.

**报纸文章:**

[1] Helen Dalrymple. Library Voice: Oral History Project Tells Tales of the Institution [N]. Information Bulletin, Libr Cong Inf Bull, 2003, 62(6).

[2] History Through Online Digital Library[N]. US Fed News Service, Including US State News [Washington, D. C], 2008-04-27.

[3] Pasternack Nancy. Oral History Project at library [N]. Appeal-Democrat, 2009-07-12.

[4] Oral History in New Jersey: Library Needs a Hooker [N]. Library Journal, 1978-05-15.

[5] Vietnam in the Public Library: Cuyahoga Tapes Oral History [N]. Library Journal, 1983-12-01.

[6] Harriet Chiang. Berkeley: Interviewers in University's Doe Library Have an Ear for Oral History[N]. San Francisco Chronicle, 2004-12-17.